教育部哲学社会科学创新基地浙江大学
基督教与跨文化研究中心资助项目

浙江省省级社会科学学术著作出版资金、
浙江大学侨福基金资助出版

两希文明哲学论丛

章雪富◎著

中国社会科学出版社

图书在版编目（CIP）数据

斯多亚主义（Ⅰ）/章雪富著．—北京：中国社会科学出版社，2007.9

（两希文明哲学论丛）

ISBN 978-7-5004-6393-1

Ⅰ．斯… Ⅱ．章… Ⅲ．斯多葛派—哲学—研究 Ⅳ．B502.32

中国版本图书馆 CIP 数据核字（2007）第 137325 号

策划编辑 陈 彪
责任编辑 李炳青
责任校对 郭 娟
封面设计 康巴朗斯
责任印制 戴 宽

出版发行 中国社会科学出版社
社 址 北京鼓楼西大街甲 158 号 邮 编 100720
电 话 010—84029450（邮购）
网 址 http：//www.csspw.cn
经 销 新华书店
印 刷 北京金瀑印刷有限责任公司 装 订 广增装订厂
版 次 2007 年 9 月第 1 版 印 次 2007 年 9 月第 1 次印刷
开 本 880×1230 1/32
印 张 11.875 插 页 2
字 数 330 千字
定 价 32.00 元

目　录

序　深化研究希腊化哲学 ……………………… 姚介厚（1）

导言……………………………………………………………（1）

第一章　斯多亚主义的历史、研究视野和史料 ……………（1）

第一节　斯多亚主义的历史……………………………………（2）

第二节　本书的研究视野和斯多亚主义的相关文献 ……（39）

第二章　斯多亚主义的自然哲学 ……………………………（55）

第一节　斯多亚主义的物理宇宙论 …………………………（56）

第二节　斯多亚主义的自然哲学原理 ………………………（88）

第三节　斯多亚主义的自然神学………………………………（134）

第三章　斯多亚主义的形而上学……………………………（145）

第一节　Ti、On 和 Ousia ……………………………………（146）

第二节　斯多亚主义论“种” ………………………………（177）

第四章　斯多亚主义的认识论 …… (206)
第一节　印象 …… (207)
第二节　把握性印象和真理的标准 …… (220)
第三节　知识和把握性印象 …… (241)

第五章　逻辑和哲学 …… (254)
第一节　辩证法和修辞学 …… (255)
第二节　定义和划分 …… (269)
第三节　Lekta …… (277)
第四节　简单判断 …… (284)
第五节　复合判断 …… (297)
第六节　三段论论证 …… (304)
第七节　谬误推理 …… (315)
第八节　模态逻辑 …… (323)

附录一　斯多亚主义哲学家年表 …… (335)

附录二　斯多亚主义原始文献 …… (339)

附录三　斯多亚主义研究文献 …… (344)

人名地名索引 …… (349)

主题索引 …… (358)

后记 …… (362)

序

深化研究希腊化哲学

姚介厚

晚期希腊与罗马哲学是希腊化文明和罗马文明时代的哲学。它从公元前 322 年亚里士多德逝世起至公元 529 年东罗马帝国皇帝查士丁尼下令关闭雅典的所有学园，历经两大文明历史阶段，长达 800 余年。希腊化时代的哲学是希腊哲学的有所延续的重大转型。罗马帝国征服了希腊化世界，希腊哲学（包括传统哲学和希腊化哲学）却大举进入罗马帝国，延伸入罗马文明，造就了既相承续、又自有特色的罗马哲学。在希腊城邦文明衰亡、兴起希腊化帝国新世界中，新产生了三个主要哲学流派即伊壁鸠鲁学派、斯多亚学派和怀疑论学派。其中，斯多亚学派甚为重要，它广泛流行，持续传播，长存约 600 年，可谓希腊化与罗马文明中的主导思想，典型地体现了两大文明的基本文化精神，对两大文明的社会秩序和各种文化都起有支配性的历史作用，并对后世哲学有深远的历史影响。晚期希腊与罗马哲学是国内研究的薄弱环节，而希腊化哲学因原著大都只散存残篇，搜集更有难度，研究也更显单薄。章雪富同志在搜集、钻研丰富的有关原始文献和国外研究成果的基础上，为我们提供了一部颇有深度的专题研究力作《斯多亚主义（Ⅰ）》，这对增进国内的希腊化哲学以及罗马哲学研究，是很有学术价值的。

此书将斯多亚主义置于地中海文明的希腊化世界之新历史背景中作研究，论述了斯多亚主义是体现时代精神的新哲学。斯多亚学派的哲学由物理学、逻辑学和伦理学三部分构成有机整体。此书作为第一卷先从总体上论述了早期、中期和晚期斯多亚主义的演变、新研究视野和史料，着重探究了希腊化时代早期斯多亚主义的自然哲学、形而上学、认识论和逻辑学；待续写的第二卷将探讨应属早、中期的斯多亚主义的自然法和伦理学，第三卷则将研讨斯多亚主义在晚期（罗马帝制时期）的嬗变。全部完成，就是对斯多亚主义哲学的一个完整的专门研究。这在国内的古希腊罗马哲学研究中尚属先举。从可读到的第一卷来看，它是一种有学术深度的新研究成果。它依据大量难得的原著残篇、有关史料和国外研究成果，展示斯多亚学派哲学的源流和在不同时期的思想演变（包括伦理观念的变化）；它着重论述早期斯多亚学派的自然哲学（包括宇宙论、自然哲学原理、自然神学）的新内涵、新特征，论述其形而上学的本体学说及其范畴论自有特色，论述其立足于印象说的认识论有不同于希腊古典哲学的丰富内容，更探讨了斯多亚学派的辩证法、修辞学的新含义和创建命题逻辑的贡献。此书立论多有新意，论证比较细密，多处就有关论题展开早期斯多亚学派哲学同早期希腊哲学的比较研究，同苏格拉底、小苏格拉底学派、柏拉图和亚里士多德等的希腊古典哲学的比较研究，同当时的伊壁鸠鲁学派、怀疑论学派、学园派、漫步学派的比较研究，乃至在有关论题上同现代某些分析哲学的比较研究。在这些比较研究中，也较有说服力地显示早期斯多亚学派有其新的哲学范式。此书是深化研究早期斯多亚学派哲学的成果。

希腊化文明不是希腊古典文明的衰落阶段或延伸扩展，而是在重大社会转型中建立起一种独特、新型的文明形态，有它自具特色的经济、政治结构和基本文化精神。它基本上抛弃了已传承400多年的城邦体制，在广阔的地中海世界建立了适应大规模集权奴隶制的新社会体制，并且在继承、更新、兼融希腊古典文化与东方文化中，创造了一种多民族、多元性的文化。此书着力于探究在时代大变迁、社会大转型的希腊化文明中，作为其中一种主要哲学的早期斯多亚主义的新的哲学范式。这不仅在诸多哲学论题上给人诸多启迪，更启发我们重新思考希腊化哲学的总体特征，去掉某些陈见或偏见，这有利于促进希腊化哲学的新研究。

新的时代呼唤出新的哲学形态，希腊化哲学和希腊早期哲学、希腊古典哲学有着复杂的变革与承继关系。从此书总论斯多亚主义的历史可看出，它作为最体现时代精神的主流哲学，已将伦理学突出为哲学的目的性中心主题，为建树希腊化三帝国及之后罗马帝国的社会体制、社会道德秩序提供社会伦理规范；它以一种最早的世界主义的视角来观察自然、社会与人生，以开阔的自然理性来解释世界共同体和个人的关系。而此书所论的早期斯多亚主义的自然哲学已是生机论与泛神论结合的、连续统一的整体宇宙观，它突出个体存在的形而上学，它强调感知印象和心智能动领悟统一是认识真理之途，它有丰富语言哲学思想、创新出命题逻辑，等等，这些都表明早期斯多亚主义不是希腊古典哲学的退化，而是有所超越的新进展。然而，希腊哲学史是先后思想既有变异、又有继承的有机过程，演进中有其连续性与间断性统一的内在逻辑。希腊化哲学就并非截然中断希腊早先的哲学思想而凭空出世，而是在哲学范式转型中同早先的希腊哲学家有着千丝万缕的复杂思想关系，这也表现在一些哲学范畴含义的解释中，有所批判或变异地吸取、综合了先前的有关哲学思想，从而使自身得到丰富、发展。此书的一个特色就是细致地辨析、剖示了早期斯多亚学派在自然哲学、形而上学、认识论和逻辑学的不少范畴解说中，同早期希腊自然哲学家，同希腊古典哲学中的苏格拉底、小苏格拉底学派、柏拉图、亚里士多德，都发生着变异中有承继的复杂的思想联系。此书尤其展示，希腊古典哲学大师柏拉图、亚里士多德的思想在希腊化哲学中并未消退甚或销声匿迹，在早、中、晚期斯多亚学派的哲学中就愈益深沉地增强其思想影响。其实，在其他的希腊化哲学流派中，也有着不同程度与方式的类似思想联系。这启示我们，深化研究希腊化哲学的一个重要之途，就是要把握它和早期希腊哲学、希腊古典哲学的内在思想联系。

希腊化时代开出了哲学形态多样化、互相论争又互相渗透的新格局。希腊古典哲学虽有智者运动的前奏和三个小苏格拉底学派的支流，但主导的哲学思潮是苏格拉底、柏拉图、亚里士多德的理性主义传统持续进展。进入希腊化时代后，则有几乎同时新生的斯多亚学派、伊壁鸠鲁学派、怀疑论学派和分别恪守柏拉图和亚里士多德传统的学园派和漫步学派，他们在开阔的思想自由空间中展现了“百家争鸣”的新态势。他们互相批评、论辩又互相融吸、消化，从而丰富、发展自身，怀疑论一度甚至曾侵蚀学园派。但总体看，各学派依然保持自身的特质。此书的又一特色就是论述早期斯多亚学派的哲学思想时，细致考察它在一些哲学论题上同其他诸学派的论争以及对后者有关思想的吸取，从而丰富自身的学说，此书并对他们之间某些思想的异同做出深入的比较研究。此书特别指出：策勒（E. Zeller）认为整个晚期希腊哲学属于折中主义，那是消极地将它视为希腊精神的衰落，已无独立的哲学体系、思辨理论，这种“权威”的成见在中国学界也曾较有影响。然而，在论辩与融吸前人、他者思想中生成、发展的斯多亚主义，正是一种经历动态塑造过程、自有思想特质的新哲学，并非折中主义。推而论之，对希腊化哲学中的其他学派，也当作如是考察，不应简单地贬为折中主义就了事，这样我们才能深入探究各种希腊化哲学的新内涵，客观、公正地做出新评价，展示它们的历史价值与影响。

希腊化世界本身就包纳了小亚细亚、中亚、北非洲等广阔的地中海东部地区，官方支持的东西方文化的大规模交流是希腊化文明的重要特色。亚历山大里亚成为东西方文化交会、融合的中心。塞琉古首府安提克和小亚的罗德、帕纽玛也是东西方文化荟萃与研究的重镇。东西方文明的交流是双向的。希腊的哲学与文化远播小亚、中亚和北非，希腊化哲学也深受东方文化的熏陶，有东西方文化交融的特色。有些流派与学说就源自或就在东方。在众多东西方学者文化交往中，融会东西方文化的知识系统化与学术创新，对于建立有别于希腊古典哲学的希腊化哲学有重要影响。东方多样的宗教也被希腊人接受与崇奉，如托勒密王朝就将埃及神灵和希腊神灵融合为一种新宗教崇拜，而迦勒底人在亚历山大时代教给希腊人的占星术，斯多亚派创立人芝诺很快就接受，后继者如波西多纽等人都为之推波助澜，将星象征兆的命运看作不可违的“天命”。东方宗教对希腊化哲学也有弥渗性影响。此书论述斯多亚主义，就注意展示希腊化哲学的这一特色。书中指出它的学术传统有希腊和小亚细亚两个源流，早、中期斯多亚主义的代表大都来自小亚细亚；论述斯多亚主义旨在适应一个东方和西方趋于融合的世界，它的生机论、物体观念、自然神学等包容了东方因素；指出它既从理性神学出发批评将迷信视为宗教的错误，又将占卜或星相学看作属于宗教的知识，一种科学研究，是它的泛神论的自然神学的研究内容，甚至将医药、占卜、辩证法和德性列为四种类型的专门技艺与知识。对各种希腊化哲学的学理之东西方文化交融特色，确实值得作深入研究。

希腊化时代为适应建立帝国世界共同体的需要，而已无城邦家园的“个人”面对风浪迭起、险象环生的大千世界也需要寻求新的安身立命的根基，伦理学就突出地成为希腊化哲学的中心主题。但希腊古典文明中的科学理性精神也还继续得到传承与弘扬，推进科学知识的系统化与创新。希腊化文明中科学成就最为辉煌，史家称它是“第一个伟大的科学时代”。以往的自然科学思想进展就被包容在早期希腊哲学和希腊古典哲学的进程中，两者是密切联系、融为一体的。而希腊化文明中自然科学有系统化的学科成型和重大创新，却已游离于哲学的母体之外。但科学理性不仅表现在科学事业大发展中，在哲学中也仍有大量表现。伊壁鸠鲁的准则学和更新原子论的自然哲学就体现了一种新的科学理性。此书论述早期斯多亚学派的物理学、形而上学、认识论、逻辑学，就揭示了它们也都包含着科学理性（包括科学方法论）的内容。那么，希腊化文明中的科学理性在伟大科学成就中的表现和在哲学中的表现，是否为互不相关的“两张皮”？两者究竟有何思想联系？哲学中的科学理性精神在何种程度、以何种方式影响了科学事业的巨大成就，或也受后者的影响？这些问题，值得我们在深化研究希腊化哲学中思索与探究。

最后，仍要强调，应重视并加强对希腊化和罗马时代哲学的研究。在古代希腊与罗马哲学研究中，目前国内对这一断代哲学的研究最为薄弱。马克思说“希腊哲学在亚里士多德那里达到极盛之后，接着就衰落了”，但他又将这种衰落比喻为“英雄之死与太阳落山相似”。[①] 晚期希腊与罗马哲学像日落时分奇异的晚霞，其实颇为壮观，它映现希腊化与罗马时代的文化精神，有其

① 《马克思恩格斯全集》第40卷，人民出版社1982年版，第194页。

特异内容和重要历史地位。它是希腊古典时代哲学的延伸与转型，通过长期曲折的思想历程，才和基督教融会，进入中世纪的文明与哲学。它是希腊哲学和中世纪哲学之间漫长的中介环节，对之前的哲学有修变与发展，对后续的哲学有承前启后的关键性历史作用，并非只是希腊哲学达到顶峰后的一个尾声。晚期希腊与罗马哲学有丰富内涵和理论特色：伊壁鸠鲁学派、斯多亚学派、怀疑论学派、学园派以及新毕泰戈拉主义等多种样式，都延伸、变迁于两个时代，最终汇流于新柏拉图主义。青年马克思很重视这一断代哲学，他的博士论文《德谟克利特的自然哲学和伊壁鸠鲁的自然哲学的差别》，对伊壁鸠鲁哲学的本质精神有深刻论述，他为撰写博士论文准备的《关于伊壁鸠鲁哲学的笔记》，辑入大量史料（包括斯多亚学派哲学家的有关论述），并有许多评述。他当时曾打算写一部著作论述伊壁鸠鲁学派、斯多亚学派、怀疑论学派以及它们与先前希腊哲学的关系，可见他很重视研究这一时期的哲学的新内涵、新特征。

2007 年 5 月 24 日

导　言

希腊化哲学有三大主要流派：斯多亚主义、伊壁鸠鲁学派和怀疑论。这三大流派从反思和批评古典希腊哲学出发，促使古典希腊哲学向新的典范演变。希腊化哲学三大派中，斯多亚主义是影响西方思想最深的学派。公元前 4 世纪基提翁的芝诺创建了斯多亚主义，直至公元 2 世纪晚期斯多亚主义的衰落，为新柏拉图主义和基督教消化吸收，这中间持续了五百余年，构成罗马共和国末期和罗马帝国早期的主要思想形态。公元 2 世纪后，斯多亚主义仍然保持着对于其他思想潮流的影响。新柏拉图主义的缔造者普罗提诺（Plotinus）吸收了斯多亚主义的不少学说，形成高度综合性的不同于中期柏拉图主义的思想典范。基督教传统受斯多亚主义传统影响更深。拉丁基督教思想家的杰出代表德尔图良（Tertullian）是深入运用斯多亚主义学说的护教士，四五世纪的基督教苦修主义传统深受斯多亚主义伦理思想的影响，圣巴西尔（St. Basil）、圣哲罗姆（St. Jerome）和沙漠教父的修身思想构成了古代晚期基督教灵修传统的重要内容。斯多亚主义还持续影响中世纪，构成文艺复兴时期泛神论的主要来源，成为西方近代科学的直接源头，以及斯宾诺莎伦理思想的古典基础。

本书探讨早期斯多亚主义的自然哲学、形而上学、认识论和逻辑学。斯多亚主义的哲学由三部分构成：物理学、逻辑学和伦理学。现代西方学者的分述要更具体，认为斯多亚主义的物理学可以区分出许多其他方面，本书将它分为自然哲学、形而上学和认识论。自然哲学主要讨论斯多亚主义的宇宙论，相当于现代物理学，研究宇宙演化、元素构成和时空关系。斯多亚主义的形而上学不是研究古典希腊哲学的 On 的学说，而是研究 Ti 的学说。它从研究 Ti 来探讨古典希腊的实体学说，独辟蹊径，形成早期西方哲学的新实体观。斯多亚主义的认识论则研究印象和把握性印象，由此提出了知觉的经验、赞同和预期的思想。这些观念里面包含着近代西方的“实验”理论的萌芽，就是所谓经验检验的观点。因此，斯多亚主义的认识论不同于古典希腊哲学的知识论。后者重视演绎，秉持的是重演绎的公理思想体系，它所谓的本原其实是“公理”，从本原这个公理出发可演绎出整个理论体系，古典希腊哲学由此发展出数学优先的原则。然而斯多亚主义不仅重视经验，而且重视经验对于知觉印象的预期能否被赞同这个环节，由此把某种实验思想引入希腊科学，具有近代科学的特征。斯多亚主义的逻辑学说也不同于亚里士多德。斯多亚主义所思考的是命题逻辑，它研究的对象是“事件”；亚里士多德所研究的是谓词逻辑，研究的对象是“实体”；斯多亚主义研究的是命题三段论，亚里士多德所主要研究的是直言三段论。从种种方面观之，斯多亚主义有着清晰的独创性。在与古典希腊哲学和同时代其他哲学互辩中，早期斯多亚主义发展为独立的学说，塑造了后亚里士多德时期的新哲学典范。

本书第一章研究斯多亚主义的整体历史，从早期斯多亚主义一直到晚期斯多亚主义，涵盖其五百多年的思想历程。本章围绕斯多亚主义学说的“苏格拉底”形象的塑造和变化，展示不同时期的斯多亚主义的伦理观念的变化。本章尤其着力地刻画了中期斯多亚主义的学派形态和伦理观念。在西方学术界中，中期斯多亚主义这个发展阶段“面目不清”，其思想和学派的独立性备受怀疑，国内学术界更是予以忽略。本章从学派的转移、斯多亚主义内部主导权的争论、思想源头的诉求和伦理及物理观念的变化诸角度，证明中期斯多亚主义的存在是无可争议的。本章还着力指出中期斯多亚主义是早期斯多亚主义的学派传统向晚期斯多亚主义的非学派传统演变的重要环节。如果不能够把握住中期斯多亚主义的独立性，我们就无法理解早期斯多亚主义和晚期斯多亚主义的差别的形成进程。本章还从正统和异端之争描述斯多亚主义内部的动态变化，指出斯多亚主义远不是高度一致的学派，其传统本身的多元性是刺激斯多亚主义探究的不竭动力。

第二章分析斯多亚主义的自然哲学。本章努力持守学术的中道，历史地客观地分析斯多亚主义学术传统的希腊和小亚细亚的两个源流。西方学术界有一派认为斯多亚主义的自然哲学完全采用东地中海地区的古怪的自然思想，背离了希腊科学探索的正道，更多的西方学者则认为斯多亚主义所承袭的是前苏格拉底的科学探索方向和目标，它直接回到前苏格拉底哲学例如赫拉克利特的哲学中获取思想源泉。本书则力图通过详细的文本论证指出确实存在斯多亚主义的东方因素。斯多亚主义的生机论思想就是一个典例，它把物质看成有活力的、能够自我生成的力量，由此塑造了连续的统一的整体宇宙观。斯多亚主义的这个泛神论的思想既不能看成是早期希腊的泛神论，也不能看成是物活论。斯多亚主义对“物体”观念的独特理解构成了它自然哲学的全部基础，本章力求围绕物体和神两个原理把握斯多亚主义自然哲学的独立性。然而，不可忽视的是，斯多亚主义确实又采纳希腊哲学的表述方式。它以希腊科学的精神去探讨东方的神秘的物体观念。两者不是表面上附丽为一体，而是经过斯多亚主义的理论努力，成了西方科学思想的来源。可以说，斯多亚主义在希腊自然哲学传统内部制造了有效的张力。

第三章论述斯多亚主义的形而上学。本章结合西方学者的最新研究，仔细地分析了斯多亚主义所一直秉持的 Ti 学说，从这个角度分析了斯多亚主义与柏拉图、亚里士多德形而上学的复杂关系。斯多亚主义接受亚里士多德的《范畴篇》和《前分析篇》《后分析篇》中的实体学说，却较多地拒斥《形而上学》的实体观念。由此既可以看出斯多亚主义和亚里士多德（也包括罗素）一样，都是从逻辑学的角度塑造实体并把 Ti 作为实体的本体论基础，也可以看出斯多亚主义是从自然哲学角度把作为 Ti 的逻辑实体/主词与作为自然的物理实体统摄在一起。如果这种理解是正确的，那么我们就可以理解斯多亚主义关于逻辑学的描述何以与亚里士多德有取向的不同。第五章清楚地阐释了这一点，指出斯多亚主义塑造的是命题逻辑和命题三段论，而不是谓词逻辑和直言三段论。

第四章分析斯多亚主义的认识论。斯多亚主义的认识论建立在印象概念的基础上，所针对的是柏拉图和学园派。柏拉图和学园派反对把印象作为知识的基础，因为他们认为这会导致相对主义。斯多亚主义则认为印象是知识的可靠来源，是知识确定性的保障，并阐释了把握性印象的观念。在斯多亚主义看来，把握性印象必然再现所是者，是“所是者”的完整再现。把握性印象指向真理并且是真理本身。斯多亚主义所讲的“所是者”与柏拉图和学园派所讲的“所是者”也完全对立。斯多亚主义讲的“所是者”不是作为实在的“形式”的“所是”，它讲的“所是”是事物存在的具体性，就是“个体”/“这个”（Ti），只有清楚准确地把“个体性”完全准确地再现出来，才能够把事物的“所是”

与“非所是”完全区别开来，把“非所是”从事物所呈现出来的印象中完全排除出去。可见，Ti的形而上学不仅构成斯多亚主义逻辑学的基础，还是认识论的基础。

第五章讨论了斯多亚主义的逻辑学。斯多亚主义认为逻辑学是哲学的重要组成部分，是科学探索的主要工具。历史地观之，斯多亚主义者尤其是克律西坡曾经写过大量的逻辑学著作，可惜多数未曾得到保留。逻辑学是斯多亚主义与希腊化思想流派论战的重要理论领域。在“定义”的定义和“划分”的界分上，斯多亚主义与伊壁鸠鲁学派发生过辩论；在某些谬误推理上，斯多亚主义与学园派有过激烈的争论；在模态逻辑、Lekta（莱克顿）学说、简单判断和复合判断以及三段论论证上，与麦加拉学派有广泛的辩论。斯多亚主义的逻辑学就是在这种背景下诞生的，它所涉及的逻辑学论域非常广泛，对于后世有杰出的贡献。本章尽可能依据现存的残篇对斯多亚主义的逻辑学作了还原，希望能够重现斯多亚主义在这个领域曾经有过的地位。本章在分析斯多亚主义的逻辑学时，还结合斯多亚主义的形而上学和认识论进行分析。这些古典思想家未曾把逻辑学和哲学分离开过，他们称逻辑学为辩证法。斯多亚主义的逻辑学始终贯穿着它的形而上学之思，它从Lekta中发展出专名理论，在themata（论题）中发展出逻辑形式理论，这些都体现了对于人类自然理性的深刻思考，以及它在认识论中对于个体性存在和把握性印象的深刻运用。由此，斯多亚主义的逻辑学讨论有着深厚的哲学运思背景。本章努力把两者作为整体来把握，形成对于斯多亚主义逻辑哲学富有层次的关注。

本书把斯多亚主义研究放在地中海文明的大历史视野中予以讨论。斯多亚主义生存寓居的世界是帝国的时代，而已不再是城邦的空间。城邦到帝国转换的印迹在斯多亚主义的学说中有典型的体现。早中期斯多亚主义者都是来自小亚细亚的思想家，晚期斯多亚主义者都是帝国时代的罗马人，这已经表明思想群体发生了深刻的变化，表明地中海文明的其他群体在学习并且思索如何以他们自身的思索去传递那曾经发生过的希腊哲学之思，这种透过“他们自身的思想群体”的身份感真实地存在于希腊之思中并使得希腊之思呈现出不同的层次。中期斯多亚学派的转移也能够说明这一点，希腊哲学不再只是雅典的哲学，不再只是希腊城邦的理智的荣耀，它被转移并在空间上获得重新架构。新的思想中心出现，思想的新地域性涌现，思想的新关注得到认同。小亚细亚思想群体对于自然和物体的独特体认与罗马人对于思想的实践本质的独特关注，使得斯多亚主义面对希腊传统却生存于独特的空间之中。这就是思想的本质，它从新的空间性中获得重新出发的可能。

本书是斯多亚主义研究三卷本的第一卷。第二卷将探讨斯多亚主义的自然法和伦理学，第三卷则讨论斯多亚主义在古代晚期的演变，它与新柏拉图主义、两大基督教传统（希腊和拉丁）和其他思想学派的关系，希望在未来的三年内能够呈现于读者的面前，敬请大家指教。

第一章

斯多亚主义的历史、研究视野和史料

从公元前4世纪至公元2世纪，斯多亚主义作为主要的思想学派在希腊化和罗马世界中存在了500多年，对地中海文明的塑造产生了卓越的影响。在希腊化三大派（伊壁鸠鲁学派、斯多亚主义和怀疑论）中，斯多亚主义的影响最为广泛。它不仅作为一种哲学学说产生了影响，还塑造了早期罗马帝国的主流伦理精神。

本章详细追溯了斯多亚主义这500年的发展史，描述了早期、中期和晚期斯多亚主义的延续和变化，动态地追溯了斯多亚主义精神气质的形成。本章试图从犬儒主义和柏拉图/亚里士多德学说的框架出发，阐释斯多亚学派与伊壁鸠鲁学派、麦加拉学派和学园派的思想互动；又从斯多亚主义对这个框架的突破出发，阐释希腊化时期希腊哲学的高度开放和自由思辨精神的纵深延续。由此，本章从历史发展的角度指出斯多亚主义哲学的独立向度和精神深度。

第一节　斯多亚主义的历史

本节回顾了斯多亚学派早、中、晚期的不同形态，并以学派为主体阐释了它在不同阶段对于“苏格拉底的形象”的不同理解。本节尤其阐述了中期斯多亚主义在联结早期和晚期间所起的作用，即斯多亚主义有一个由学派向非学派或者说松散性学派渐变的过程。本节还阐释了斯多亚主义内部正统与非正统之争，指出它所导致的新权威意识及与斯多亚主义演变的关系。

一

在古代作家中，第欧根尼·拉尔修（Diogenes Laertius）比较详细地记载了早期斯多亚主义的历史活动和思想概貌。在《著名哲学家评传》（第七卷）中，第欧根尼以芝诺的生平和思想为主线，提供了难得的历史文献。在接着的其他卷次中，他还提供了狄奥德勒（Diodorus）、克律西坡（Chrysippus）和阿里斯通（Aristo）等早期斯多亚主义代表人物的生平和著述情况。古代西方学者斐洛德摩（Philodemus）则在托名卢奇安(Pseudo-Lucain)、维莱里乌（Valerius）、玛西谟（Maximus）、西梭里努（Censorinus）和第欧根尼的文献基础上，撰写了两部著作（*Stoicorum Historia* 和 *De Stoicis*），记载了早期斯多亚主义主要思想家的年表、思想和事迹。近年来，国内学者的研究也有较大的进展，杨适教授的《希腊哲学探本》和《爱比克泰德》较深入地研究了斯多亚主义的伦理思想，姚介厚教授的《古希腊罗马哲学》（下）对于斯多亚主义的思想有全面的介绍，尤其难得的是，其中对中期斯多亚主义的历史资料尽可能地作了介绍。本文依据这些学者的研究，尤其是西方学者例如Tiziano Dorandi[①]、David Sedley[②]和Christopher Gill[③]所整理的古代作家的文献，试图较为详细地呈现早、中、晚期斯多亚学派主要思想家活动的历史背景、生平事迹，以及他们思想之间的关联。

从哲学渊源上讲，早期和晚期斯多亚学派主要渊源于或者更密切地关联于犬儒主义（Cynicism），而中期斯多亚主义则可以追溯到柏拉图（Plato）和亚里士多德（Aristotle）的学说。因着犬儒主义的影响，早期斯多亚主义又与小苏格拉底学派有所关联。小苏格拉底学派分为三个分支：麦加拉的欧几里得（Eucleides of Megara）、安提司泰尼（Antistenes）和阿里斯提波（Aristtippus）。欧几里得致力于逻辑学和共相的研究。阿里斯提波主张人的福祉在于个体感受的总和，他所谓的感受指的是自然感受，其思想受快乐主义的影响较深。有意思的是，阿里斯提波的哲学从主张人生的快乐开始，却以宣扬悲观主义的宁静为总结。安提司泰尼虽然常被视为犬儒主义思想的来源，然而他与犬儒主义的真正的创始人辛诺普的第欧根尼（Diogenes of Sinope）还是有所不同。安提司泰尼研究逻辑学和禁欲主义，试图从智性

---

① Tiziano Dorandi, "*Chronology*", see in Keimpe Alagra, Jonathan Barnes, Jaap Mansfeld & Malcolm Schofield (eds.), *The Cambridge History of Hellenistic Philosophy*, pp. 35—43, Cambridge University Press, 1999.

② David Sedley, "*The School, from Zeno to Arius Didymus*", see in Brad Inwood (ed.), *The Cambridge Companion to the Stoics*, pp. 7—32, Cambridge University Press, 2003.

③ Christopher Gill, "*The School in the Roman Imperial Period*", see in Ibid., pp. 33—58.

的角度在两者之间保持平衡，辛诺普的第欧根尼则蔑视逻辑学和知识论。[①] 芝诺的老师克拉底（Crates）是一个犬儒主义者，他持续深远地影响了芝诺的心灵和思想。据第欧根尼的记载，芝诺是基提翁人，30 岁的时候，他从腓尼基航海前往庇勒厄斯（Peiraeus）从事商业活动，途中遭遇海难货物尽失。他个人则得以幸运逃生，在雅典登陆并在此生活。有一次，他在书店中读到色诺芬（Xenophon）的《回忆录》第二卷，对于书中所记载的苏格拉底的言谈举止印象深刻，就问从哪里可以找到苏格拉底（Socrates）这样的导师。这时刚好犬儒主义大师克拉底从旁经过，书商便指着他说："跟随他吧！"自此，芝诺就跟随克拉底学习哲学。从哲学思想方面，芝诺得到了克拉底的真传，然而他无法认同犬儒学派惊世骇俗的、"恬不知耻"的生活方式，芝诺性格中固有的羞怯和尖刻使他无法成为一个生活中的犬儒主义者。然而作为犬儒主义者，生活实践才是最重要的，犬儒主义本质上是一种行为艺术。有一次，克拉底让芝诺端一锅豆汤穿过塞勒米科（Ceramicus），这使芝诺感到害羞，他想把锅遮盖起来，克拉底就用手杖把锅打翻，汤水顺着芝诺的腿脚流淌，芝诺想溜之大吉，克拉底说："我可爱的腓尼基人（Phoenicians），为何要逃呢，没有可怕的事情会落到你的头上。"[②] 犬儒主义从行为的真实性出发使思想的一切言说表象成为虚假的东西裸露出来，而回到行为的真实或者说身体的真实。这里面包含着非常深刻的思

---

① 参看汪子嵩、范明生、陈村富、姚介厚《希腊哲学史》第二卷，人民出版社 1998 年版，第 551—595 页；A. H. Armstrong，*An Introduction to Ancient Philosophy*，pp. 118－119，University Paperbacks，1968.

② Diogenes Laertius，*Lives of Eliment Philosophers*，VII. 2 － 4，The Loeb Classical Library，1938. 参看第欧根尼·拉尔修著，马永翔等译《名哲言行录》(下卷)，吉林人民出版社 2003 年版，第 397—398 页。

想。这既可以说是一种对身体的“漠视”，因为它宣告身体的自然状态并不是值得羞耻的事情；然而它又不只是漠视，因为它把身体的真实性当作唯一的真实性。斯多亚主义接受犬儒主义前半部分，却抛弃了后半部分。

关于芝诺的这个有趣的小故事颇能说明斯多亚主义与犬儒主义在思想上的微妙关系。可以肯定的是，斯多亚主义的生活态度受到犬儒主义相当深刻的影响。斯多亚主义讨论的是犬儒主义在身体上实现出来的思想，这个伦理观念又被表达为“苏格拉底”这个哲学家的形象，与芝诺从色诺芬的著作中所领受到的哲学主旨是类似的。芝诺把这种阅读中所得的震撼持续在他终生的伦理思考之中，以至于苏格拉底成为整个斯多亚主义伦理学主题的历史形象。芝诺也从犬儒主义的角度看待苏格拉底的道德实践，当然不是按照犬儒主义的令他不敢恭维的生活方式，在这方面他确实是舍弃了犬儒主义的，只是从哲学家对于身体的欲求的漠视这个角度来探讨。芝诺把犬儒主义降低身体的自然要求的这种漠视重新置放到心灵的层面，从心灵生活与外部世界关系的角度来探讨，使得犬儒主义的生活态度能够融入主流和上流社会并成为一时的风尚。芝诺跟他的另一位老师安提司泰尼（Antistenes）的关系颇能说明这一点。安提司泰尼也是一个犬儒主义者，他原本是修辞学家和智者高尔吉亚（Gorgias）的学生，后来因为崇敬苏格拉底转而师从于他。安提司泰尼是苏格拉底的忠实的追随者，他还劝他自己的学生一起投到苏格拉底的门下。他每天都要徒步5里路去雅典听苏格拉底讲课，据第欧根尼说他从苏格拉底那里学到了刚毅的德性。[1] 显然，安提司泰尼从苏格拉底那里得

---

① Diogenes Laertius，VI. 2—4. 参看第欧根尼·拉尔修著，马永翔等译《名哲言行录》（上卷），吉林人民出版社 2003 年版，第 335 页。

到的启发不同于柏拉图，他开创了自己的学派即犬儒学派。[1] 第欧根尼称在德性论上或者伦理学说上，安提司泰尼对于斯多亚主义有深远的影响。斯多亚主义的主要学说也可以直接追溯到安提司泰尼，[2] 芝诺从安提司泰尼身上学到了苏格拉底刚毅的德性。[3] 由于这样一种熏陶，我们可以看到斯多亚主义把伦理看成是哲学的中心的原因，这与柏拉图把政治看成是哲学的核心问题是不同的；并且因着斯多亚主义受犬儒主义的实践理性的理解，思想包括知识都是对于身体和世界的真实性，伦理就是行为的自然性的体现，这与柏拉图把伦理上升为至善的知识走了相反的道路。

这就很容易理解为什么随着斯多亚主义的兴起，犬儒主义和小苏格拉底学派便随之衰落了。显然，芝诺从小苏格拉底学派和犬儒主义中吸收了其主要思想，作为斯多亚主义的信条的内容。在教义的层次上，芝诺将苏格拉底的哲学形象更为清晰有力地表述出来。芝诺吸收了犬儒主义"漠视"名声和财富的思想态度，使心灵对于身体的支配更具有力量，从而导致小苏格拉底学派和犬儒主义的衰落；芝诺和克律西坡这些早期斯多亚主义者吸取麦加拉学派的逻辑学说，塑造了一种不同于亚里士多德的形式逻辑，使麦加拉学派随之瓦解。无论是犬儒主义还是麦加拉学派，其核心思想因被斯多亚主义包含而失去了其继续独立地存在的可能，由此则可以看到晚期希腊哲学思想流派间关系的复杂性。这里，有必要着重提一下芝诺与麦加拉学派（Megarics）的关系。

① 参看杨巨平《古希腊罗马犬儒现象研究》，人民出版社 2002 年版，第 8—25 页。

② Diogenes Laertius，VI. 13－15.

③ Ibid..

据第欧根尼的记载，芝诺非常好学。尽管他自己不擅长逻辑学，却对其非常感兴趣，曾主动花两百德拉马克学习七种诡辩术。[①]芝诺视麦加拉学派的逻辑学家斐洛（Philo）为自己最尊敬的老师之一，与他一起认真研究过逻辑学和辩论。[②]从这些关系里面，一方面我们可以看到斯多亚主义作为晚期希腊的主流学派与同时代思想之间的吸收和转化关系，另一方面也可以看到晚期希腊的这些思想学派在哲学的思想范式上仍然受到古典希腊的影响，仍然把哲学看成是知识的大全，注意到哲学知识的整体性。他们对于逻辑学的兴趣、对于形而上学问题的探讨都应该从这个角度去认识。正是出于斯多亚主义对古典希腊以来各个分支学说的新的综合，它成为一种既有别于柏拉图又有别于亚里士多德哲学的新的综合。有意思的是，这种综合除了保持希腊的理智主义传统之外，几乎在思想的所有方面既不同于柏拉图又不同于亚里士多德。更有意思的是，斯多亚主义通过对于这些古典希腊看作边缘的思想的综合并且因着其相当不同的思想立场，将在古典希腊被认为是边缘的流派带入到主流，并成为晚期希腊哲学的主流思想。斯多亚主义通过塑造一个截然有别的“苏格拉底”形象，它确实是按着希腊哲学的遗风的塑造，使得晚期希腊哲学有了他们自己的“希腊”，造就了一个迥然有别的他们自身所理解的“苏格拉底”。

芝诺学派出现后不久，由他的老师（麦加拉派的）斯提尔波（Stilpo）和（辩证法家）狄奥德勒（Diodorus）所领导的小“苏格拉底”运动就逐渐从视野中淡化出去。我

---

① Diogenes Laertius，VII. 24－26.

② Ibid.，VII. 15－17.

> 们的印象是，斯多亚已经吸收了他们最重要的著作，现在已经足有成效地取代了他们。事实上，有证据表明，斯多亚主义自身一般乐于被称为“苏格拉底”的学派。好的方面的原因有：他们的伦理体系所具有的特征，即知识分子对于智慧的善性的认同，以及因此作为淡漠对于非道德的善的排除，完全是受了苏格拉底的启示。确实，他们为理想化的贤人所设定的完满的标准，在他们眼里，甚至连苏格拉底自身都没有办法达到。但是毫无疑问的是，即使如此，关于贤人行为的具体的画像经过斯多亚主义的代复一代的编辑加工又都被归为苏格拉底的传奇故事。一个最好的例子就是“完全理性”地离世这个最重要的选择，苏格拉底自己的死被认为是理想的典范。像小加图（Younger Cato）和塞涅卡（Seneca）这样的罗马斯多亚主义都把根据苏格拉底来塑造他们自己的死亡。①

斯多亚主义与希腊思想的这种广泛关系还体现在它与老学园派的关系上。公元前214年，芝诺从塞浦路斯的小镇基提翁来到雅典后，除了师从克拉底外，还受教于斯彪西波（Speusippus）之后的老学园派的几任领袖麦加拉人斯提尔波（Stilpo the Megarian）、塞诺克拉底（Xenocrates）和玻勒谟（Polemo）。中期柏拉图主义无论是在精神气质上还是哲学建构上都有别于犬儒主义，它继承了柏拉图的思维模式，从理念论的角度来探讨心灵之善的塑造，延续着柏拉图学说的理智主义传统。这与犬儒主义纯粹地从人的需要的简单化这个角度来探讨心灵的平静，有着进路

---

① David Sedley, “*The School, from Zeno to Arius Didymus*”, see in Brad Inwood (ed.), *The Cambridge Companion to the Stoics*, p. 11.

和旨趣上的分别。这种来自于学园派的影响使得芝诺与犬儒主义在哲学上保持着某种适当的张力，并且他尽力使这种学识上的张力转化为禁欲主义的心灵哲学和老学园派的知识论之间的平衡。[①] 这是斯多亚主义非常独特的地方。这不是说斯多亚主义亦此亦彼地无原则地折中，它有着自己的问题，有着从非主流转而进入主流思想的独特性。正是出于对芝诺和斯多亚主义的非主流思想的坚守的没有准确把握，因此造成对于斯多亚主义的许多误解。这种误解在古代就已经存在，据第欧根尼的记载，当芝诺离开他的前任老师犬儒主义者狄奥德勒加入到学园派成为玻勒谟的学生时，玻勒谟曾指责芝诺，说他以腓尼基人的方式把玻勒谟本人的学说改头换面，窃取他的思想。[②] 在近现代研究中，许多学者把它武断地贴上折中主义的标签而作轻率、简单的处理。

因此，斯多亚主义和同时代的思想流派犬儒学派、麦加拉学派和学园派的思想关系远比我们通常所认为的要复杂，也正是从这种复杂性中我们可以看到斯多亚主义那种独特的坚持。它使一种非主流的希腊精神和伦理以一种主流的形态进入晚期希腊并在罗马帝国滥觞，最终成为晚期希腊三大哲学流派中最具影响力并且一直持续其影响于整个中世纪的希腊思潮。学者们简单地以“折中主义”给它贴上标签并没有实际的意义，这种轻率的学术态度反而使我们不能够深入地看到晚期希腊哲学对于古典希腊以及同时代思想精神的转化关系，看不到斯多亚哲学其实是一种新的哲学，它代表着从古典希腊到希腊化时期

---

① A. H. Armstrong, *An Introduction to Ancient Philosophy*, p. 119.

② Diogenes Laertius, *Lives of Aliment Philosophers*, VII. 21－23, The Loeb Classical Library, 1938. 参看第欧根尼·拉尔修著，马永翔等译《名哲言行录》(下卷)，第409—410页。

哲学典范的转变。对此，David Sedley谈到芝诺和斯多亚主义的伦理学体系与学园派和麦加拉学派的关系时有相当精辟的说明，这无疑能够帮助我们了解斯多亚主义所达到的新的高度，帮助我们了解斯多亚主义超越于古典希腊的伦理学而塑造晚期希腊治疗型哲学的新取向：

> 柏拉图学园派的领袖玻勒谟和麦加拉学派的哲学家斯提尔波，他们的伦理立场都为当时的人所知，他们都是芝诺的另外两位老师，两人都曾帮助芝诺发展出他自己的与众不同的伦理向度。玻勒谟捍卫柏拉图主义者和亚里士多德学派的物体性的以及外在的善立场，尽管与最重要的心灵的善相比它们都是小善。斯提尔波的最著名的教义是贤人的自足（self-sufficiency）教义，他教导的是相反的基础，认为没有任何降临到人的身体或者财产的事物能够有一丁点儿的善或者恶。关于这一点，芝诺站在斯提尔波的犬儒式的观点一边，然而他似乎也继承了玻勒谟并发展了一种伦理立场，就是把道德的进步与"和自然的一致"结合起来。在对于他的两位老师的综合中，我们已经可以看到所有斯多亚主义论题中的最独特之处。根据芝诺和他的继承者的看法，物体和外在的善例如健康和财富不是善——关于这一点，斯提尔波是对的——但是，另一方面，它们是自然追求的对象。因此，在正常的环境下，我们寻求获得它们，然而并不在意它们，仿佛拥有它们可以使我们的生活变得更加美好似的，但是出于对它们的喜爱我们发展出我们"与自然一致地生活"的技艺，而这个自然的"目的"就是所达到的，等于完美的理性、幸福和善的生活。斯多亚主义以这种方式支持社会和个人选择的完

> 全习俗的规范，然而又能够比本质上挑战习俗的犬儒主义更能够将自身融入到希腊化世界中。①

David Sedley 表明了一个重要的看法，就是芝诺和斯多亚主义与同时代思想间的复杂关系。早期斯多亚主义对于善的生活提出了一种既不同于学园派和亚里士多德也不同于犬儒主义的看法。这个观点主要又是依据他们自己所阐释的自然观念确立起来的。一方面芝诺所代表的早期斯多亚主义把自然的欲求，如财富和健康不看作是善，另一方面它又不否认这种自然的合法性和合理性。中期斯多亚主义因着早期斯多亚主义对于自然的中立态度而向柏拉图和亚里士多德的传统靠近，晚期斯多亚主义则向着更犬儒主义的方向靠近。由此我们可以看到斯多亚主义是在接受各种学派的观点中作了合乎自己心灵哲学的转化，这就形成了他们自己所持的独特的"苏格拉底"的形象。从这种"转化"中，我们所看到的其实是希腊化心灵的独特倾向。斯多亚主义所希望的是能够把希腊化心灵中古典希腊某种非主流生存的合理性作为明晰的原则明晰地阐明，并把它作为真实的生命取向予以肯定。由此，斯多亚主义依据它所引入的"与自然一致生活"的新看法，以及由此所塑造的对于外在的善的关系的新阐释，形成它自身对于希腊理智生活的独特表述。

二

早期斯多亚学派的主要成员都是芝诺的学生，最早的时候他们被称为芝诺派或者芝诺的追随者，这可以说明早期斯多亚主义

---

① David Sedley, "*The School, from Zeno to Arius Didymus*", see in Brad Inwood (ed.), *The Cambridge Companion to the Stoics*, p. 10.

与芝诺的形象是密切联系在一起的。由于芝诺常在庇塞诺克的波提卡（Portico of Pisianax）柱廊边散步边讲课（Stoa 在希腊文中是柱廊的意思），人们就称它为斯多亚主义。[①] 在芝诺之后，阿索斯的克里安特（Cleanthes of Assos）任学派的领袖（公元前 263—公元前 232 年间）。克里安特年轻的时候是一个拳击手，是芝诺的忠诚的崇拜者。为了能够攒足听芝诺课的费用，他昼夜工作，最终如愿以偿。克里安特以勤勉闻名，年轻的时候他极度穷困，这迫使他不得不艰辛地工作。他晚上挑水以获得报酬，白天跟随芝诺学习。因为艰苦的劳动，克里安特长得非常粗壮，他因此得了驴的绰号。[②] 他的论敌在剧院的诗作朗诵中称他像羊一样愚蠢羞辱他，然而他为人坚忍能宽容能忍耐，由此获得雅典人的赞赏。[③] 克里安特虽深得芝诺的赞赏，[④][⑤] 然而他明显缺乏物理学的天赋，虽然勤奋却没有成就。[⑥] 大概因为他比较忠实地追随芝诺的哲学学说，他因此能够成为芝诺死后的第二任领袖。除克里安特之外，芝诺还有其他几个较为著名的学生。他钟爱的一个学生是佩赛乌（Persaeus）。根据第欧根尼的记载，佩赛乌的鼎盛年是公元前 260—公元前 256 年。[⑦] 有一次，马其顿（Macedon）王安提戈纳·戈纳塔斯（Antigonus Gonatas）邀请芝诺去他在佩拉（Pella）的王宫讲学，芝诺婉言谢绝，改派遣佩赛乌和另外一个学生底比斯的菲隆尼德（Philonides of Thebes）前

① Diogenes Laertius，VII. 4－6.

② Ibid.，VII. 170－172.

③ Ibid.，VII. 172－174.

④ Ibid.，VII. 169－170.

⑤ Ibid.，VII. 167－169.

⑥ Ibid.，VII. 169－170.

⑦ Ibid.，VII. 160－167.

往，这能说明他对佩赛乌的器重。芝诺还有另外三个学生，他们是阿里斯通（Aristo）、赫勒刻里亚的狄奥尼修（Dionysius of Heraclea）和赫里路斯（Herillus）。这三位学生并不完全赞同芝诺的观点，常被学者们称为非正统的斯多亚主义者。阿里斯通又被称为秃头阿里斯通，至少在两个方面他与所谓的正统的斯多亚主义有不同的看法：一是他认为除了善和恶两端之外还存在中间状态；二是他宣称物理学和辩证法不属于哲学的研究范围。阿里斯通认为物理学的研究非我们能力所及，辩证法则毫无用处。这是反对芝诺的哲学观的，因为芝诺认为哲学由物理学、逻辑学和伦理学构成。阿里斯通则认为斯多亚主义只要研究伦理学就够了。[①] 赫里路斯持与阿里斯通的看法相似，也认为善恶之间存在中间状态。赫里路斯还认为人的行为应随环境而变化，他不接受斯多亚主义的主流观点，后者认为人所获得的把握性印象是不变的真理。[②] 这就是说他们在伦理学上比较倾向于感觉主义，狄奥尼修则走得更远。狄奥尼修大概身体并不非常健康，因自己长期受病痛的折磨，而意识到身体的重要性，不认为人有可能对痛苦完全保持淡漠。狄奥尼修甚至有纵欲主义的倾向，他生活放荡，与斯多亚主义强调的德性生活形成强烈反差。[③]

可以看到，甚至在芝诺的时代，斯多亚主义内部就已经存在思想分歧。学者常称之为斯多亚主义的正统派和非正统派之争。阿里斯通、赫勒刻里亚的狄奥尼修和赫里路斯属于非正统派，他们无论是在伦理学，还是在哲学构成上都持反对派的立场。由此可以说，第一代斯多亚主义者中已经存在两个相对独

---

① Diogenes Laertius，VII. 159—161.

② Ibid.，VII. 164—166.

③ Ibid.，VII. 167—169.

立的思想源头，阿里斯通和他的追随者把伦理学视为哲学研究的唯一对象，芝诺则代表更具古典希腊哲学观点的传统。在今天看来，阿里斯通似乎是斯多亚主义中的少数派，我们确实不能排除这就是历史事实，然而也要注意到有历史学家和思想史家“消声”的原因，正统学派总是在历史的书写上压抑非正统学派。其实，阿里斯通在他的时代还是有相当大的影响的。举个例子来说，当时的柏拉图学园派领袖阿尔凯西劳（Arcesilaus），他曾领导学园派进入怀疑论时期，就受到阿里斯通的深刻影响，丝毫不亚于他从芝诺那里所受的影响。再例如，当时斯多亚主义的领袖人物阿波罗弗尼（Apollophanes）也是阿里斯通的学生。此外，著名的科学家埃拉托斯弗尼（Eratosthenes）也是阿里斯通的学生。换个角度来说，早期斯多亚主义形成这样两种不同的倾向也是很正常的。最早的斯多亚主义在形成时还受古典希腊哲学的不少影响，并且当时的犬儒主义、伊壁鸠鲁主义和学园派都有很大的影响力。任何一个最早期的斯多亚主义者都是一个独立的思想个体，在那种学术论辩非常激烈的情况下，他从自己的处境出发获得对于其他思想学派的综合并形成他自己的理解也是正常的现象。而晚期斯多亚主义把伦理学作为哲学探讨的唯一主题，在某种程度上则未尝不是对于阿里斯通这支斯多亚主义传统的回归。

早期斯多亚主义的不一致性不仅存在于芝诺的时代，也存在于克里安特时期。这可能是克里安特守成有余，开创不足之故吧，同样的问题也曾发生在克律西坡和克里安特之间。梭里的克律西坡（Chrysippus of Soli）既是芝诺的学生，也是克里安特的学生。他是早期斯多亚主义中除芝诺之外最有名的思想家，严格地说，他在学术上的贡献特别是在逻辑学上的贡献远远超过芝诺。克律西坡出生于公元前 281 至公元前 277 年之间，有记载称他听过芝诺的课。[1] 与其他斯多亚主义的思想家一样，他也乐于去听许多其他学派的课。他大约是在公元前260年到雅典的，曾听过老学园派的阿尔凯西劳（Arcesilaus）和他的继任者勒居德（Lacydes）的课。[2] 由此可见希腊化时期虽然学派林立，然而思想家仍然抱着开放的胸襟聆听其他学派的意见。正是这种既接纳不同学派的观点又激烈论辩的风气，激励着希腊化时期思想家的创造力，延续着希腊学术的自由精神。据第欧根尼的记载，克律西坡在大多数问题上与芝诺和克里安特都有分歧。[3] 在克里安特还在世的时候，克律西坡曾退出了斯多亚主义，游离于学派之外。只是在克里安特死后，他才回到学派之中。因着他学问上的名声，克律西坡在公元前232年至公元前207年间担任斯多亚主义的第三代领袖。这说明斯多亚主义一直存在着内部激烈的学术争论，既推动了早期斯多亚主义的思想创造，也为中期斯多亚主义的式微埋下了伏笔。由于克律西坡对于斯多亚主义的巨大贡献，学者们认为他其实是斯多亚主义的第二位创立者。

不管怎么样，最终是芝诺而不是阿里斯通成了斯多亚主义的开创性人物，尽管晚期斯多亚主义确实回归伦理学的主题，然而最终还是芝诺成为斯多亚主义的“形象”。这里提出斯多亚主义所经历的这种正统观念的嬗变过程，在于指出早期斯多亚主义思想的活力所在其实也是希腊学术的精神所在。斯多亚主义的“正统”并不是一开始就奠定的，内部的争论似乎也一直持续不断。这是斯多亚主义能够延续500年而保持着其影响力的原因所在，

① Diogenes Laertius，VII. 160－167.

② Ibid.，VII. 179.

③ Ibid.，VII. 179－181.

是斯多亚主义成为希腊晚期最主要的思想流派的原因所在。它不同于伊壁鸠鲁学派学说拘泥于伊壁鸠鲁的不变性风格，而是始终处在竞争的过程，最终才慢慢形成其主流的思想。在芝诺的时代，斯多亚主义经历了第一次竞争，似乎还没有分出“胜负”；到了克里安特和克律西坡时代，这种竞争仍在继续。这个时候，芝诺派在斯多亚主义中已经确立了主导地位，毕竟克里安特是芝诺的学生。然而，这并不是说芝诺的观点完全得到了接受，相反芝诺思想是以克律西坡的修正形态才得以继续在斯多亚主义中发展。这种学派内部的竞争用学术自由的视野来看绝不令人奇怪，这恰恰是学派的正常发展的表现。同样的思想形成轨迹也曾经发生在学园派的内部。只是比较有趣的是，芝诺一直在思想的竞争中发挥着积极作用，斯多亚主义的思想家都把他提出的主题和论证作为解释的对象，这就强化了斯多亚主义学说的“芝诺”形象。David Sedley 仔细地讨论了克里安特和克律西坡观点之间的微妙分别，我试译如下：

> 一个典型的例子是关于 phantasiai（即 impressions、presentations 或者 appearings）的本性。克里安特认为这些是印在灵魂里面的它们对象的图像般的相似物，它本身是生命存在的形体部分。克律西坡坚持说灵魂同时保留这些痕迹(imprints) 的多样性是不可能的，他论证说它们是灵魂的修正物而不是刻板的痕迹……就芝诺来说，他追随的是柏拉图的《泰阿泰德篇》的著名的心灵作为蜡板的形象所创造的传统，把印象定义为心灵的痕迹，克里安特和克律西坡各自的解释是芝诺自己语言的竞争性解释的表达和发展。尽管没有任何理由怀疑说他们的竞争性论证事实上关心的是他们各自案例的哲学长处，然而这种交流上的形式的解释特征雄辩

地说明这个权威，就是死去的芝诺，在这个学派中发挥着作用。[①]

在克里安特和克律西坡关于印象学说的分歧中，克律西坡给予灵魂以更强的主体性，克里安特则强调灵魂的印象乃是对于物体的直接反应。两者之中，最终是克律西坡对芝诺的解释成为斯多亚主义的正统。这可能是由于克律西坡超过705部以上的著作所产生的巨大影响，当然也是由于克律西坡的更具洞察力的哲学思考。今天所看到的斯多亚主义主要已经是克律西坡视野中的“芝诺”。在克律西坡之后，斯多亚主义更多倚重于克律西坡对芝诺的解释。克律西坡之后，担任学派领袖的思想家分别是塔索斯的芝诺（Zeno of Tarsus）。对于他的生平事迹和思想著述，我们所知甚微。他的生平事件为我们仅见的是，公元前150年他与克里安特和克里托勒（Critolaus）一起出使罗马。此后，分别有巴比伦的第欧根尼（Diogenes of Babylon）（第五任）和塔索斯的安提珀特（Antipater of Tartus）（第六任）出任早期斯多亚主义的领袖。

三

大约在公元前2世纪中期，斯多亚主义逐渐从犬儒主义和麦加拉学派的影响中摆脱出来，向柏拉图和亚里士多德的哲学传统趋近。这被看成是由早期斯多亚主义向中期斯多亚主义转变的标志。斯多亚主义的这种转变发生在塔索斯的芝诺担任学派领袖以及稍后时期，真正促成这种转变的则是塔索斯的安提珀特（An-

① David Sedley, “*The School, from Zeno to Arius Didymus*”, see in Brad Inwood (ed.), *The Cambridge Companion to the Stoics*, pp. 15—16.

tipater of Tarsus)。塔索斯的芝诺是克律西坡的学生，他的两位学生巴比伦的第欧根尼（Diogenes of Bobylon）和塞冬的波爱修（Boethus of Sidon）都是早期斯多亚主义末期的领袖，塔索斯的安提珀特则是巴比伦的第欧根尼的学生。有意思的是，这个时期的学园派也在接受怀疑派和斯多亚主义的更多影响，由此可以看到晚期希腊诸思想流派在公元前2世纪前半叶已经有进一步趋同的倾向，至少不像前期那样壁垒分明，尽管他们仍然都是从自己原先的哲学传统出发，然而彼此之间思想视界的融合也在不断增加。斯多亚主义的这种变化也可以看作是早期斯多亚主义思想资源的日渐穷尽所致，为了适应一个东方和西方更趋融合的世界，也为了能够更加融入晚期希腊罗马社会的主流，斯多亚主义在思想资源的诉求上出现某些重要的变化，接受经学园派修订了的柏拉图的遗产。塔索斯的安提珀特是转向的倡导者，他写了一本逻辑学的著作，名称是《论柏拉图的教义：唯有德性是善》。在这本书中，他把斯多亚主义的广泛的哲学内容和思辨建立在柏拉图学说之上。塔索斯的安提珀特促成斯多亚主义转向的原因很可能与当时的学园派领袖卡耐亚德（Carneades）对斯多亚主义的道德目的的批评有关，安提珀特则透过阐明斯多亚主义与柏拉图的关系来回应卡耐亚德的批评，[①] “他接受自然利益观，强调运用正确理性选择自然利益的道德价值”。[②]

罗德的潘奈提乌（Panaetius of Rhodes）是安提珀特和巴比伦的第欧根尼的学生，他从公元前129年开始担任斯多亚学派的

---

① David Sedley, "*The School, from Zeno to Arius Didymus*", see in Brad Inwood (ed.), *The Cambridge Companion to the Stoics*, p. 20.

② 姚介厚：《古希腊罗马哲学》（下），江苏人民出版社2005年版，第921页。

领袖。阿帕梅的波西多纽（Posidonius of Apamea）是他的学生，师生二人推动了斯多亚主义对于柏拉图思想遗产的进一步整合，导致早期斯多亚主义完成向中期斯多亚主义的转变。潘奈提乌和波西多纽在反思柏拉图的思想时，所倚重的不是柏拉图的前期著作，这些著作主要以苏格拉底为对话主角，而是主要诉求于柏拉图的后期对话，他们特别重视对《泰阿泰德篇》的研究。波西多纽把柏拉图著作的代言人泰阿泰德认同为毕泰戈拉（Pythagoras），从这个角度上说，他们所以为的柏拉图的思想已经新毕泰戈拉主义化了。斯多亚主义这个时期的哲学圣贤的形象似乎成了毕泰戈拉，而不是苏格拉底。然而严格地说，中期斯多亚主义所吸收的主要还是柏拉图的思想。之所以说斯多亚主义融入的其实是被修正了的柏拉图学说，是新毕泰戈拉主义化了的柏拉图，这是有依据的，因为他们认为这些思想家背后的真正权威仍然是苏格拉底。潘奈提乌除了写过讨论苏格拉底的专文之外，据说还认为《斐多篇》是柏拉图的伪作。他提出这个质疑的原因是这篇对话坚持灵魂不朽理论，认为这不符合斯多亚主义的观点。反过来说，潘奈提乌认为柏拉图并不坚持毕泰戈拉主义的灵魂轮回的观点。[①] 由此他们确立了中期斯多亚主义的苏格拉底的哲学新形象，与早期斯多亚主义所塑造的苏格拉底形象和诠释已有相当大的不同。

无疑，潘奈提乌使斯多亚主义的演变往前跨了一大步。他受柏拉图和亚里士多德的影响，肯定外在的善和快乐的相对价值，这与早期斯多亚主义一味强调内在的善有相当大的区别；他也强调应该对外在事物保持“淡漠”的态度，然而他是从关

① David Sedley, “*The School, from Zeno to Arius Didymus*”, see in Brad Inwood (ed.), *The Cambridge Companion to the Stoics*, p. 21.

注贤人的道德累积和成长过程以及道德教育的角度来言说的。这些改变扩大了斯多亚主义在罗马贵族中的影响。西塞罗的思想就较接近中期斯多亚主义的影响，他与加图（他似乎是早期斯多亚主义在罗马时期的代表）之间的论战体现出这种思想倾向。西塞罗自称受教于柏拉图和亚里士多德，肯定外在的善诸如财富和健康的价值。西塞罗说："如果有人要在道德价值加健康与道德价值加疾病之间作出选择，那么毫无疑问，自然本身会引我们选择哪一个，当然无论如何，道德价值都是非常强大的，远远胜过其他一切事物，任何事物的赏罚都不可能使它偏离它断定为正确的东西……总之，芝诺称为'有价值的'、'可接受的'、'合乎自然的'事物，古人冠以'善'的名称；生活中如果包含大量上述这些事物或者其中最重要的，就称为幸福的生活。芝诺则相反，认为唯有其自身具有一种独特的魅力使它成为值得追求之事物的东西才是善，唯有美德的生活才是幸福的生活。"① 肯定外在的善对于罗马的精神或者说新罗马贵族是重要的，可以肯定人生存在这个世界上的意义。从一些零散的残篇来看，波西多纽也受到柏拉图主义这种教义的影响。他接受柏拉图的灵魂三分的理论：理性、激情和欲望，认为在人性的低级和高级、动物性和神性之间可以架起桥梁，②肯定人的情感和理性之间的和谐，从而间接地肯定外在的善对于德性和福祉的价值。中期斯多亚主义已经不满足于芝诺把自

---

① 西塞罗著，石敏敏译：《论至善和至恶》，中国社会科学出版社2005年版，4.21（即，第四卷第21节）。以下注释同此例，只用数点表示卷节。

② 参看 A. H. Armstrong, *An Introduction to Ancient Philosophy*, pp. 143－144.

然的东西作为中立的原则不予判断的态度，它向着柏拉图和亚里士多德的哲学迈出了重要的一步。

与早期斯多亚主义相比较，中期斯多亚主义尤其关注人的道德成长，强调外在的善的价值。这明显受到了亚里多德哲学和漫步学派的影响。亚里士多德及漫步学派还在其他方面对中期斯多亚主义有影响，他作为百科全书式的作家和他关于哲学的分科，也都影响了斯多亚主义。如同亚里士多德一样，波西多纽也是著述广泛，写有历史、数学和地理等方面的著作。波西多纽的这些思想随着他在地中海地区的广泛交游，产生了许多实际的影响。他认识大量的罗马政治家，并成为了他们的密友。他的历史学著作为波利比乌（Polybius）所了解，后者接受了他的许多历史观念并对后世产生了重要影响。[①]

在斯多亚主义的思想发展史中，中期斯多亚主义是一个新阶段。无论在宇宙论、伦理学还是学派形式上，他们都抛弃了早期斯多亚主义的某些观点和传统，而有新的塑造。早期斯多亚主义的“宇宙大火”学说强调宇宙的生成和毁灭，宣扬万物出自于“宇宙大火”的动态宇宙实体观，中期斯多亚主义者巴比伦的第欧根尼和塞冬的波爱修所塑造的则是静态宇宙的观念。第欧根尼和波爱修的观点为潘奈提乌接受，他进一步把这种观点与亚里士多德的世界永恒性学说结合起来。学者们的看法是，潘奈提乌把亚里士多德的世界永恒性的观点运用到中期斯多亚主义之中，并与斯多亚主义的柏拉图学说相融合。潘奈提乌甚至认为这才是对《泰阿泰德篇》的正确理解。这意味着中期斯多亚主义在融合柏拉图、亚里士多德、毕泰戈拉的学说

---

① David Sedley, “*The School, from Zeno to Arius Didymus*”, see in Brad Inwood (ed.), *The Cambridge Companion to the Stoics*, p. 22.

上走得更远。无论如何，斯多亚主义的宇宙论由早期的动态宇宙论向中期的静态宇宙论的演化，改变了斯多亚主义的创始人芝诺的学术传统。[①] 这当然不是说斯多亚主义的宇宙论就已经变得面目全非了，他们仍然坚持相同的信念：宇宙是统一的有机体，神意掌控了宇宙的一切。[②]

中期斯多亚主义的第一任真正领袖是罗德的潘奈提乌。他大约生于公元前 185 年，出生地是罗德。潘奈提乌可能聆听过玛劳斯的克拉底（Crates of Mallos）的讲课。此事发生在公元前 168 年，克拉底出使罗马回来，途经帕纽玛（Pergamon），在那里举办过讲座。潘奈提乌随后返回家乡罗德。接着前往雅典跟随塞留西亚的第欧根尼（Diogenes of Seleucia）和塔索斯的安提珀特（Antipater of Tarsus）学习。公元前 146 年后，潘奈提乌与斯多亚主义者斯西比奥（Scipio）一起出使东方。准确地讲，这次出使大约是在公元前 140 年到公元前 138 年。接下来的数年间，潘奈提乌往返于罗马和罗德之间，与安提珀特共事。公元前 129 年，斯西比奥和安提珀特去世，潘奈提乌成为学派的领袖。大约在公元前 109 年，潘奈提乌去世。罗德的波西多纽（Posidonius of Rhodes）是潘奈提乌最杰出的学生，然而他似乎没有最终成为雅典斯多亚主义的正式领袖。波西多纽约生于公元前 135 年，也有说生于公元前 142 年或公元前 130 年。公元前 86 年，他作为罗德的大使出使罗马。还有一个比较可靠的记载是，公元前 78 年，西塞罗拜访过他。公元前 51 年波西多纽还与使团第二次出使罗马，托名卢奇安的著作说他大约活了 84 岁，就是说大约

---

① David Sedley, "*The School, from Zeno to Arius Didymus*", see in Brad Inwood (ed.), *The Cambridge Companion to the Stoics*, p. 23.

② A. H. Armstrong, *An Introduction to Ancient Philosophy*, pp. 142—143.

在公元前 45 年至公元前 43 年间他还活着。不过，关于他的编年史的更标准说法是他死于公元前 51 年，也有说他死于公元前 59 年或公元前 58 年，或者公元前 40 年。潘奈提乌与波西多纽的生平事迹表明中期斯多亚主义活动中心的变化：(1) 罗德成为斯多亚主义的新的思想中心；(2) 斯多亚主义加强了与罗马的关系，最终罗马成为斯多亚主义思想传播的另一个中心。这与这个时期罗马的影响迅速覆盖了整个地中海地区有密切关系，也表明斯多亚主义迅速地罗马化了。

关于中期斯多亚主义，需要对几件事情作些说明，以有助于解释斯多亚主义学术重心的转移。第一件事情是斯多亚主义思想家的东方身份。从芝诺以降，斯多亚主义的学园一直位于雅典，潘奈提乌开始了斯多亚主义在罗德办学的传统，他的弟子波西多纽最终完成了这个转变。在这个转变中，潘奈提乌和波西多纽的东方身份值得注意，其实它只是斯多亚主义的东方形态名至实归而已。斯多亚主义的主要成员基本上都是东地中海地区的人士，他们基本上都不是希腊本土的居民，主要来自现今土耳其 (Terkey) 和小亚细亚沿岸及地中海诸岛。斯多亚主义的开创者芝诺的家乡基提翁位于现今塞蒲路斯 (Cyprus) 境内的拉纳卡 (Larnaca)。克里安特的出生地阿索斯则是现今西土耳其境内的特拉德 (Troad)，克律西坡的出生地梭里是现土耳其南部境内的西利卡 (Cilicia)。亚历山大大帝东征把希腊文化带到这个区域，吸引他们到雅典学习，他们也把东方的身份带到雅典并在斯多亚主义在雅典式微后把学派带回到东地中海地区，带到非雅典的其他城市，也算是自然的选择，用斯多亚主义的话说，就是“与自然一致”。

第二件事情是公元前 89 年至公元前 84 年间的米斯利达梯 (Mithridatic) 战争。战争的起因是这样的。当时雅典的执政者先是漫步学派哲学家雅提尼翁（Athenion），接着是伊壁鸠鲁学派的哲学家阿里斯提翁（Aristion）短暂地掌握了权力。事实再次表明哲学家并不是好的政治家，他们作出了不明智的决定，与米斯利达梯结成联盟反对罗马。由此引发了米斯利达梯战争，导致雅典被毁，罗马将军苏拉率领的军队将雅典劫掠一空，大多数哲学家随后离开雅典。离开雅典不只是政治的原因，还有文化的原因，这就是图书馆的转移。据说苏拉将许多图书包括亚里士多德的一些佚失很久的著作都带往罗马；伊壁鸠鲁学派的哲学家把可能是从塞冬的芝诺（Zeno of Sidon）那里得来的伊壁鸠鲁文集带往罗马，学园派哲学家拉里萨的斐洛（Philo of Larissa）和安提库（Antiochus）也都在这个时候带着学园派的图书前往罗马。[①] 在古代，图书和图书馆是学术研究的根本，图书馆是文化都市的象征。亚历山大里亚就是最好的例子，它的庞大的图书馆吸引地中海地区学者云集此处，铸造了亚历山大里亚智力的辉煌。同样可以想象为何因米斯利达梯这场战争所导致的图书转移，促使哲学研究的中心由雅典向地中海其他地区尤其是罗马转移。

第三件事情与斯多亚主义内部有关系，不过这里的分析不能得到强有力的文本的支持。潘奈提乌任学派领袖的时候，斯多亚主义就已经在持续地进行着学术中心的转移。在多数时间内，潘奈提乌不是留在雅典，而是去罗马和罗德，这与他的前任们的作风有所不同，可能也削弱了他对于学派的影响。他的学生塔索斯的帕勒玛努（Paramonus of Tarsus）似乎此时已经去了罗德，证据是他献给罗德一座塑像。潘奈提乌的学生波西多纽则迈出了

---

① David Sedley，“*The School，from Zeno to Arius Didymus*”，see in Brad Inwood（ed.），*The Cambridge Companion to the Stoics*，pp. 24—25.

决定性的一步，在罗德建立了一个类似机构性的斯多亚学校。这已经是在作出实质的行动转移学园的中心了，一个有力的证据是波西多纽的孙子成为罗德的斯多亚主义的下一任领袖。[①] 值得探讨的还有波西多纽与斯多亚雅典学院的关系。波西多纽没有继他老师潘奈提纽之后成为雅典斯多亚学派的领袖，根据 2 世纪作家雅提奈乌（Athenaeus）的看法，当时雅典的斯多亚学派内部出现了几个互有竞争的学术团体，分别自称为第欧根尼主义者(Diogenists)、安提珀特主义者（Antipatrists）和潘奈提乌主义者（Panaetiasts)。在前面的分析中，我们已经指出斯多亚主义内部一直存在派系斗争，学派内部一直有主导权之争。第欧根尼、安提珀特和潘奈提乌是三位前后相继的领袖，尽管他们去世了然而影响犹在，斯多亚主义内部围绕这些权威形成学术上的不同看法是正常的。在没有绝对有力的思想和机构权威的情况下，中期斯多亚主义先分裂并最终导致彻底的衰落也是可以理解的。[②] 可以肯定的是，在公元前 1 世纪，中期斯多亚主义已经在雅典衰落。西塞罗的一则文献可以引为旁证，他以一种凭吊古迹的方式提到两位斯多亚主义哲学家米奈萨库斯（Mnesarchus）和达德努斯（Dardanus)，他们都是公元前 160 年前左右出生的人物。这可以说明甚至在公元前 2 世纪末，雅典的斯多亚主义的学术活动都已经处在极度衰落之中。[③]

在雅典之后，中期斯多亚主义的学术中心主要有三个，除罗德和罗马之外，还有塔索斯，它曾是与基提翁的芝诺同名的另一

---

① David Sedley, "*The School, from Zeno to Arius Didymus*", see in Brad Inwood (ed.), *The Cambridge Companion to the Stoics*, pp. 26－27.

② Ibid., p. 29.

③ Cicero, *Acad.* II. 9.

位芝诺和安提珀特的故乡。这里着重要提到的是罗马与斯多亚主义的关系。随着雅典的斯多亚主义的迁移，有一部分斯多亚主义的成员去了罗马，在罗马从共和国转为帝国的过程中，他们扮演着宫廷哲学家的角色，构成罗马斯多亚主义日后复兴的哲学背景，例如他们构成了塞涅卡的哲学背景。当时的斯多亚主义在地中海世界已经是声名远播，奥古斯都（Augustus）大帝也早就对他们的哲学主张有所耳闻，他重用了两位名声显赫的斯多亚主义思想家。一位是雅提奈德路斯（Athenodorus），奥古斯都任命他为塔索斯的总督，那是他的出生地。然而，大多数时间内雅提奈德路斯还是留在罗马，做奥古斯都大帝的道德顾问。雅提奈德路斯写有《论高贵》的作品，还写有一部论亚里士多德的《范畴篇》的著作。[①] 奥古斯都还重用另一位斯多亚主义思想家阿里乌·提德摩（Arius Didymus），他尤其重视道德的实践。在奥古斯都大帝的儿子德鲁苏（Drusus）去世后，他担任利维皇后（Livia）的心理导师，[②] 扮演情感治疗者的角色。[③] 塞涅卡曾提及这两个人，对他们的思想有所评论。由此，我们可以看到晚期斯多亚主义道德哲学的延续和变革。

四

随着罗马由共和国进入帝国时期，斯多亚主义也随之进入晚期阶段。在这个阶段，斯多亚主义有特别的发展，更加重视伦理学，伦理学成为晚期斯多亚主义最重要的甚至是唯一的主题。与

---

① Cicero，*Acad Fam*. III. 7. 5.

② Seneca，*Acad Farc. De cons*. 4. 2—6. 1.

③ David Sedley，"*The School，from Zeno to Arius Didymus*"，see in Brad Inwood (ed.)，*The Cambridge Companion to the Stoics*，p. 32.

早中期斯多亚主义略显不同的还有晚期斯多亚主义没有机构性的设置，没有专门的学术领袖。有意思的还有，晚期斯多亚主义的主要思想家都是政治家，晚期斯多亚主义的伦理思考因此有了“天下”的概念形态，更具世界公民的伦理态度。在晚期斯多亚主义的著名的“三大家”［塞涅卡、爱比克泰德（Epictetus）和奥勒留（Aurelius）］中，塞涅卡和奥勒留都是著名的政治家。此外，爱比克泰德的老师，著名的摩索尼乌·鲁福（Musonius Rufus）也属于罗马贵族。塞涅卡贵为帝师、出将入相，荣及一时，后在他自己的学生尼禄的逼迫下饮鸩自尽。鲁福属于罗马的骑士阶层，热衷于政治活动，反对一切他认为是错误的政策和行为。在尼禄统治时期，他曾因反对他而遭流放。奥勒留是罗马帝国的皇帝，曾是安东尼的养子，后来继承王位。相比之下，爱比克泰德出身低微，他原是一个奴隶，在获得自由后受教于摩索尼乌·鲁福门下，成为名重一时的哲学家。鲁福还有另一位学生，他是狄奥·屈梭斯模（Dio Chrysostom）。虽然这些思想家的出身有很大差别，然而他们都关心内在生活，特别强调“不动心”的生活境界。若仅就此而言，晚期斯多亚主义的思想反而更具一致性。

在早中期斯多亚主义的思想体系中，伦理学已经是其思想体系的主要方面。他们思考得比较多的是善的外在性和内在性，进而思考“自然的一致性”，带有较强的思辨色彩或者形而上学究问的性质。从这个角度讲，早中期斯多亚主义的伦理学仍然有较明显的希腊文化色彩，其理智主义形态仍然相当浓重。晚期斯多亚主义考虑得更多的是具体的伦理问题，都是些与生活的具体问题相关的伦理问答和沉思，思考的是生活的伦理，或者政治生涯中的道德准则。也就是说晚期斯多亚主义更多地表现出它作为根基的拉丁文化的色彩，拉丁文化的倾向越来越重，希腊理智主义在斯多亚主义中的分量则渐渐远去。晚期斯多亚主义者基本上都是王侯将相，他们在兼济天下的时候思考人生的沉浮，其切身的生存经验的复杂性作为伦理的突出主题尤能使伦理回归于生活的实际。他们思考如何运用理性实现斯多亚主义的生活方式，这种理性更具生活的本色，基本上脱离了希腊的思辨理性的色彩。它不仅是一种实践理性，且具非常强的实际的/实用的性质。由此晚期斯多亚主义的哲学家将政治和哲学紧紧地结合在生活的具体向度中，从伦理的具体性中去发掘内心的宁静。它不是希腊式的理智德性，不是凝思的形而上学操作，而只是用单纯性重新塑造生活而已。

晚期斯多亚主义思想家的特殊身份和特殊关怀也使得其伦理的“教化”色彩愈见平实。他们有的是正式的教师，无论作为私人的教师还是学校的教师，他们似乎都扮演着生活的教化者（不是思想的教化者）的角色，尽管他们对于教师和教化的理解角度会有所不同。鲁福和爱比克泰德都是正式的教师，他们有许多学生，爱比克泰德甚至还在希腊的尼科波利斯（Nicopolis）创办了一所学校。还有些晚期斯多亚主义者也以私人教师的身份出现，例如对塞涅卡产生过影响的雅提奈德路斯和阿里乌·提德摩是奥古斯都·屋大维的伦理顾问和实践伦理的指导者，塞涅卡自己处在罗马的权力中心，曾是尼禄的老师。奥勒留年轻的时候就曾受教于斯多亚主义者并继续研究斯多亚主义。晚期斯多亚主义三大家中，比较特别的是奥勒留。他写作《沉思录》只是为了他自己，只是关注自己的内心生活。尽管如此，他们伦理学的教化本质仍然清晰可见，不然他们的思想不具那么大的普遍性，其教化的本质体现在他们试图把斯多亚主义式的伦理思考用于过一种善的生活。[①] 当然需要指出的是，晚期斯多亚主义伦理的教化性与古典希

① Christopher Gill, “*The School in the Roman Imperial Period*”, see in Brad Inwood (ed.), *The Cambridge Companion to the Stoics*, p. 37.

腊哲学和伦理的教化性有着进路上的截然对立之处。就古典希腊哲学的教化而言，他们完全是从宏大的宇宙史诗的叙事来考虑个人的塑造，他们的教化是一种宇宙德性的标准。晚期斯多亚主义的德性则是从个人的道德修养出发的，例如奥勒留仅仅关注个人的道德修为。然而，这种非常切己的伦理沉思反倒使教化显出其真实性和内在性，其伦理的普遍性也因此更具个体的形态。

从个人实践出发而被阐释的伦理并不影响晚期斯多亚主义伦理发挥其教化本质。由于晚期斯多亚主义处理的是以个人的伦理关怀为基础的具体生活，不是观念的演绎和推断，这种教化在发自于心灵并实施于行动之间反具有更强的自然一致性。晚期斯多亚主义伦理的创造性层面由此得到显现。它结合了早期斯多亚主义的两个关键性教义：外部的善和德性的善。根据芝诺和克律西坡的看法，健康和财富这样的益处在自然上是优先的，尽管它们的价值不同于德性，就善本身而言唯有后者才配得称；完全的智者的正确行为（katorhomata）和不完全者、非智慧者之间也能履行的“合适”或合理的行为（kathetonta）之间也存在着相关的差别。这些差别的存在为不同类型的价值理论的辩论和实践劝导提供了基础。在指导非贤者的伦理实践时，它展示为：在优先的益处（财富和健康）和合乎德性的作为（至少是道德进步）之间，何种类型的行为才是合适的？[①]

这些根基于生活并构成生活的伦理向度的实践哲学又包含两个领域：一是与我们的特殊实践相适合的劝导；二是与情绪或者情欲/激情（pathe）有关的实践劝导。关于前者，例如塞涅卡的《论益处》（*On Bebefits*）讨论的是特殊类型的处境里面的合适

---

① Christopher Gill，“*The School in the Roman Imperial Period*”，see in Brad Inwood（ed.），*The Cambridge Companion to the Stoics*，p. 41.

行为的劝导，《论仁慈》则是专门写给尼禄皇帝的，“尼禄皇帝，我写了一篇关于仁慈的文章，希望你把它当成一面镜子，看到自己是注定要获得最大快乐的人”，[①]“对于一个人来说，在所有的美德中没有比仁慈更适宜于他的了，因为仁慈最富人性……如果一个人寻求的是平静和安宁，那么他就会发现这一美德是适合他的，因为它是和平止争的。然而在所有人当中，仁慈给国君或者王者带来的好处是最大的”。[②] 塞涅卡的这些伦理文章直接针对人的身份而进行劝导，有些类似于职业道德教育。关于后者，例如在《论愤怒》中，针对亚里士多德的观点即愤怒有助于理性的强大，塞涅卡作了批评，认为“如果正义是一种善，没有人会说它在被减去一些东西以后会变成一种更大的善；如果勇敢是一种善，没有人会希望它受任何程度的缩减。因此，按照前面的看法，则愤怒越大，它就应该越好；因为谁会反对善的增加呢？然而愤怒的增长是没有任何好处的；因此愤怒的存在也不能获得什么好处。一样东西因增加而变成恶的，这样的东西并不是一种善”。[③] 这是针对激情和美德的关系的，塞涅卡否定激情会对美德产生任何帮助，对于情欲的本性和治疗作了斯多亚式的思考，主张应该治疗情欲。所有这些由情欲/激情所导致的特殊的错误在于它们只接受“优先的”益处，把它们当作绝对的善，就像它们是唯一的德性。这种错误导致强烈的反应（情欲），干扰我们的自然心理物理效应状态。斯多亚主义把这些干扰当作疾病，通过分析他们的本性和源头提供劝导进行治疗。在晚期斯多亚主义

① 塞涅卡著，包利民等译：《强者的温柔》，中国社会科学出版社2005年版，第161页。

② 同上书，第164页。

③ 同上书，第16页。

时期，大量的作品都属于这种实践伦理的著作。[①]

晚期斯多亚主义的实践伦理不是纯观念的，不是先有观念后有行为，其伦理出自生活的直观，是行为和人生的日常态度本身在思想里面的呈现。他们的实践劝导也不是首先针对其他人的，而是自身人生的道德箴言，从自身出发寻求心理和道德出路。晚期斯多亚主义的思想家的丰富人生为这些伦理劝导提供了最好的注脚，是斯多亚主义的伦理实践的彰显，他们在对于伦理的行为性现实的把握这一点上更接近于犬儒主义。塞涅卡一生历经命运打击，周旋于各种微妙的关系之中，他的哲学由斑驳显出单纯。他常采用伊壁鸠鲁或某种犬儒主义去指出种种道德观念，似乎与早中期斯多亚主义都保持着某种距离。一方面，如其他斯多亚主义者一样，他主张坚强、不动心（“淡漠”）、甚至冷酷的圣贤理想；另一方面，在塞涅卡的文字中也可以察觉出与这种苛刻的斯多亚精神不和谐的“温柔”：塞涅卡对于人间的痛苦、对于情感的狂野与细微之处、对于人性的普遍弱点，等等，有一种极为细腻的体察。用他自己的话说：他是一位灵魂的医生。他一生多病，对于人类精神上的疾病也认识很深。他对于人的悲伤和忧伤是极为认真的，而非“无动于衷”。在讲到一个著名的罗马武士帕斯多（Pastor）的儿子冒犯了恺撒招来杀身之祸，并且恺撒不允许他去收敛他儿子的尸骨时，塞涅卡这样说：“慈爱控制了他的愤怒。他理应被允许离开酒席，以便能够去收敛他儿子的尸骨；但是这个年轻的王者［恺撒］尽量很友好而礼貌，却连这个也不允许；他频频举杯祝老人身体健康，并以劝其节哀来折磨

① Christopher Gill, “*The School in the Roman Imperial Period*”, see in Brad Inwood (ed.), *The Cambridge Companion to the Stoics*, pp. 41—42.

他；而这位父亲却显出高兴的样子，显得似乎忘掉了那天敌人所做的一切。如果这位客人惹得那位刽子手不高兴，他的另一个儿子也就在劫难逃。”[①] 塞涅卡如此重视哀伤的智慧，这在古典希腊哲学那里几乎看不到，更不要说在以“强悍”著称的斯多亚主义的哲学家们了。几乎可以说，塞涅卡的心中有一种其他斯多亚主义的哲学家所缺乏的阴柔化的、女性化的素质。这使得他看问题不是那么极端，而比较“现实主义”，比较倾向于宽容或宽恕。[②] 在更多的时候，塞涅卡是在回应其他人挑战的地方小心地陈述斯多亚主义的立场。他对物理学很有兴趣，他的观点混合了中期斯多亚主义和早期斯多亚主义。他所喜欢的自然哲学家是中期斯多亚主义的波西多纽，然而他又坚持宇宙大火的观念，这是中期斯多亚主义所放弃而早期斯多亚主义所坚持的观点。塞涅卡也接续了整个斯多亚主义的贤人形象——苏格拉底，苏格拉底是晚期斯多亚主义的实践伦理的理想隐喻。有所不同的是，塞涅卡的苏格拉底不是一个混迹于政治并且热衷于社会批评的人物，他仔细地回避着社会斗争的各种危险。[③] 这是出于他自己对实际政治生活的认识，明白其中巨大的险恶，不希望他自己的“贤人”成为政治漩涡中的挣扎者吧。

在这方面，爱比克泰德的老师摩索尼乌·鲁福与塞涅卡似乎正好相反。他们是同一时代的人物，鲁福似乎有很好的声誉，是

---

① 塞涅卡著，包利民等译：《强者的温柔》，中国社会科学出版社2005年版，第56页。

② 塞涅卡著，包利民等译：《强者的温柔》“译者序言”，中国社会科学出版社2005年版。

③ E. Vernon Arnold, *Roman Stoicism: Being Lectures on the History of the Stoic Philosophy with Special Reference to its Development within the Roman Empire*, 128—129, New York: The Humanities Press, 1958.

一个很好的演说家，在哲学思想上与犬儒主义有某种一致性。他是影响社会公共生活的重要角色；他是他那个时代的加图，因着他的绝对公正的品格得到各个党派的信任，因着他的大无畏精神得到普遍的尊敬。然而他很少接触罗马之外的世界，是一个书生气甚浓的政治家，一个很单纯的思想家。公元62年，洛贝莱斯·柏勒托（Rubellius Plautus）发现他无法消除尼禄对于他的猜疑，鲁福错误地估计了尼禄的良善，鼓励柏勒托不要叛乱，平静地等待结果。结果在皮索（Piso）叛乱计划挫败后，鲁福被逐出罗马，尼禄死后方许返回。此时维斯帕芗（Vaspasian）和维提莱乌（Vitellius）的军队正在罗马城郊交战抢夺王位，元老院派代表团出城请双方罢战，恢复和平，鲁福是这个代表团的一员。在维斯帕芗统治期间，鲁福深得他的信任，扮演着一个公众哲学家的角色。[①]

鲁福的学生还包括波利奥（Pollio）、亚洛斯（Aulus）、伽利乌（Gellius）和尤弗拉蒂（Euphrates）。这些人中，现在仅存有尤弗拉蒂的零星资料。尤弗拉蒂也是一个斯多亚主义者，爱比克泰德在著作中提到过他，对他有很高的评价，称他为斯多亚主义哲学生活方式的典范。“有些人在他们看到了一位哲学家之后或听到了某人说话像尤弗拉蒂时（然而，又有谁能像他那样说话呢），他们就希望自己也能成为哲学家。人啊，你首先要考虑事物的本性怎样，然后考虑你自己的天赋能力如何，你能承担的是什么。”[②] 显然，尤弗拉蒂

---

① E. Vernon Arnold，*Roman Stoicism*：*Being Lectures on the History of the Stoic Philosophy with Special Reference to its Development within the Roman Empire*，131.

② 爱比克泰德著，吴欲波、郝富强译：《哲学谈话录》，中国社会科学出版社2004年版，3.15。

作为一个斯多亚主义者在当时的哲学家中颇负盛名。他的文风高贵，著作很受欢迎。他相貌英俊，仪表堂堂，很有魅力。他的私生活很少为人诟病，他注重家庭教育，育有两个儿子和一个女儿。此外，鲁福还有一个学生帕洛萨的狄奥（Dio of Prusa），是一个禁欲主义者，是理论上的斯多亚主义者，实践中的犬儒主义者。他常穿戴犬儒主义者的褴褛的斗篷，以治疗灵魂的医生的身份出现于公共场合。[①] 鲁福虽然没有留下著作，然而他更像是晚期斯多亚主义的“教父”，培养了一批学生，把罗马精神塑造渗透在晚期斯多亚主义之中。

爱比克泰德无疑是鲁福最著名的学生。爱比克泰德的哲学精神可以追溯到芝诺和克律西坡，他的道德伦理显得与犬儒主义更为同气相求。他不是形式上的犬儒主义者，不像犬儒主义者那样穿着奇怪并发表奇谈怪论，然而他却是精神上的犬儒主义者。他认为斯多亚主义和犬儒主义没有本质区别。在谈到何谓犬儒主义时，爱比克泰德说：“犬儒主义者放弃了所有这些防御物（指穿着和卧宿街头等形式），他必须以自尊当作他的防御；否则，他在露天底下赤身露体便会使自己蒙羞了。他的自尊就是他的房屋，他的门，他的卧室入口处的守卫，他的黑暗。因为他既不应该希望隐藏他自己的一切（否则他就迷失了，他就失去了在他之内的一个犬儒主义者的特质了）。”[②] 真正的犬儒主义者道德纯

① E. Vernon Arnold，Roman Stoicism：Being Lectures on the History of the Stoic Philosophy with Special Reference to its Development within the Roman Empire，132.

② 爱比克泰德著，吴欲波、郝富强译：《哲学谈话录》，中国社会科学出版社2004年版，3.22。

洁，[1] 有高度的忍耐精神，[2] 具有对于整个人类实施监督的王者身份。[3] 犬儒主义是人类精神的道德示范，他乐天知命地自由思想，用他自己的话说就是“保持在我控制之下的事物”。[4]“不论是在我的私生活，还是在公众生活中，我从来不做错事”。[5]“如果你想保持的是外部事物，是你微不足道的肉体和少得可怜的财产，以及你小小的名头的话，则我建议你：请从这一刻开始，做好所有可能的准备，并对你的法官和对手的特性进入研究。如果必须紧抱其膝盖，那就将其紧抱；如果必须哀号，那就哀号；如果必须呻吟，那就呻吟。因为一旦使自己所拥有的事物受制于外部事物的话，那你就会从此而变成一个奴隶；千万别让自己左右摇摆不定，一会儿想做个奴隶，一会儿又不愿意；而是简单明了地要不就这，要不就那；用你全部的心思，要不就做一个自由人，要不就接受教育，要不就不接受教育；要不就做一只雄姿勃勃的斗鸡，要不就做一只无精打采的公鸡；要不就承受鞭笞直到死，要不就立即屈服。决不要遭受了许多鞭打之后而又最终屈服！”[6] 爱比克泰德的明显的犬儒主义倾向可能与他的出身有关。他原是一个奴隶，后来成为自由人，成为晚期斯多亚主义的一代宗师。也大概是与他的出身有关，他不是把神意看作一团宇宙大火，而是一个位格的超验的神，诠释了人类拯救的终极源泉。然而他又对救赎作了斯多亚主义式的理解，就是围绕人如何获得自

---

① 爱比克泰德著，吴欲波、郝富强译：《哲学谈话录》，中国社会科学出版社 2004 年版，3.22。

② 同上。

③ 同上。

④ 同上书，2.2。

⑤ 同上 。

⑥ 同上。

由和看待自由展开论述，杨适先生称这是爱比克泰德所思考的根本问题，“奴隶们所追求的自由和善（好的生活）究竟应该是什么?”[①] 从这个角度来说，爱比克泰德不仅是晚期斯多亚主义三大家中最有哲学思辨精神的思想家，也是最具有宗教精神的思想家。

奥勒留是晚期斯多亚主义身份最显赫的思想家。他是帝国的皇帝，又自称是曾为奴隶的爱比克泰德的私淑弟子。这种强烈的反差，可以说明自由的本性是人类的心灵的普遍欲求，也可以说明自由既不是因为奴隶，也不是因为皇帝。自由就是自由而已，自由只通过自由者而思。奥勒留提到他接受爱比克泰德的影响是通过斯多亚主义者拉斯蒂克斯（Rusticus）的教导。拉斯蒂克斯是爱比克泰德的学生阿里安（Arrian）的学生，阿里安是《哲学谈话录》的记录者和《手册》的写作者，是一个颇有声望的人物。公元 124 年，他在雅典演讲，得到哈德良（Hardrian）皇帝的欣赏，被委任为政府的高级官员。阿里安很有行政才干，处理行政事务相当出色。阿里安被任命为行政官员后，留下的哲学教席为拉斯蒂克斯所得，后者成为斯多亚主义讲席的首席哲学家。他是未来的皇帝奥勒留的老师，奥勒留在《沉思录》中以感戴的语气回忆起自己老师的教导，使我们了解到斯多亚主义这段从奴隶到皇帝的思想传承。“从拉斯蒂克斯，我领悟到我的品格需要改进和训练，知道不迷误于诡辩的竞赛，不写作投机的东西，不进行琐碎的劝诫，不显示自己训练有素，或者做仁慈的行为以图炫耀；学会了避免辞藻华丽、构思精巧的写作；不穿着出门用的衣服在室内行走及别的类似事情；学会了以朴素的风格写信，就

① 杨适：《爱比克泰德》，（台湾）东大图书公司 2000 年版，第 10 页。

像拉斯蒂克斯从锡纽埃瑟给我的母亲写的信一样；对于那些以言词冒犯我，或者对我做了错事的人，一旦他们表现出和解的意愿，就乐意地与他们和解；从他，我也学会了仔细地阅读，不满足于表面的理解，不轻率地同意那些夸夸其谈的人；我亦感谢他使我熟悉了埃比克太德（即爱比克泰德）的言论，那是他从自己的收藏中传授给我的。"[①] 奥勒留学会了爱比克泰德的道德反思的主体性关注，他从自我省察的角度展开心灵的自我检讨，力图达到至善性的纯思。他记录的是一个敏感的、深刻的、有道德原则的、有时候是过分清醒的帝王的思考。他的思想主要建立在爱比克泰德著作阅读的基础上，也大量引用柏拉图的思想，有禁欲主义的倾向。在晚期斯多亚主义者中，奥勒留的著作是被阅读得最多的，也是得到最多的钦佩的。[②] 可见，当一种道德反思进入到深度的自我并最终成为自我的无情的检视的时候，当这种检视不是成为束缚和哀痛而是成为自由时，他所指向的精神路标就是人类的精神力量。

斯多亚主义从早期到晚期的发展经历了许多变化。在哲学的观念和构成、研究领域和精神气质，在所诉求的哲学资源等方面，都有许多深刻的变化。早期斯多亚主义受古典希腊哲学影响较深，追求哲学的体系性表述。芝诺认为哲学学说是由物理学、伦理学和逻辑学三部分构成，阿波罗多洛（Apolodorus）、克律西坡和欧德罗穆（Eudromus）认为哲学是一只动物，逻辑学是骨骼，伦理

---

① 马可·奥勒留著，何怀宏译：《沉思录》，中国社会科学出版社1989年版，1.7。

② A. H. Armstrong, *An Introduction to Ancient Philosophy*, p. 145.

学是血肉，物理学是灵魂，[①] 需要对这些部分作系统的关联性的阐释。中期斯多亚主义成员还有这种体系的遗风，然而已经向伦理学和心灵哲学转向，晚期斯多亚主义则完全转向了心灵哲学。据此，斯多亚主义对善的探究角度也出现了转变，早期斯多亚主义把善的实践与知识的证明较为清楚地联系在一起，然而受犬儒主义的影响，这种知识的论证不是指向超越的理念形式，而是把它作为行为性方式的内涵实体化。中期斯多亚主义则更多地诉求于柏拉图和亚里士多德的哲学，试图从建立外部的善和内在的善的和谐关系入手确立自然属性事物，例如财富和健康的伦理意义，提出关于“自然”的新理解。中期斯多亚主义的这种“属性”的转向为它的“精神”转向提供了可能，使得它能够更加脱离犬儒主义而进入罗马的上流社会，为罗马的主流文化认可。晚期斯多亚主义则是一种精神上的犬儒主义，把哲学当作心灵宁静的直观方式，成为基督教兴起之前罗马精神的主流价值形态。

然而斯多亚主义又有着其完整的连续的精神内涵，尽管它确实经历了那么多的改变。斯多亚主义本质上是一种修身的学问，这种修身不是中国传统的圆通意识，不是中国传统的自足意识，它根本上是一种自由的意识。无论奴隶、一般民众、贵族乃至皇帝，因着拥有这样的自由，才可能是真正的人。斯多亚主义以守护这种自由的方式守护希腊精神在晚期希腊的延续，守护希腊精神在早期中世纪甚至是中世纪的延续。在斯多亚主义的这种自由精神中，愈到其发展的晚期，就愈显出宗教的精神，就愈有救赎的心怀和意念。这就是斯多亚主义从它的富有历史精神的哲学意识中所理解到的不同于柏拉图的知识实在论的救赎意识。从这个层面说，斯多亚主义把希腊的自由精

---

① Diogenes Laertius，VII. 39－41.

神带入历史意识之中，带向宗教拯救的末世盼望，带出神圣存在的经世形态。

第二节　本书的研究视野和斯多亚主义的相关文献

本节略微交代了本书的研究视野。由于斯多亚主义研究在国内尚属初步，在研究视野上仍然受黑格尔的传统史观和康德派的观点影响较大，前者以策勒为代表，后者以文德尔班为代表，使得斯多亚主义研究受到很大的局限。本节尤其回顾了策勒的观点以及现代西方学者的最新研究，从而阐释了本书的研究视野，即斯多亚主义所建立的是以 Ti 的形而上学为基础的新哲学典范。

本节也介绍了斯多亚主义的原始文献。这个原始文献当然并不是最全面的，却也尽可能地包括了西方学者近年来整理的斯多亚主义的主要历史资料，相信对于钩沉斯多亚主义的整个思想传统会有帮助。本书也对西方学者近年来的斯多亚主义的研究成果作了分门别类的介绍，希望能够从中窥见某些研究的方向和趋势。

一

研究晚期希腊哲学总是免不了要谈到策勒的立场。策勒认为整个晚期希腊哲学属于折中主义，这个相当武断的结论在很长时间内成为权威的观点，以至于晚期希腊哲学研究都受其困扰。然而策勒的结论有多大的正当性呢？近年来，这愈来愈受到希腊研究学者们的质疑，至少就目前而言，西方学者已经日渐少有接受策勒的看法的。西方学者注意到，策勒得出这个观点至少受过两方面的影响：一是策勒在完成了早期和古典希腊哲学的写作之后，马上进入晚期希腊哲学的编撰。他的晚期希腊写作受其古典希腊写作情绪的影响，从一个“正统”希腊哲学的视野出发，即从早期和古典希腊哲学学派乃是希腊“正统”出发来观察晚期希腊的哲学发展，把晚期希腊哲学看成是不具有独立的哲学体系和思辨的理论，消极地看待晚期希腊哲学的精神。二是策勒受到黑格尔哲学史观的极大影响，把晚期希腊看成是希腊哲学精神的衰落。策勒关于晚期希腊哲学的折中主义的定位，在中国学者中具主导性的影响，并且似乎仍然被视为权威。有鉴于此，本书免不了要从探讨他的观点开始提出本书的研究视野。

这就首先要考察“折中主义”这个词的来源和它的真实意思。古典哲学家中不曾使用过今天英文所谓的 eclecticism，甚至也很少使用 eclectic 这个词。“折中主义”指的是这样的哲学体系和哲学家，他们从许多哲学中审慎地选择某些教义使它们与自己的教义相适合。eclectic 的主要意思是“选择”，它来自于希腊动词 eklegein/eklegesthai 即“选择和作出选择”的意思。[①] 据第欧根尼·拉尔修的记载，第一个引入“折中”这个语词的是亚历山大里亚的帕托谟（Potamo of Alexandria），他提到 eti de pro ogigou kai eklektike tis airesis eisechthe hpo。第欧根尼说，帕托谟在一本来自于以弗所（Ephesus）的最新出版的文章中发现了一种亚历山大里亚的折中哲学，它的方法是从当今的哲学流派中

---

① Pierluigi Donini, “*The History of the Concept of Eclecticism*”, see in John M. Dillon and A. A. Long (ed.), The Questions of Eclecticism: Studies in Later Greek Philosophy, p. 16, University of California Press, 1988.

选择一部分内容形成自身的思想体系。[①] 后来基督教哲学家亚历山大里亚的克莱门则称他自己的哲学的理想方法就是折中的（eklectikon）方法，（Strom. 1. 37. 6）此外，伽伦也曾两次提到有一个医学派别，它的方法被称为折中的（eklectikon）方法。[②] 因此，在希腊化哲学时期，“折中”这个词原有积极的意思，指吸收别的哲学体系中好的东西，把来自于不同思想源头的哲学混合为新的思想。

然而主要是因为策勒的影响，“折中主义”这个词具有明显的贬义或者说消极的意思。策勒把亚里士多德以后至普罗提诺时期的哲学统统称为“折中主义”。策勒在看待晚期希腊哲学时的一个基本预设是把柏拉图—亚里士多德—新柏拉图主义看作希腊哲学的“正统”，晚期希腊哲学则离开了这个“正统”。其次，他用带有贬义的语词来指称晚期希腊哲学，例如“垂死的科学观点”、“科学的衰落”、“只是不同立场的外在结合”和“非批评式的哲学之思”，等等。[③] 主要也是出于策勒的影响，长期以来西塞罗和塞涅卡、亚历山大里亚的斐洛（Philo）、斯多亚主义者潘奈提乌（Panaetius）和波西多纽（Posidonius）、柏拉图主义者安提库（Antiochus）、普罗塔克（Plutarch）、阿尔比努斯（Albinus）和医生伽伦（Galen）以及科学家托勒密（Ptolemy）这些思想家都被称为折中主义者，因为他们被认为已经失去了哲学

① D. L. I. 21.

② Pierluigi Donini, “*The History of the Concept of Eclecticism*”, see in John M. Dillon and A. A. Long (ed.), The Questions of Eclecticism: Studies in Later Greek Philosophy, p. 16.

③ Ibid., p. 23.

的纯粹而高贵的希腊血统。[①] 折中主义由此获得了我们今天通常所理解的那种含义，“折中主义总是在严格的建设性的哲学体系之后才成长起来，尤其是在那些杰出的思想家耗尽才能所留下的矛盾处成长起来。他们的各自的追随者，尤其是那些有教养的平信徒，他们缺乏原创性的工作，就以一种妥协的方式寻求解决，从对立的体系中把那些似乎可用于正确实践的理论要素结合起来以寻求避难所。”[②] 学者们认为策勒至少应该对这样一种消极的不受欢迎的折中主义概念负主要的责任。事实上，策勒作出这样的论述是非常武断的，他既没有对于晚期希腊哲学的源头作严格细致的分析，也没有对晚期希腊哲学的独特性作认真的探究。现代学者很少采用策勒对折中主义的单独用法，他们的用法复杂得多，至少包含有如下六种。

第一种就是策勒及其追随者的用法，他们把折中主义看成是这样一种哲学：它们只结合同质的要素，缺乏批评和或多或少的审慎。这些学者把中期柏拉图主义者、普罗塔克、塞涅卡和阿里乌·提德摩（Arius Didymus）都看成是这一类哲学家。现代学者的细致研究已经证明这个观点是站不住脚的。第二种对于折中主义的用法去除了策勒他们的价值判断，把它只看成是对事实的陈述，就是认为折中主义表示这样一种哲学学派的教义，他们把各种不同的思想源头综合在某个作者的思想里面。第三种折中主

---

① John M. Dillon and A. A. Long, “*Introduction*”, see in John M. Dillon and A. A. Long (ed.), The Questions of Eclecticism: Studies in Later Greek Philosophy, p. 1.

② 见于 Encyclopaedia Britannica 中的 Eclecticism 文章。转引自 John M. Dillon and A. A. Long, “Introduction”, see in John M. Dillon and A. A. Long (ed.), *The Questions of Eclecticism: Studies in Later Greek Philosophy*, p. 3。

义的用法或多或少带有策勒武断的意思，他们以自己的学派为中心，认为所吸收的其他学派的思想在教义的优先性上没有办法与他们自己的比较，然而能够帮助自身教义的阐释。第四种对于折中主义的用法则是亚历山大里亚的克莱门和帕托谟所提到的，认为折中主义是一种理想的方法。第五种折中主义的用法也非常审慎，然而其哲学精神强烈地反教条和反宗派，伽伦代表这样一种折中主义的类型。第六种折中主义则以阿斯库隆（Ascalon）的安提库为唯一代表，他其实已经很难被称为是折中主义者。安提库寻求这样一种哲学视野，就是在柏拉图主义、亚里士多德主义和斯多亚主义之间寻找能够使这三个学派完全一致的教义，形成单独、普遍的学说。[①] 因此，在我们使用的折中主义的标签下，有着许多不同的形态。其中有些是不能够称为折中主义的，如果我们仔细去研究他们的学说例如塞涅卡、阿斯库隆的哲学，我们甚至也不能够把亚历山大里亚的克莱门称为折中主义，用综合主义来称呼要更为妥当。如果我们看到伽伦的反宗派和反教条的倾向，我们也可以发现它是一种非常积极的哲学，不是策勒的折中主义所能够涵盖的。

本书讨论斯多亚主义，不讨论整个晚期希腊哲学，由此折中主义这个概念与晚期希腊哲学史的关系不是本节所要展开论述的主题。我只是想从“折中主义”这个语词含义的辩证中，引申出本书研究视野的些微阐释。本书所持的观点刚好与策勒相反，认为斯多亚主义是一个独立的思想体系，代表着希腊哲学的新典范。斯多亚主义虽然包含着对于早期希腊的自然哲学、柏拉图的

---

① Pierluigi Donini, “*The History of the Concept of Eclecticism*”, see in John M. Dillon and A. A. Long (ed.), *The Questions of Eclecticism: Studies in Later Greek Philosophy*, p. 32.

知识和伦理的关系、亚里士多德的实体和逻辑学说、麦加拉学派的逻辑学，以及怀疑论的真理标准学说的复杂的思想关系，中期斯多亚主义还吸纳了柏拉图和亚里士多德的外在善的学说，然而不能由此得出斯多亚主义是折中主义的结论。正如任何伟大的思想流派例如柏拉图和亚里士多德都是在广泛吸收前人的思想基础上建立其理论体系而不能被列为折中主义一样，斯多亚主义在吸纳古典希腊和同时代思想的时候，同样有着独特的立场，也不能被视为折中主义。本书把这种独特的立场归结为 Ti 的形而上学。Ti 的形而上学在自然哲学中的表现是实体论；Ti 的形而上学在认识论上的表现是把握性印象；Ti 的形而上学在逻辑学上的表现则是专名学说以及关于逻辑形式的探讨。从 Ti 的形而上学出发，斯多亚主义塑造了一种迥然不同于 On 的形而上学，与巴门尼德、柏拉图和亚里士多德的本体学说立场鲜明地区别开来；它所缔造的也是不同于德谟克利特、伊壁鸠鲁和卢克来修的机械论式的自然史观和人生哲学。本书通过有力的钩沉和考证，是能够证明斯多亚主义哲学典范的独立性的。

本书确立了新哲学典范为视野看待斯多亚主义的基本观点后，也注意到从古典希腊哲学向希腊化哲学的转化过程中，其完全呈现是经历了一个过程的。斯多亚主义与柏拉图和亚里士多德哲学的关系远比我们想象的要复杂，它受同时代思潮的挑战并在因应中作出的调适也说明斯多亚主义哲学经历了动态的塑造过程。在这一点上，它与伊壁鸠鲁学派完全不同。然而本书也认为其哲学特质在芝诺的时代就已经确立。正是从这个角度来说，斯多亚主义是晚期希腊哲学最重要的思想流派。因着它的贡献，古代晚期即公元纪年至中世纪前期的思想才呈现出迥然不同于古典希腊的形态。它所带来的深远影响还在于，古代晚期西方哲学的研究也不能够直线地追溯到柏拉图和亚里士多德，因为学者们已经不可能无视斯多亚主义曾经为西方思想带来的卓越贡献。

二

由于晚期希腊哲学研究在我国尚处在探索阶段，近年来研究虽然日渐增多，然而所见的许多热闹景象也很难说是古典学的，多是现代阐释学的，多属“借死还魂”这一类的研究方式。笔者愚拙，不愿苟同，也无法随俗，只能在历史的客观性语境里面苦苦地思想，还是老派的做法，尽可能地去还原历史的面貌，把思想当作历史事实，而不是当作历史性的现代视野之开启来描述。总觉得没有第一步，不可能有第二步。或者说没有第一步，第二步本身也是非历史的，非历史的历史性如何能够是历史性的本真的呈现呢？这着实令我疑惑。

既然如此，我就不得不把一些文献资料作些介绍。

首先列出的这些资料是斯多亚主义五百多年发展史的原始文献，从早期到晚期作了排列。我们可以看到西方学者作了许多整理的工作，还可以看到中期斯多亚主义有着独立的文献资料遗世，对于完整地理解斯多亚主义来说弥足珍贵。值得一提的是，近年来国内斯多亚主义文献的翻译也步入轨道，本书的研究多有倚重。多提了几句的是西塞罗的著作。西塞罗的《论神性》和《论至善和至恶》，其中有相当长篇幅的是关于斯多亚主义的完整讨论。《论神性》的第二卷讨论斯多亚主义的自然哲学，相当完整；《论至善和至恶》第三、四和五卷讨论斯多亚主义的伦理学，尤其是通过他与加图的辩论，呈现出西塞罗的中期斯多亚主义的伦理学倾向以及他与早期斯多亚主义的区别，是非常重要的历史资料。

1. 早期斯多亚主义

Arnim, H. Von, *Stoicorum Veterum Fragmenta*, 4 Vols. [IV Vol. by M. Adler], Leipzig, 1903—1924.

Festa, N., *I Frammenti degli Stoici Antichi*, 2 Vols., Bari, 1932—1935.

Gercke, A., *Chrisillea. Jahrb. fur Klass. Phil. Suppl.* 14, Leipzig, 1885.

Pearson, A. C., *Fragments of Zeno and Cleanthes*, London, 1891.

Wachsmuth, C., *Commentationes I, II de Zenone Cittiensi et Cleanthes Assi*, Gorttingen, 1874—1875.

A. A. Long and D. N. Sedly (eds.), *The Hellenistic Philosophers*, 2 Vols., Cambridge University Press, 1987.

Hellenistic Philosophy and Introductory Readings, Translated, with Introduction and Notes by Brad Inwood and L. P. Gerson, Hackett Publishing Company, 1988.

2. 潘奈提乌 (Panaetius)

Straaten, M. Van, *Panaetii Rhodii Fragmenta*, Leiden, 1963.

Fowler, H. N., *Panaetii et Hecatonis Librorum Fragmenta*, Bonn, 1885.

3. 波西多纽 (Posidonius)

Edelstein, L., and Kidd, I. G., *Posidonius* Vol. I, The Fragments, Cambridge, 1972.

Bake, J., *Posidonii Rhodii Reliquiae Doctrinae*. Collegit Atque Illustravit Janus Bake Accedit Wyttenbachii Annotatio, Lugduni Batavorum, 1810.

4. 塞涅卡 (Seneca)

Epistulae Morales, 3 Vols. Translated by R. M. Gummere, Loeb Classical Library, Cambridge Mass, 1953.

Moralia 3 Vols. Translated by Basore, Loeb Classical Library, Cambridge Mass, 1958.

Naturales Questiones, 2 Vols., Translated by T. Corcoran, Loeb Classical Library, Cambridge Mass, 1971.

Naturales Questiones, 2 Vols., Translated by P. Oltamare, Les Belles Lettres, Paris, 1930.

包利民等译：《强者的温柔》，中国社会科学出版社 2005 年版。

赵又春、张建军译：《幸福而短促的人生：塞涅卡道德书简》，上海三联书店 1989 年版。

5. 爱比克泰德（Epictetus）

The Discourses as Reported by Arrian, The Manual and Fragments, 2Vols., Translated by W. A. Oldfather, Loeb Classical Library, Cambridge Mass, 1956.

Adolf Friedrich Bonhoffer, *The Ethics of the Stoic Epictetus: An English Translation*, Peter Lang, 1996.

吴欲波等译：《哲学谈话录》，中国社会科学出版社 2004 年版。

6. 马可·奥勒留（Marcus Aurelius）

Penses, Translated by A. I. Trannoy, Pref. by A. Puech, Les Belles Lettres, Paris, 1964.

The Communings with Himself, Translated by C. R. Haines, Loeb Classical Library, Cambridge Mass, 1953.

Meditations of the Emperor Marcus Antoninus, Ed. by A. S. L. Farquharson with translation and commentary, 2 Vols.,

Oxford，1944.

Meditations，Translated by M. Staniforth，Penguin，Gr. Britain，1970.

Marcus Aurelius Antotinus to Himself，An English Translation with Introductory Study on Stoicism and the last of the Stoics，by C. H. Rendall，London，1898.

Marcus Aurelius and His Times：The Transition from Paganism to Christianity，with an Introduction by Irwin Edman，Walter J. Black，Inc.，1945.

何怀宏译：《沉思录》，中国社会科学出版社 1989 年版。

7. 伽伦（Galen）

On Antecedent Causes，Edited with An Introduction，Translation and Commentary by R. J. Hankinson，Cambridge University Press，1998.

8. 西塞罗（Cicero）

On Natura Deorum，Translated by H. Rackham，Loeb Classical Library，Cambridge Mass，1967.

On Natura Deorum，Ed. by J. B，Mayor，3 Vols. Cambridge，1881－1885.

De Divinatione，Translated by W. A. Falconer，Loeb Classical Library，Cambridge Mass. 1923.

De Divinatione，Ed. by A. S. Pease With Introduction and Commentary 2 Vols.，Illonois，1920－1923.

Nature of the Gods，Divinatione etc.，translated by C. D. Yonge，London，1907.

De Finibus Bonorum Et Malorum，Harvard University Press，1914.

On Moral Ends, Ed. by Julia Annas, Translated by Raphel Woolf, Cambridge University Press, 2001.

石敏敏译：《论神性》，香港汉语基督教文化研究所 2001 年版。

石敏敏译：《论至善和至恶》，中国社会科学出版社 2005 年版。

9. 塞克斯都·恩披里柯（Sextus Empiricus）

Outlines of Pyrrhonism, Adversus Mathematicos, 5 Vols. Translated by R. C. Bury, Loeb Classical Library, Cambridge Mass, 1957—1961.

包利民等译：《悬搁判断与心灵宁静》，中国社会科学出版社 2004 年版。

10. 第欧根尼·拉尔修（Diogenes Laertius）

Vitae Phiosophorum, 2 Vols., Ed. By H. S. Long, Bibliotheca Oxoniensis, 1964.

马永翔等译：《名哲言行录》（上下卷），吉林人民出版社 2003 年版。

为了展现西方学者近年来斯多亚主义研究的卓越贡献，我也尽可能地列出一些研究性文献资料，并对它们作了分类。这里需要对第二类资料“斯多亚主义哲学一般性研究”作些说明。这里所谓的“一般性”是指“总论性”和“全面性”的意思，因为它们似乎不能归入专门的类别。专门类别中所提到的研究资料有些也是交叉的，例如有关逻辑学的研究，会与伦理学交织在一起；而伦理学的研究，又与知识论有关。这里也列出了国内学者近年来的研究，足见所取得的成就。

文中所列出的斯多亚主义研究文献，只是我所见到的，它受限于我的眼界，并不表示西方学者的研究仅止于此。

1. 折中主义问题研究

E. Zeller, *History of Eclecticism in Greek Philosophy*, Trans. by S. F. Alleyne, Longmans and Com., 1873.

John M. Dillon and A. A. Long (eds.), *The Questions of Eclecticism: Studies in Later Greek Philosophy*, University of California Press, 1988.

2. 斯多亚主义哲学一般性研究

A. A. Long, *Stoic Studies*, Cambridge University Press, 1996.

A. A. Long (ed.), *Problems in Stoicism*, The Athlone Press, 1996.

A. A. Long, *A Stoic and Socratic Guide to Life*, Clarendon Press, 2002.

A. H. Armstrong, *The Cambridge History of Later Greek and Early Medieval Philosophy*, Cambridge University Press, 1980.

A. H. Armstrong, *An Introduction to Ancient Philosophy*, University Paperbacks, 1965.

Brad Inwood (ed.), *The Cambridge Companion to the Stoics*, Cambridge University Press, 2003.

F. H. Sandback, *The Stoics*, Gerald Duckworth & Co. Ltd. 1994.

Jacques Brunschwig, *Papers in Hellenistic Philosophy*, Translated by Janet Lloyd, Cambridge University Press, 1994.

J. M. Rist, *Stoic Philosophy*, Cambridge University Press, 1980.

Katerina Ierodiakonou, *Topics in Stoic Philosophy*, Clarendon Press，1999.

Keimpe Algra，Jonathan Barnes，Jaap Mansfeld，Malcolm Schifield（eds.），*The Cambridge History of Hellenistic Philosophy*，Cambridge University Press，1999.

Mark Morford，*The Roman Philosophers*：*From the Time of Cato the Censor to the Death of Marcus Aurelius*，Routledge，2002.

Paul Oskar Kristeller，*Greek Philosophers of the Hellenistic Age*，Columbia University Press，1993.

Robert R. Sherman，*Democracy*，*Stoicism and Education*：*A History in the History of Freedom and Reason*，University of Florida Press，1973.

3. 斯多亚主义传播史研究

Marcia L. Colish，*The Stoic Tradition from Antiquity to The Early Middle Ages*：*Vol. I Stoicism in Classical Latin Literature*，E. J. Brill，1985.

Marcia L. Colish，*The Stoic Tradition from Antiquity to The Early Middle Ages*：*Vol. II Stoicism in Latin Thought Through the Sixth Century*，E. J. Brill，1985.

G. R. Boys-Stones，*Post-Hellenistic Philosophy*：*A Study of its Development from Stoics to Origen*，Oxford University Press，2001.

Steven K. Strange and Jack Zupko（eds.），*Stoicism*：*Traditions and Transformations*，Cambridge University Press，2004.

4. 斯多亚主义和其他学派关系研究

Gretchen Reydams-Schils，*Demiurge and Providence*：*Stoic and Platonist Readings of Plato's Timaeus*，Brepols Publishers, 1999.

R. W. Sharples, *Stoics, Epicureans and Stoics: An Introduction to Hellenistic Philosophy*, Routledge, 1996.

Andreas Graeser, *Plotinus and the Stoics: A Preliminary Study*, Leiden, 1972.

R. D. Hicks, *Stoic and Epicurean*, *Russell & Russell, Inc.*, 1962.

5. 斯多亚主义自然哲学研究

David E. Hahm, *The Origins of Stoic Cosmology*, Ohios State University Press, 1977.

Jan J. Boersema, *The Torah and The Stoics, On Humankind and Nature: A Contribution to the Debate on Substainability and Quality*, Brill, 2001.

M. R. Wright, *Cosmology and Antiquity*, Routledge, 1996.

Margraet J. Osler, *Atoms, Pneuma, and Tranquility: Epicurean and Stoic Themes in European Thought*, Cambridge University Press, 1991.

Myrto Dragona-Monachou, *The Stoic Arguments for The Existence and The Providence of the Gods*, Athens, 1976.

Susanne Bobzien, *Determinism and Freedom in Stoic Philosophy*, Clarendon Press, 2001.

6. 斯多亚主义逻辑学研究

Catherine Atherton, *The Stoics on Ambiguity*, Cambridge University Press, 1993.

Jonathan Branes, *Logic and The Imperial Stoa*, Brill, 1997.

Lawrence C. Becker, *A New Stoicism*, Princeton University Press, 1998.

7. 斯多亚主义伦理学研究

Keith Campbell，A Stoic Philosophy of Life，University Press of America，Inc.，1986.

Brad Inwood，Ethics and Human Action in Early Stoicism，Clarendon Press，1985.

Gisela Striker，Essays on Hellenistic Epistemology and Ethics，Cambridge University Press，1996.

David Sedley（ed.），Oxford Studies in Ancient Philosophy，Vol. XXIV（Summer 2003），Oxford University Press，2003.

M. R. Wright，Cicero：On Stoic Good and Evil，Airs & Philips Ltd.，1991.

Troels Enberg-Pederson，The Stoic Theory of Oikeiosis：Moral Development and Social Interaction in Early Stoic Philosophy，Aarhus University Press，1990.

8. 斯多亚主义思想家专题研究

Alessandro Schiesaro，*The Passions in Play：Thyestes and the Dynamics of Senecan Drama*，Cambridge University Press，2003.

Anna Lydia Motto & John R. Clark，*Senecan Tragedy*，Adolf M. Hakkert-Publisher，1988.

C. D. N. Costa，*Seneca*，Routledge & Kegan Paul，1974.

John Henderson，*Morals and Villas in Seneca's Letters：Place to Dwell*，Cambridge University Press，2004.

Josiah B. Gould，*The Philosophy of Chrisippus*，State University of New York Press，1970.

Iason Xenakis，*Epictetus：Philosopher-Therapist*，Martinus Nighoff，1960.

R. B. Rutheford, *The Meditation of Marcus Aurelius*, Clarendon Press, 1989.

杨适:《爱比克泰德》,(台湾)东大图书公司 2000 年版。

吴欲波:《自由的守望:爱比克泰德研究》,浙江大学博士学位论文 2005 年 6 月。

第二章

斯多亚主义的自然哲学

古典希腊自然哲学的宇宙起源学说主要有两大思想典范：毕泰戈拉—巴门尼德（Parmenides）—柏拉图（亚里士多德）[①] 的数学物理模型的宇宙论和德谟克利特（Democritus）—伊壁鸠鲁—卢克莱修（Lucretius）的原子论。柏拉图的自然哲学主要以数学模型分析物理宇宙，把宇宙演化与几何图形密切联系起来。希腊数学其实是几何学，他们的宇宙论模式属于数学物理学。德谟克利特的宇宙演化学说属于机械论模式，它从原子的聚合和分离阐释复合物体的产生和消灭。然而进入希腊化和古代晚期后，古典希腊的宇宙论和自然哲学没有被全盘接受，斯多亚主义提出了颇有学派特色的宇宙物理学，这却是学者们研究时很少注意到的。西方学者最近的研究表明，现代早期西方宇宙论主要受益于斯多亚主义的宇宙物理学，布拉赫（Brahe）、第谷（Tycho）、开普勒（Kepler）和塞巴斯蒂安·巴索（Sebastian Basso）等抛弃了亚里士多德的物理学，采纳斯多亚主

---

① 把亚里士多德放在柏拉图物理理论的传统之中，是因为他们都主张一个静止宇宙的观点，尽管他们的分析方法相当不同，对形式和质料的构成关系的看法也各不相同。

义的实体理论，导致现代早期西方天文学的重要突破。[①] 因此，新的实体观念是斯多亚主义宇宙物理学的根基。斯多亚主义通过阐释其实体观念的独特性，将它的宇宙论既与柏拉图的自然哲学传统也与德谟克利特的自然哲学传统区分开来，斯多亚主义的自然哲学与传承柏拉图学说的学园派和德谟克利特学说的伊壁鸠鲁学派也由此得到区分。

可以肯定地说，斯多亚主义的宇宙论展示了希腊自然哲学的新范式，它是继柏拉图和德谟克利特传统之后，希腊哲学再一次系统地阐释了宇宙物理学，表明了希腊哲学深刻的科学探索精神。斯多亚主义虽然继承了柏拉图和亚里士多德的某些思想，却基于不同的视野。如果说柏拉图的宇宙论是数学家的物理学的话，斯多亚主义的宇宙论就是物理学家的物理学，特别强调宇宙的动态扩张和循环演化；如果说原子论学派的宇宙论是机械论的，斯多亚主义则主张整体论和生机论（Vitalism)。斯多亚主义和伊壁鸠鲁学派的差别尤其表现在自然哲学方面；与学园派的分歧则有隐有显，在其他学说方面则有异有同，以异为主。这些学派同在雅典设立学院，他们在相互攻讦之中，不断地进行科学探索，以深刻的批判精神和自由精神穷究宇宙的奥秘。而希腊化哲学中斯多亚主义的宇宙论尤为独特，值得系统讨论。

第一节 斯多亚主义的物理宇宙论

本节是对斯多亚主义宇宙论的总体研究，论述其生机论、形

---

① Peter Barker, "*Stoic Contribution to Early Modern Science*", see in Margaret J. Osler, *Atoms, Pneuma, and Traniquality: Epicurean and Stoic Themes in European Thought*, pp. 135—154, Cambridge University Press, 1991.

体主义和循环论的三大特征。围绕这些特征，本节以宇宙论为视野分析了斯多亚主义对于物体和神的看法，阐释了其自然哲学的东方因素。本节还讨论了斯多亚主义的自然哲学与实体论的关系，指出它对于西方近代科学观念的积极影响。

一

斯多亚主义的物理学是一个宏大的体系，包含着一系列复杂的论述和精微的阐释，需要细细探究。从宇宙构造角度看，斯多亚主义认为物理学需要研究五大原理：(1) 物体、(2) 原理、(3) 元素、(4) 神、(5) 限界、处所和虚空。[①] 斯多亚主义的这五大原理既吸收了希腊自然哲学以往研究的要素，例如元素、处所、虚空和原理，又增加了它自身的思考内容，例如物体、神和限界。它的自然哲学研究中，斯多亚主义对这些原理有独特的综合。它把神、物体、限界都放在同一平面予以探究，强调了神本身是物体，是有限界的，又进一步与原理、元素等综合起来，阐明宇宙扩张的物质构造的自身完成过程，分析了宇宙的动态扩张和收缩，解说宇宙的整体演化。斯多亚主义的物理宇宙论本质上说就是它的原理论，它关于五大原理的理解使其宇宙论有生命的体征。第一个特征是，斯多亚主义认为宇宙万物都是有形体的，可以称之为形体主义 (Corporealism)；第二个特征是，斯多亚主义主张宇宙生机论 (Cosmobiology)，认为宇宙整体类似于生命机体。斯多亚主义关于宇宙的双重理解表明物体和神是五大物理原理的两个关键词：就形体主义而言，它主要关联于“物体”

---

① Diogenes Laertius, VII. 132, see in A. A. Long and D. N. Sedley (eds.), *The Hellenistic Philosophers*, Vol. I, 43, Cambridge University Press, 1988.

原理；就宇宙生机论而言，则主要关联于“神”的原理。

本节先就斯多亚主义的物理宇宙论作整体的描述，形体主义与物体原理的关系则是首先要予以阐释的。与古典希腊自然哲学典范最突出的不同在于，斯多亚主义不认为除了时间、空间、虚空、某些只存在于思想例如命题和述谓中的逻辑实在之外万物都是有形体的。[①] 这个激进的物理学观点不仅认为动植物和无生命的自然界是物体，而且认为情感、灵魂、美德和性质等都是有形体的。斯多亚主义的这种物体观念改变了古典希腊以来的实体观，甚至可以说是颠覆了古典希腊以来的实体观。斯多亚主义把形体性作为实体性的基准，柏拉图和亚里士多德的自然哲学则把无形体性作为实体性的基准。在古典希腊哲学中，正统的实体观是亚里士多德和柏拉图所倡导的。现在斯多亚主义却将形体性的实体观建立为希腊化物理宇宙论的正统，在这一点上它与伊壁鸠鲁学派都回到前苏格拉底的自然哲学传统。形体性与实体性的不可分离使得斯多亚主义的物体观在整个希腊自然哲学中独树一帜，学者们这样评论说：“没有观念比任何真正的存在物都是有形体的这样的信念更深刻地根植于斯多亚主义的哲学之中。在斯多亚主义的逻辑学、认识论、宇宙论、心理学、神学和伦理学，事实上在斯多亚主义有所讨论的任何领域，他们无不相信这是真实的。”[②] 学者们也客观地指出虽然物体观念如此重要，甚至是斯多亚主义物理学的标志性概念，然而它不是作为前提提出来的。这充分体现了斯多亚主义哲学探索的科学论证精神，这是希腊精神的瑰宝，斯

---

① SVF 2.132，2.166，2.170，2.331；2.335.

② David E. Hahm，*The Origins of Stoic Cosmology*，p. 4，Ohio State University Press，1977.

多亚主义把它作为一个有待论证的观念。“……我们不可能不马上注意到，在大量广泛的残篇中这个论题即唯有物体存在从来没有被作为假设。它从来都没有被用作前提来证明任何事物都是有形体的，也没有被用于否定无形体事物存在的论证……然而，毫无疑问，斯多亚主义深信这一点。因此，必须得出的结论是，一方面，它假设了神、灵魂、美德和性质的形体性；另一方面，它又要借着论证从特殊的前设中引申出来。”① 这看起来很矛盾，却有它的道理。斯多亚主义无疑是把物体作为物理学的最新观念提出来的，把它作为与柏拉图、亚里士多德甚至原子论学派相区别的观念来认识的。既然它是一个新观念，就需要论证，尤其是当它作为渗透进任何一个领域，例如认识论、知识论和心理学学说并成为它们的基础的时候。同时，斯多亚主义不仅用物体的观念提供对于认识论、知识论、神学等所有领域的有效说明，它还用这些领域为万物都是有形体进行证明。因此，斯多亚主义对于凡物都是有形体的论证不是定义式的，而是解释性的。它是整个宇宙论的基础，这种“循环式论证”的展开也就是其物理宇宙论得到阐释的过程。

需要进一步追问的是，斯多亚主义的观点即万物包括情感、美德、灵魂和性质等都是有形体的哲学思想是横空出世的吗？它是否标志着希腊哲学典范的转移呢？对于前一个问题，我们不认为它与哲学史的其他学说有直接的师承关系，或者说斯多亚主义的物体学说与此前的哲学史上的观念不是完全连续的，而是有断裂的，首先应该充分肯定的是，斯多亚主义的物理宇宙论的创新之处。现代西方学者 Hahm 反对为斯多亚主义的物体理论寻找廉价的思想渊源，他尤其反驳了两种主流观点：一是认为斯多亚

① David E. Hahm，*The Origins of Stoic Cosmology*，p. 10.

主义的物体观念来自于赫拉克利特（Heraclitus）；二是斯多亚主义的物体观念是希腊化时期的时代精神。针对第一种观点，Hahm 认为虽然前苏格拉底哲学已经区分了有形体的和无形体的范畴，然而它并没有被运用到存在事物本性问题的论述上。况且赫拉克利特的形体主义思想不是那么明显，即使有，它与斯多亚主义的形体主义也不属于同一类型，赫拉克利特的哲学构成完全不同。至于第二种观点，确实在公元前 3 世纪出现了许多主张形体主义思想的学派，包括伊壁鸠鲁学派、漫步学派的斯托勒波(Strabo)，等等，然而这不能够说明为何斯多亚主义主张如此极端的形体主义。如果以时代精神说来作一概的解释，就无法论证为何公元前 4 世纪的学园派和亚里士多德哲学仍然主张无形体的形式是最高的存在，依然倡导无形体存在物的哲学。[①] 时代精神是一种模糊的说法，斯多亚主义在物理宇宙论上的新创见首先得归因于它的独立批评精神，归因于它之不满足于现状的理论探索精神。

这当然不否定斯多亚主义的形体主义确实有哲学史的根源，然而它不是由前苏格拉底哲学向斯多亚主义的自然而然被完成的哲学成就。在希腊哲学的发展中，前苏格拉底哲学已经产生了有关世界本原/本体问题的困惑：世界是形体的存在物还是无形体的存在物？到柏拉图和亚里士多德时期，这种困惑转化为本体论的探究。亚里士多德对于柏拉图有尖锐的批评，然而这种批评是不彻底的，他的批评导致了向非形体主义物理学的更大转变。从这个角度来说，斯多亚主义的形体主义在哲学史上并没有直接的师承关系，它既不同于亚里士多德对于柏拉图的批评性继承，也不同于伊壁鸠鲁学派对于德谟克利特哲学的“萧规曹随”式的继

① David E. Hahm, *The Origins of Stoic Cosmology*, p. 5.

承，它是一种断裂式的继承。它确实表示了某种哲学典范的转移。就此而论，罗素的说法是有道理的，斯多亚主义比它以前的任何希腊哲学流派都更少希腊性。早期斯多亚主义都是叙利亚人，晚期斯多亚主义则多是罗马人。[①] 但是罗素的说法也有偏颇之处，他引其他学者的话认为希腊人在对野蛮人进行希腊化的时候，给他们所留下的却是只适合于希腊人自己的东西。斯多亚主义与早期希腊哲学不同，它在感情上是狭窄的，而且在某种意义上是狂热的。但是它也包含了为当时世界所感到需要的、而又为希腊人所似乎不能提供的那些宗教成分。[②] 许多现代学者的研究表明，不能够过分夸大斯多亚主义与希腊的不同。在形体主义的思想上，准确的说法就是斯多亚主义与早期/古典希腊哲学之间的断裂式继承关系。

古典希腊哲学常被划分为前苏格拉底和希腊哲学三杰（苏格拉底、柏拉图和亚里士多德）时期。前苏格拉底哲学主要探讨自然哲学，希腊三杰则主要探讨人的哲学，包括知识论、本体论、伦理学和政治哲学。古典希腊哲学探究的变化不仅包含主题的变化，还有思想方式的重大转换。在古典希腊哲学的思考方式中，这两类主题是冲突的，无法形成整合，形成希腊哲学的二元论宇宙观。斯多亚主义则是一种彻底的一元论哲学，它从物理学的物理实体观念出发把这些不相容的主题整合为形体主义，表现出新的哲学态度。前苏格拉底的自然哲学中已经存在形体性和无形体性之争，希腊哲学从本原学说出发似乎一开始就把形体性［如泰勒斯（Thales）］置于自然哲学的核心，爱利亚（Elea）学派却

① ［英］罗素著，何北武、李约瑟译：《西方哲学史》，商务印书馆1996年版，第319页。

② 同上书，第320页。

发展出无形体性本体的学说，它所谓的“存在”是无形体的。巴门尼德先提出并论证了这个观念，麦里梭（Mellisus）又对世界的无限本质作了更高的抽象。他论证说，如果存在存在，那么存在必是一；作为一，它必然没有形体，也不会有厚度。如果有厚度，那么它就会有部分而不是一了。存在作为对普遍本质的最高抽象的规定应当是无形体性的，这样它才能普遍同一。这样，麦里梭就把巴门尼德原先所具有的包含着质料性的“球体”观念也彻底抛弃了，认为“存在”这种世界的普遍本质是自在的、不受限制的，因为只要是抽象的东西就是无形体的。[①] 然而，爱利亚学派同时代或稍后的希腊自然哲学马上就起来反对，恩培多克勒（Empedocles）的四根说、阿那克萨戈拉（Anaxagoras）的种子说以及德谟克利特的原子说都是与爱利亚学派的哲学针锋相对的。原子论学派认为原子是不可见的然而它是有形体的，他们认为原子无性质的不同，都是同质的，[②] 但形状、大小和排列有差别，比如火的原子细小、圆形、平滑；土的原子较大而粗糙，等等。[③] 在本原或者本体是否有形体上，两者旗鼓相当。希腊自然哲学发展到苏格拉底的时候，却发生了转变。

苏格拉底的哲学关注人的问题，他认为这是神给他的异象和使命。从这个角度出发，苏格拉底认为只有超验的普遍理念才是真正的存在，柏拉图发展了他的看法，认为这些真正的存在是无形体的。例如在谈到灵魂所在的不朽的天界的时候，柏拉图说诸天之上的高天是真正的存在之所，真正的存在是没有颜色和形状

① 姚介厚：《古代希腊罗马哲学》（上），江苏人民出版社 2005 年版，第 230 页。

② 同上书，第 244 页。

③ 同上书，第 245 页。

的。[①] 在把唯物主义的自然观当作假想敌的辩论中，柏拉图借理念的朋友们的观点说，真正的存在是理智的、无形体的理念构成的。[②] 在讲到技艺和存在两者定义的区别时，柏拉图指出技艺一类种种有形体存在事物的定义是要指出感觉事物所把握的相似性，而最高的存在的定义则没有可见的相似性，它是无形体的。[③] 这说明柏拉图主义完全是有意识地把无形体性作为存在的特性。学者们指出柏拉图这样强调的时候，已经与麦里梭完全不同了。“麦里梭是借着抽象的逻辑抵达这样的立场，柏拉图是受到伦理术语探究的引导而寻求客观实在，他感受到的问题必是与那些最非理性的顽固的唯物主义的困境有关。因为唯物主义的假设即所真正的存在是有形体的思想必引导到两个最荒谬的结论——或者是众所周知的美德不存在或者它们是有形体的。柏拉图感到当他用一系列真正存在的无形体的形式作为思想的对象时是能够解决这个问题的，因为他用一种形式来对应一个普遍的概念。”[④] 可以看到至少就形体性的存在而言，斯多亚主义和柏拉图在所有观点上都是对立的。在斯多亚主义批评柏拉图之前，亚里士多德已经对柏拉图有深入的批评。亚里士多德批评柏拉图把形式与个体的存在物完全分开，他不承认柏拉图心灵哲学意义上的独立存在的纯形式，从物理学的角度强调形体和质料的个体性结合。当然，亚里士多德也接受柏拉图的一些本体论观念，例如无形体性、永恒性和不灭性，等等，[⑤] 认为灵魂和美德是无形体

---

① Plato，*Phaedrus* 247C.

② Plato，*Sophist* 246B.

③ Plato，*Politican* 285E—286A.

④ David E. Hahm，*The Origins of Stoic Cosmology*，p. 6.

⑤ Ibid.，p. 7.

的。然而斯多亚主义不满足于亚里士多德对柏拉图的批评，亚里士多德哲学使物理的世界更具有物理的真实性，使无形体的世界具有真实的无形体性，他虽然同时肯定形体性世界的真实性和无形体世界的真实性，然而他真正关心的是无形体的世界。斯多亚主义则不接受任何意义上的无形体世界，不接受柏拉图和亚里士多德的无形体存在的学说，走向完全相反的哲学学说。这就是它的形体主义的哲学。

二

斯多亚主义的物理宇宙论的另一个主要特征是生机论，它对神的原理的理解体现出这一点。如同“物体”原理一样，神是斯多亚主义物理学的一个重要原理。斯多亚主义用许多不同的名称来称呼神，例如“火”、“原始的技艺的火”、“帕纽玛（Pneuma)”、“自然”、“逻各斯”、“世界灵魂”、“心灵/心智”、“命运”、“神意”、“真理”和“必然性”。斯多亚主义对神作如此包容性的阐释，就像罗马人的神灵信仰把所有的神都接纳到万神殿里面。斯多亚主义也把所有他们认为是合理的不同哲学家的名称都纳入他们的哲学。其中，逻各斯和火的称呼与赫拉克利特有关系；心灵/心智的称呼与阿波洛尼亚（Apollonia）的第欧根尼及亚里士多德有关系；自然法则的称呼与安提司泰尼有关系；世界灵魂的称呼与柏拉图有关系。至于自然、命运、神意和生殖的理性（seminal reason）的称呼应该归于斯多亚主义自身的发明。根据学者们的研究，斯多亚主义在其文献中对于这些名称都有解释和说明。[①] 就神

① 参看 Marto Dragona-Monachou，*The Stoic Arguments for the Existence and the Providence of the Gods*，p. 33，Athens：S. Saripolos' Library，1976。

是自然的定义而言，斯多亚主义是这样说的：“一种技艺之火系统地进行到生育之道里面。”[①] 在谈到神是世界的生育原理时：“普遍的生殖原理（seminal principle）包含了所有特殊的种子(seeds)。”[②] 神是单一、最终、能动的因，[③] 理性从质料中创造了万物，自然的正确理性与命运和神意是同一的。最终，神被定义为是“不朽的、理性的、有生命的存在、是完全的或者在他的福乐中可理智的，是没有恶的、是世界的神意、所有存在都包含在它里面，是非神人同形同性的，是万物的创造者，是每个人的父”。[④] 最重要的观点是，斯多亚主义把神看作是自然整体中任何事物都无法媲美的有生命的存在，神就是世界本身。[⑤] 神是火、是种子、是生育原理、是生命本身。在这些描述性定义里面，神的主动性、能动性和理性本性之间获得了强调，得到了统一。斯多亚主义没有从创造的角度去描述神的主动性，它遵循的是希腊自然哲学的本原论。斯多亚主义也没有说神是位格性的，它所强调的是必然性、神意和命运，所论证的是一种自然性的神，但把自然能动化和主体化，这与古典希腊哲学把自然当作被动的存在、理念的模糊的镜子有根本的区别。从这些角度综合起来观之，斯多亚主义的神既保存了希腊本原论，又强调了自然的主体性，从自然相生的角度表述了一个能动的自然。

斯多亚主义的主要思想家芝诺、克律西坡和波西多纽都说：

---

① SVF II. 1133；1134.

② SVF II. 1027.

③ SVF II. 300.

④ SVF II. 1021.

⑤ Marto Dragona-Monachou，*The Stoic Arguments for the Existence and the Providence of the Gods*，p. 34.

“整个世界和天空都是神的实体。”[①] 在这里，“实体”是神和整个世界/天空（自然）获得统一的观念基础。斯多亚主义以此描述神不是抽象的，不是在天空和世界之外，也不在天空和世界之内；它既不持内在论也不持外在论，而是认为神就是整个世界和天空，因为天空和世界是实体，是物体性的实体。由此神不是形式，更不是纯形式。在斯多亚主义看来，主动原理并不一定是形式的，被动原理也不一定就是物体的。相反，柏拉图的创造者得穆革和亚里士多德的纯粹形式的第一推动者（“神”）都是静止的纯粹形式，是宇宙的旁观者；神在创造中的工作只是赋予被造的宇宙以永恒的“理念”。其自然哲学只是分析那存在于造物中的被分有的“纯形式”，这样就把自然哲学变成了形而上学，自然哲学本身失去了它独立探究的价值。在柏拉图和亚里士多德的学说中，形式本体的分析与宇宙的几何学描述获得了关联，分析宇宙内含的纯形式与希腊哲学的本原探究内在一致，而关于物体的自然探究的独立性丧失了价值。宇宙本原的探究指向自然哲学公理系统的建立，所采取的是数学的进路。然而斯多亚主义的“神”不是宇宙的“形式”，它是宇宙的主动原理，渗透于一切造物之中，“它是存在于物体中的一种扩张运动，既在外又在内。它的外部运动就是产生数量和性质，它的内部运动就是产生一种统一性和实体”。[②] 这个有关神的生育世界的学说需要与斯多亚主义的物体、形体理论联系起来才能够得到清楚说明。首先神是有形体的，神本身就是质料。神本身是统一的，不存在内与外、

---

① Diogenes Laertius，VII. 148（SVF 2.1022，1132），see in Ibid. 43 *The Scope of Physics*.

② Nemesius 70，6—71，4，see in A. A. Long and D. N. Sedley（eds.），*The Hellenistic Philosophers*，Vol. I，47J.

形式和质料之分。它是完全统一的实体，是外而内、内而外，是不可分离的完全有机的自我，正如水一样，我们没有办法用刀把它分离，是不可能抽离的整体。其次神是有生命的，它的扩张是它的生命所在，它是不断生殖的并且就是生殖本身，如同动植物的枝叶、茎和杆的关系。它也如同人的机体，是内在地生长扩展的。就此而论，宇宙是始终处在内在的扩张过程之中。斯多亚主义的神类似于过程神学所谓的，“创造性是终极的实在，而所有的东西都是它的实例……基本的事物或实体都是一些事件，是时空中的变化过程”。[①]

斯多亚主义关于神的诠释也是关于实体观念的诠释，它改变了古典希腊的二元分立的本原学说。对此，毕泰戈拉的自然学说有一个典型的表述，它认为存在 10 种对立的本原：有限/无限、奇/偶、一/多、右/左、雄/雌、静/动、直/曲、明/暗、善/恶、正方/长方。[②] 随着希腊哲学的持续发展，这张表上可以增加更多的对立的本原，例如无形体/有形体、形式/质料、主动/被动，等等。这些对立本原的表格中，上方的范畴价值上是善的，下方的范畴价值上是恶的。然而，斯多亚主义彻底地颠覆了这种隐含在希腊自然哲学里面的价值判断，上方的范畴不优先于下方的范畴。这样，自然被从伦理的判断中拯救出来成为它自身，实体观念也不是道德上具有绝对善的判断，它只是一个自然观念而已。斯多亚主义通过把自然表述为能动性的主体本身将自然从被动的本原观念中释放出来，赋予自然以生命的本质和生命的连续性。由此，它的实体论与生机论的自然观念获得了统一。

---

① 大卫·雷·格里芬著，孙慕天译：《后现代宗教》，中国城市出版社 2003 年版，第 65 页。

② Aristotle, *Metaphysics* 986a22－b4.

斯多亚主义进一步把生机论的自然神论表述为宇宙的有秩序的自我扩张。就其内部扩张而言，自然由火、气、水和土的相互转换的运动构成。先是火转变为气，然后气转变为水，水又转变为土；这个转变是可逆的，就是土转变为水，水转变为气，气转变为火。[①] 前一个转变是扩张，后一个转变是收缩。[②] 在宇宙扩张和收缩的过程中，有主动原理和被动原理之分。有些元素例如火是主动的，有些原理例如土是被动的。[③] 绝大多数事物都是由某几种元素复合而成，唯有太阳是纯粹的火。火的最精粹的顶端状态是以太，接着是恒星，再接下来是行星，它们都是由以太构成；再接下来是气和水，最后是土，它是万物的中心。[④] 宇宙扩张的外部运动是数量的产生，形成各种具体的存在物。这种宇宙论相当不同于柏拉图和亚里士多德的模式，后者主张宇宙创造是分有的结果，跟着又说分有的差别导致存在物实在性的差别。在这种宇宙论模式中，分有的“比率”成为宇宙创造的最重要原理，从而研究比率最终导向数学物理学。斯多亚主义的宇宙论侧重于描述宇宙形成的物理性环节，把宇宙看成是动态中自身生成的系统。由此宇宙扩张体现神意，宇宙扩张的完整过程就是神的必然性即自然法则的彰显。

斯多亚主义深入分析了生机论与宇宙扩张理论关联的内在性。它认为宇宙各部分的连接是绵延式的混合，不是物理表面的单纯接触，不是伊壁鸠鲁学派的原子间的并置（juxtaposition）。[⑤] 换言

---

① Stobaeus I. 129，2—130，13（SVF 2.413，part），see in Ibid. 47A.

② Galen，*On Natural faculties* 106，13－17（SVF 2.406），See in Ibid. 47E.

③ Nemesius 164，15—18（SVF 2.418），see in Ibid. 40D.

④ Diogenes Laertius，VII. 137（SVF 2.580，part），see in Ibid. 47B.

⑤ Diogenes Laertius，VII. 51.

之，宇宙各部分的连接不只是空间的接触所表述的连接。在那样的复合式的或者物理表面的接触中，仍然是存在着空隙的。然而，斯多亚主义所谓的混合是毫无空隙的，是完全的混合。它用一滴酒滴入大海比喻这种特殊的混合关系，强调这滴酒乃是完全渗透进整个世界。[①] 非常独特的地方是，斯多亚主义认为不同的物体在混合中仍然保持各自的特性，至少它们在理论上是可以相互分开。以帕纽玛（Penuma）与火的关系为例，当帕纽玛是“火”的时候，这是指着“火”与一块烧红了铁的关系说的：“火”弥漫或者说渗透于铁的全部。然而，帕纽玛和火仍然保持着各自的特性。当铁冷却时，火与铁就分离了，它们回到各自的本性里面。宇宙各部分的混合关系也是如此，神就是以这种方式渗透于整个宇宙之中，既是完全融入作为质料的四大元素里面扩张宇宙，又保持着它自身的特性。因此，生机论构成宇宙扩张论的核心含义，斯多亚主义的世界是连续的统一体（continuum）。[②] 这也迥异于伊壁鸠鲁学派的机械论宇宙观，斯多亚主义曾强烈地批评原子论派的自然哲学。[③] 伊壁鸠鲁学派的宇宙论虽然也认为物体学说，虽然也认为宇宙是由原子复合而成的，虽然也强调原子之间的接触，然而它认为不同的物体之间是有空隙存在的，更主要是因为它认为物体的接触只是物理表面的接触。

从生机论的角度来看，斯多亚主义的“神”是一种较典型的泛神论的自然观。然而斯多亚主义的泛神论有其独特形态，它把

① Plutarch，*On common conceptions* 1078e（SVF 2.480，part），see in A. A. Long and D. N. Sedley（eds.），*The Hellenistic Philosophers*，Vol. I，48.

② Alexander，*On mixture* 216，14—218，6（SVF2.473），see in Ibid. 48C.

③ 参看 Keipe Algra etc.（eds），The *Cmabridge History of Hellenistic Philosophy*，p. 392，Cambridge University Press，1999.

自然当作整体来考虑，它所考虑的生成和变化不同于伊壁鸠鲁学派的机械论，后者认为自然是原子之间的分离和复合关系。斯多亚主义认为各种质料之间是完全混合的关系，很难说这是均质的关系，然而是完全交融在一起的。这就是它所谓的一滴酒和海水的关系。斯多亚主义与伊壁鸠鲁学派的不同还在于前者认为宇宙是一个完全连续的整体，这种泛神论在前苏格拉底哲学中是不存在的，在伊壁鸠鲁学派中也是不存在的。伊壁鸠鲁认为宇宙由许多小宇宙构成，小宇宙之间有空隙。斯多亚主义的泛神论虽然也同柏拉图和亚里士多德一样都强调生命的性质，然而它不像柏拉图那样强调灵性的本质，对于雅典人而言，柏拉图的神是无法理解和认信的，这大概也是苏格拉底被控引入新神的原因。因此，无论就自然观而言，还是就神观而言，斯多亚主义都显出其独特性，确如许多研究者所说，斯多亚主义的自然观为斯宾诺莎所继承。斯宾诺莎也认为只存在一个实体即神，这个神也就是自然，具有完全的系统性和连续性，作为广延它是物质世界；作为思维它是心灵世界，物质和心灵是不可分割的整体。[①] 斯多亚主义和斯宾诺莎都强调思想和广延只是物体性或者自然性的两个方面，他们都同意两者体现了自然物体性。

斯多亚主义的宇宙扩张论把“神”作为宇宙自我生成的核心范畴。就像灵魂渗透于人一样，“神”是自我运动的实体，它没有推动者，否则在推动者问题上就会陷入无穷倒退之中。[②] 神是

---

① 柯林伍德著，吴国盛译：《自然的观念》，北京大学出版社 2006 年版，第 128 页。

② Sextus Empiricus, *Against the professors* 9.75—76 (SVF 2.311), see in A. A. Long and D. N. Sedley (eds.), *The Hellenistic Philosophers*, Vol. I, 44C.

绝对主动的，是永恒、不可毁灭的。[①] 这就进一步与柏拉图的创造一本原论和亚里士多德的本体论区别开来，斯多亚主义所谓的神只曾经在赫拉克利特和阿那克萨戈拉的哲学中出现过。然而又不能简单地把斯多亚主义的绝对自我运动的神的观念简单地等同于前苏格拉底的自然哲学，它还受到当时小亚细亚自然哲学的影响。赫拉克利特和阿那克萨戈拉的宇宙本原学说虽然有类似的思想，却没有论述宇宙的扩张和收缩。在这一点上，斯多亚主义显然有所不同。斯多亚主义认为，“神”其实就是自然本身，是自我生长的。“自然就是一种自我运动的尺度，它根据种子的原理在特定时刻完成和维护它的产物。”[②] 这样的自然观念与小亚细亚的生机论是有关系的。生机论认为整个宇宙是一个活的有生命的存在或者动物（zoion），它具有灵魂、是理性的、创造的、活动的和赋予生命的。[③] 小亚细亚的自然观念特别强调自然的整体性或者说整体性的自然，而所谓的自然的生机正是整体性之所谓。前苏格拉底的希腊自然哲学与小亚细亚的东方自然哲学融合起来，才生长出斯多亚主义的特殊宇宙论。因此，斯多亚主义把神表达为自然整体，就是把神表达为诸自然存在物的个体性联结之间的总体性。早期斯多亚主义的思想家主要来自于小亚细亚，他们把这种东方的宇宙论带入希腊化世界，带入到希腊的自然观念之中。由此我们可以看到希腊化时期的哲学属于地中海文明的范畴，不再是单一的希腊城邦文明。这些转变是实质性的，是反

---

① Diogenes Laertius 7.134（SVF 2.300，part，2.299），see in Ibid. 44B.

② Diogenes Laertius，VII. 148（SVF 2.1022，1132），see in Ibid. 43 *The Scope of Physics*.

③ Michael J. White，*Stoic Natural Philosophy*（*Physics and Cosmology*），see in Brad Inwood（ed.），*The Cambridge Companion to the Stoics*，p. 129，Cambridge University Press，2003.

映在哲学观念上面的，导致了新宇宙论的形成。关于斯多亚主义的宇宙论的源头分析表明，西方宇宙论思想的一支（斯多亚主义）不纯粹来自希腊文明，它有东方文明的深厚渊源。

三

除形体主义和生机论之外，斯多亚主义的物理宇宙论还有一个重要特征，也是它的第三个特征就是循环论。斯多亚主义认为宇宙虽然是扩张的，却不无限成长，宇宙扩张是有限界的。斯多亚主义没有正面论说宇宙的边界，这里只能找到两个旁证：第一，它把“限界”作为宇宙物理学的基本原理之一。[①] 这个“限界”有两方面意思：（1）单个物体的个体性在于它具有限界；（2）宇宙整体作为一个物体，它也是有限界的。第二，宇宙的扩张在于它的周期性。既然宇宙有扩张的周期，那么宇宙就是“有限扩张”。当宇宙扩张到某个阶段的时候，它自我毁灭，这就是宇宙扩张的“大年”。当“宇宙大年”到来的时候，整个宇宙会被摧毁，进入另外一轮循环。

斯多亚主义的宇宙循环论有它鲜明的特点：[②] 第一，宇宙秩序不是永恒的。宇宙不会永远不毁灭，摧毁宇宙的是宇宙大火，它的希腊文是 ekpyrosis。宇宙大火把现存的世界转变为火，以至于一切都成了火本身。第二，宇宙大火之后会存在这样一个时期，即除火之外什么都不存在。在火燃尽了世界万物并且自身达到完全的纯净后，它将进入再次的自然生成之中，世界秩序再次形成。

第三，斯多亚主义认为“新”宇宙秩序的形成会经历与

---

① Diogenes Laertius，VII. 132.

② 参看 David E. Hahm，*The Origins of Stoic Cosmology*，p. 186.

"旧"宇宙秩序生成完全相同的过程，"新"宇宙秩序与"旧"宇宙秩序在所有方面完全一致。这包含着双重意思：(1) 宇宙在生成上完全经历相同的时刻和相同的存在形态；(2) 宇宙生成后的形态也是完全相同的。无论宇宙经历多少次生成和毁灭，它们都是同一个宇宙。因此，斯多亚主义的宇宙其实没有新旧之别，它只有"这个"大年内的宇宙和"那个"大年内的宇宙之别。这里，最有意思的是斯多亚主义所引出的时间观。什么是斯多亚主义宇宙循环论视野内的"时间"观念呢？我们可以通过分析斯多亚主义对宇宙循环中事物状态的分析作些解释。对于斯多亚主义的循环论和时间的关系，学者们主要有两种看法：① 一是认为斯多亚主义主张的只是每个事物的身份的重复，"诸"事件在下一个循环里面重新出现时，前一个循环里面出现的"现在的我"与下一个循环里面的"我"只有"数"的同一性。② 例如，在循环论里面，前一个"我"和后一个"我"都是苏格拉底，在这一点上他们是同一的。然而同一个苏格拉底在两个循环里面所经历的事件可能不一样，前一个苏格拉底是饮鸩自尽的，后一个苏格拉底可能战死于沙场。另一种观点认为斯多亚主义的循环是指完全相同的事件和经历发生在同一个个体身上。例如出现在循环中的苏格拉底，不仅指苏格拉底这个人再次出现，还包括他仍旧与刻尼赛帕 (Xanthippe) 结婚生子，仍旧受安尼图斯 (Anytus) 和

---

① Michael J. White, *Stoic Natural Philosophy* (*Physics and Cosmology*), see in Brad Inwood (ed.), *The Cambridge Companion to the Stoics*, p. 142.

② Simplicius, *On Aristotle's Physics* 886, 12 - 16 (SVF 2.627, part), see in A. A. Long and D. N. Sedley (eds.), *The Hellenistic Philosophers*, Vol. I, 52E.

梅勒图斯（Meletus）起诉而饮鸩自尽这些事情的细节。[1] 从现存的绝大多数残篇看，斯多亚主义主张的应该是后一种宇宙周期论。按照尼梅赛乌斯（Nemesius）的记载，斯多亚主义认为当世界重新循环时，它所重复的是和以前一模一样的情况：同样的苏格拉底、同样的柏拉图、他们同样的朋友和同样的雅典公民出现在整个事件中，他们遭遇同样的事情，受同样的苦，生活在同样的城市和村庄。[2] 在宇宙循环里面，没有人会失去他曾经生活的细节，没有人会失去那曾是过去或者未来的内容，因为一个人的生活不可能来自它所不曾有过的其他事件。[3] 如果从这个角度来理解早期斯多亚主义的心灵哲学，我们很容易明白为什么它要教导漠视现存世界只追求心灵宁静的学说，因为谁都不可能逃脱宇宙的命数。既然如此，最好的办法就是接受这种命运。因此，斯多亚主义对生命的态度是受这种宇宙周期循环论决定的。它表明时间不因事件改变，时间就是时间本身，“时间观念被称为圆周或者封闭的，据此任何时间都既是在它自己前面也在它自己后面。在圆周或者封闭的时间中，向前运动最终会抵达一个时刻(未来)，它与现在完全同一；向后运动最终也会抵达一个时刻(过去)，也与现在完全同一”。[4] 斯多亚主义只承认“现在”这个时刻，在人生态度上则强调必须接受当下的处境。在斯多亚主

---

① Origen, *Against Celsus* 4.68, 5.20 (SVF2.626, Part), see in A. A. Long and D. N. Sedley (eds.), *The Hellenistic Philosophers*, Vol. I, 52G.

② Nemesius, 309, 5—311, 2 (SVF2.625).

③ Marcus Aurelius2.14, see in A. A. Long and D. N. Sedley (eds.), *The Hellenistic Philosophers*, Vol. I, 52H.

④ A. A. Long and D. N. Sedley (eds.), *The Hellenistic Philosophers*, Vol. I, p. 312.

义的时间观里面，时间不是由事件构成，也不随事件有所改变，时间只是自我流动并且构成这种流动的刻度。

第四，宇宙秩序是毁灭和复原的永恒循环，它可以用来进一步解释斯多亚主义的时间观。斯多亚主义认为不只存在一个“宇宙大年”，而是存在无限多个“宇宙大年”。在特定的周期内宇宙由太初走向毁灭，每一次毁灭又是新的宇宙大年的开始。在“宇宙大年”中，世界万物都回到它先前的状态。[①] 这就是宇宙复原的思想。在这个思想里面包含着很有趣的两个推论：(1) 世界万物都将回到它的原初，时间的刻度所至正是每一次的原初性重建之时；(2) 万物都将被复兴，因此宇宙秩序是唯一的，并且这个唯一的秩序是好的、合理的，因为它是符合理性（逻各斯）的。学者们认为斯多亚主义的宇宙周期理论受过赫拉克利特“宇宙大年”思想的影响，然而我认为不能过分夸大这种影响。斯多亚主义的宇宙循环学说包含着对“时间”的独到看法，它比其他希腊思想家都更清楚地指出一种非线性的“时间观”，不把时间看作是白天和黑夜的宇宙时钟的相继。从这个角度来说，斯多亚主义的宇宙观有继承亚里士多德之处，后者把时间看作运动；它又不同于亚里士多德，后者认为时间依赖于计算的对象和计算本身。斯多亚主义的时间更为主观，它认为时间仅仅依赖于运动。换言之，唯有运动构成时间的刻度，不存在刻度本身如亚里士多德所说的计算对象或者计算本身。斯多亚主义的循环论也不同于佛教和柏拉图的“轮回”学说，柏拉图和佛教的“轮回”的时间包含着从因和果的关联看待时间的视野，时间其实是因和果的联结关系。斯多亚主义则把循环/时间看成是运动本身，它不把时间看

---

① Nemesius, 309, 5－311, 2 (SVF2. 625), see in A. A. Long and D. N. Sedley (eds.), *The Hellenistic Philosophers*, Vol. I, 52C.

成是运动间事物的关系。

在斯多亚主义之前，希腊哲学已经有关于宇宙物质循环的思想。柏拉图曾用宇宙大火的理论解释文明的兴衰和循环，尽管他不是真正的宇宙循环论者。在《蒂迈欧篇》中，柏拉图谈到梭伦遇见埃及的祭司时，祭司说希腊人只是文明史中的小孩，没有包含任何古老传统，并告诉他："过去现在将来都会有许多人类的毁灭。最重者是火灾和水灾的毁灭……它隐含的真实情况是，那些环绕地球运行的天空物体偏离了轨道，而地球上物体为大火所毁。"[①] 这里所谈到的循环只是人类生灭的循环，不是宇宙的循环。在《克里底亚篇》中，柏拉图也曾提到尊雅典娜（Athena）和赫淮斯托斯（Hephaestus）为共同保护神的善良的人类的毁灭，[②] 那时发生了周期性的大洪水，[③] 这些人类毁于第三次周期性的大洪水。[④] 在《政治家篇》中，柏拉图还提到由天体行星逆转所引发的宇宙灾难和人类毁灭。在此次灾难中，人以外的一切生物全部遭毁灭，人类中只极少数的部分能够幸存。[⑤] 柏拉图把地球或者人类或者生物的毁灭事件主要归于天体运行的变化，《政治家篇》和《蒂迈欧篇》都提到这个思想；他们还把这些毁灭的范围作了限定，他的诸多说法之间存在着不一致性，有时是说人类陷于毁灭，有时说人类之外的生命处于毁灭，有时候说毁灭人类的是大洪水，有时候说是大火，[⑥] 他也没有说毁灭是周期

---

① 柏拉图著，谢文郁译注：《蒂迈欧篇》，上海世纪出版集团、上海人民出版社 2003 年版，22D。

② Plato，*Critias* 109D.

③ Plato，*Critias* 111A－B.

④ Plato，*Critias* 112A.

⑤ Plato，*Politica*，270B－D.

⑥ David E. Hahm，*The Origins of Stoic Cosmology*，pp. 185－186.

性的。《政治家篇》、《蒂迈欧篇》和《克里底亚篇》的这些并不一致的看法说明柏拉图的"毁灭论"不是斯多亚主义宇宙循环论的思想来源，两者的差别多于相似。

毕泰戈拉提出了希腊哲学的第二种宇宙循环论。他的学说主要是在公元前6世纪提出来的，在斯多亚主义的创始人芝诺来到雅典的时候仍然非常盛行。[①] 毕泰戈拉提出了非常严格的文明循环论，他认为在宇宙循环中每个个体出现时都将完全重复相同的历史事件。当时的一些思想家如亚里士多德的学生罗德的优得谟斯(Eudemus of Rodes)和后来的新柏拉图主义者波菲利（Porphyry）都详细介绍过毕泰戈拉的这个思想，说明它很受希腊思想家的关注。芝诺来到雅典后肯定知道并熟悉毕泰戈拉的思想，他甚至聆听过毕泰戈拉学派的有关演讲。从这个角度来说，斯多亚主义的宇宙循环论与毕泰戈拉的学说之间倒有某种重要的直接联系，芝诺和克律西坡都重复过毕泰戈拉的某些观点，例如他们都认为在循环的宇宙中同一事件同一人物都将重复，克律西坡则认为两个或者多个循环的宇宙在数上是同一的，就是说它们是同一个宇宙。

通常的看法是，斯多亚主义的宇宙循环论受赫拉克利特的影响最大。证据是斯多亚主义和赫拉克利特都提到过宇宙大年的观念。赫拉克利特说："……时间……是有秩序的运动，是有尺度、限度和周期的。太阳是这些周期的监视者和保卫者，它建立、管理、规定和揭示出变动和带来一切的季节……这……是指最大的、最有影响的周期。"[②] 赫拉克利特认为宇宙循环的大周期是

---

① David E. Hahm, *The Origins of Stoic Cosmology*, p. 186.

② 这则赫拉克利特的残篇载于普卢塔克《柏拉图问题》第8卷1007B；基尔克《赫拉克利特宇宙论残篇》，第294页，转引自汪子嵩、范明生、陈村富、姚介厚：《希腊哲学史》第一卷，人民出版社1988年版，第516页。

10800年,[①] 它是宇宙循环的“大年”。新近则有学者认为斯多亚主义的宇宙循环论与赫拉克利特哲学的关系被高估了。[②] 一方面，宇宙大年并不是宇宙循环论的主要思想，它只是宇宙循环论的织物上的一颗珠子而已；另一方面赫拉克利特有关宇宙循环的残篇留存不多，经常被引来说明赫拉克利特已经有宇宙循环论思想的残篇其实语意模糊：“这个世界，对于一切存在物都是一样的，它不是任何神所创造的，也不是任何人所创造的；它过去、现在、未来永远是一团永恒的活火，在一定的分寸上燃烧，在一定的分寸上熄灭”;[③] “火浓缩成为气，湿气浓缩为水，水又凝结成为土。这个过程叫做下降之路。反过来，土又熔解为水，从水形成其余的一切。他几乎将每一事物的产生都归于海的蒸气。这个过程就是上升之路”;[④] “万物借浓聚化和稀薄化从火产生，又重新化解为火，这个东西［火］乃是唯一的本原。所以赫拉克利特说，万物都是火的转换。他认为宇宙的转化是按照不可避免的必然性，是有一定的秩序和确定的周期的。”[⑤] 诸如此类的残篇所讲论的其实都是物质之间的转化，如果不是先行持有宇宙循环论的观点，恐怕很难从赫拉克利特本身的论述中得出宇宙循环论的论断。[⑥] 这个观点当然有它的合理性，斯多亚主义与赫拉克利特的不同确实必须给予足够的重视。斯多亚主义是从宇宙循环论来阐释物质的转化和扩张，而赫拉克利特则是从物质的转化来讨

---

① 汪子嵩、范明生、陈村富、姚介厚：《希腊哲学史》第一卷，人民出版社1988年版，第516页。

② David E. Hahm, *The Origins of Stoic Cosmology*, pp. 187—188.

③ 《西方哲学原著选读》(上卷)，商务印书馆1981年版，第21页。

④ DK22B31，译文见于姚介厚《古代希腊罗马哲学》(上)，第135页。

⑤ DK22A5，译文见于姚介厚《古代希腊罗马哲学》(上)，第134页。

⑥ David E. Hahm, *The Origins of Stoic Cosmology*, p. 188.

论物质的循环。不过如果完全否定赫拉克利特有宇宙循环论的思想，似乎也有失偏颇。可以说斯多亚主义的宇宙循环论的思想来源非常复杂，它没有单一的思想源头。赫拉克利特的宇宙大年学说、毕达哥拉斯的学说以及柏拉图的某些论述可能对斯多亚主义都有影响，然而斯多亚主义把宇宙循环论作为基本的图景，并以此为出发点来讨论元素的构成和转化，则确实是它的独特之处。

斯多亚主义的宇宙循环论有一个思想上的直接敌人，它的批评所向直接针对柏拉图尤其是亚里士多德发展出来的永恒宇宙观念。[①] 在亚里士多德之前，柏拉图已经有永恒宇宙的观念。在谈到得穆革创造宇宙时，柏拉图说："我们应该承认只有一个宇宙，还是要承认多个甚至无限多个宇宙呢？……为了使宇宙相像于这绝对的生命体，造物者也不会创造两个或两个以上的宇宙出来；否则的话不会破坏宇宙的惟一性。"[②] 又说，"当造物者在心里想好了灵魂的全部构造时，他就开始造物体性的存在，然后使两者结合为一体，紧密相连。这灵魂于是遍布于天体的中心和边缘，把天体包含在内，作自我运动，引发了永不间断的有智慧的生命的开始。这生命体在时间上是永恒存在的"。[③] 在这些思想论断中，柏拉图肯定只有一个宇宙并且它永恒存在。"造物者造了一个这样的有运动、有活力的生命体，就等于给不朽的诸神立殿。于是，他高兴地决定仿照她而造一个摹本，使之与原本相像。因为原本是永恒的，所以他把宇宙也造成尽量是永恒的"，[④] 这是直截了当地肯定宇宙的永恒性的。亚里士多德作了更有力的论

---

① 参看 David E. Hahm, *The Origins of Stoic Cosmology*, pp. 189—192.

② 柏拉图著，谢文郁译注：《蒂迈欧篇》，31A—B。

③ 同上书，36E。

④ 同上书，37C。

证，他先是提出了世界的生成和消灭的三种观点，指出所有思想家都同意世界是生成的。他接着问道：生成之后的世界是如何的呢？有人认为是永恒的，有人认为是可以消灭的，有人认为它是交替变化的。[①] 在一一考察了上述三种看法后，亚里士多德认为这个受造的宇宙整体是永恒的，发生变化和灭亡的只是其部分。亚里士多德说生成消灭的只是它的排列，而不是这个世界。[②] 古典希腊的永恒宇宙的观念至此得出其清楚完整的论断。

斯多亚主义坚决反对宇宙永恒存在学说，它吸收和反思古典希腊的宇宙论是以此来衡量它与其他思想资源的关系的。斯多亚主义是先有清晰的宇宙循环论，再发展出他们对哲学史的阐释。在这种阐释视野中，毕泰戈拉、赫拉克利特和恩培多克勒才得到重新定位。也正是出于这种彻底的宇宙循环论立场，斯多亚主义的学说不是在重复其他人的看法，他们提出的完全是他们自己的看法。斯多亚主义所提出的宇宙循环论也不能归为早期哲学史的某种类型的循环论，它是一种新的循环论。

还需要说明的是斯多亚主义的循环论与决定论的关系。斯多亚主义的循环论能否理解为决定论呢？西方学者是有争论的。A. A. Long 和 D. N. Sedley 认为，从斯多亚主义主张宇宙循环论不能推出斯多亚主义坚持决定论，循环论和决定论之间还有一定的理论距离。[③] 斯多亚主义不认为永恒循环是机械式的因果链条。神是至高理性的代表者，宇宙大火是神意无所不在的体现。在永恒的宇宙循环中，除了神作为原因存在之外，宇宙循环的所

---

① Aristotle, *On the Heaven* 279B13—18.

② Ibid., 279A23.

③ Michael J. White, *Stoic Natural Philosophy* (*Physics and Cosmology*), p. 143.

有环节都不是“因”，由此也就不存在“果”。唯有神是“因的关系”，任何所谓“因的关系”都是神圣意志和神意的设定。[①] 由于一切事物都只存在于“现在”，也就不存在决定与被决定的状态，而只有该物呈现为该物的状态。Long 和 Sedley 的这个观念需要作些解释才能够为人所理解，它所真正指向的是关于时间的双重理解：第一，它不从“前”和“后”看“时间”，它把“时间”完全看作“现在”。在看待“过去”和“未来”时，斯多亚主义认为，它们都是已经抵达或者最终抵达的“现在”。这样“因”和“果”的时间性关系在斯多亚主义学说中是不存在的，所有的只是已经抵达为现实或者尚未抵达为现实的差别而已。第二，“神”完全同等均质地在宇宙里面存在，这是斯多亚主义的生机论。既然如此，神就是唯一的因，任何事物之间的因果关系就不存在。无数个宇宙之间的重复和循环则是预先决定的，它不表示两个或多个宇宙之间存在因果关系。然而，也有学者对斯多亚主义的决定论和循环论的这种否定理解持反对的意见，Ricardo Salles 认为，斯多亚主义的循环论就是决定论。他通过非常具体复杂的论证证明不仅无限个宇宙之间的重复可以理解为预先的决定论，一个宇宙演化过程中发生的也是被决定的。“正统”的斯多亚主义主张宇宙内部的决定论，他们认为什么因能够产生什么果，所倾向的是一种规则性的决定论。[②] 我倾向于认为斯多亚主义是主张宇宙决定论的。说斯多亚主义持宇宙循环论与说斯多亚

---

① A. A. Long and D. N. Sedley (eds.), *The Hellenistic Philosophers*, Vol. I, p. 311.

② Ricardo Salles, *Determinism and Recurrence in Early Stoic Thought*, see in David Sedley (ed.), *Oxford Studies in Ancient Philosophy* Vol. XXIV, pp. 269—270, Oxford: Oxford University Press, 2003.

主义持宇宙决定论并不矛盾，前一个观点讲的是数个或者两个宇宙之间的重复关系，后一个观点则主要是指一个宇宙内部事物之间发生的关系。前一种关系讲的确实是某个现在都是已经被预计好的“抵达”的不变时刻，后一种关系讲的则是宇宙事物内部的相生关系。斯多亚主义既主张一种大时间尺度的永恒时刻，也主张同一宇宙内部时间观念的连续性关系。从后者来说，事物之间的因果关系确实存在，事物之间也确实存在决定与被决定的关系。

四

在阐释斯多亚主义的宇宙扩张论和周期论时，我已经反复提到“神”和“物体”两个术语的重要性。现在需要把这两者结合起来去进一步探讨斯多亚主义物理哲学的基础，斯多亚主义也正是通过结合这两者来建立它自身的物理宇宙论典范，以反对柏拉图和亚里士多德的数学或者形式宇宙论，后两者都认为宇宙的第一原理是“无形体的”。斯多亚主义则认为宇宙的任何要素都是“物体”，是形体性的存在，神也是如此。据此，斯多亚主义完全是从物理性的角度考虑宇宙的第一原理。

斯多亚主义认为“神”就是“火”，这明确了神是物体的具体含义。斯多亚主义区分了两种类型的“火”：一种是直接的火自身（undesigning fire），它把用来燃烧的质料完全地转换成了它自身；另一种是设计的火，它是生长和保存。[①] 二者是同一种火，就所属阶段来说前一种火是火本身，是纯粹的宇宙大火，还没有处在演化的阶段；后一种火则是世界的种子，它创造世界并且根据命定的秩序使万物发生。神/宇宙大火是世界的种子，它

① Stobaeus，1. 213，15－21（SVF 1. 102，part），see in A. A. Long and D. N. Sedley（eds.），*The Hellenistic Philosophers*，Vol. I，46D.

先使湿气停留下来，使质料能够为它创造宇宙服务。[①] 斯多亚主义认为纯粹的火先从自身产生出湿气，然而这不是创造，它是来自火本身的固有原理，这包含着极为辩证的看法，体现出他们对于生命形成的经验观察。纯粹的宇宙大火的第一步创造了水、火、土和气四种质料。[②] 这后一个“火”不同于“宇宙大火”，它是被创造的质料。

斯多亚主义对这两种火所作的区分还可以从它对于宇宙循环的间歇期所作的论述来理解。有一个问题值得关注：斯多亚主义为什么不认为宇宙大火会一直燃烧下去，而在燃尽质料之后又进入宇宙演化呢？因为如果是这样的话，宇宙循环就不存在了。西方学者 Jaap Mansfeld 注意到斯多亚主义对此所作的说明。首先，斯多亚主义主张有限的宇宙论，它不倡导无限宇宙论；其次，斯多亚主义认为世界的质料是有限的，因为有限的宇宙只能包含有限量的质料，它只可能是有限的质料构成的。是质料就有燃尽的时候，它不可能无限地燃烧下去。从这个角度来说，曾有一个时期宇宙不处在循环之中，而是处在燃烧的平静期。[③] Ricardo Salles 则为此提供了更进一步的论证，他指出斯多亚主义认为火或者神有一段时期处在与它的本性相反的时期，也就是与其活动本性相反的时期。[④] 这种相反时期的克服就是大火燃烧的

---

① Diogenes Laerius 7. 135－136（SVF 1. 102，part） see in A. A. Long and D. N. Sedley（eds.），*The Hellenistic Philosophers*，Vol. I，52B.

② Ibid..

③ Keimpe Algra，Jonathan Barnes，Jaap Mansfeld and Malcolm Schofield（eds.），*Cambridge History of Hellenistic Philosophy*，pp. 467－468，Cambridge University Press，1999.

④ Ricardo Salles，*Determinism and Recurrence in Early Stoic Thought*，see in David Sedley（ed.），*Oxford Studies in Ancient Philosophy* Vol. XXIV，p. 257.

过程。大火的燃烧说明了在统一性里面对立性的解决，这些都能够论证两次宇宙循环之间宇宙大火发生的必然。这也就是直接的非创造性的火自身的本性，它是处在燃烧尽质料时期的火的自燃，它不产生某种东西，它的本性宁静，它保持自身，它不扩张到火这种质料的外面。

至于设计性的或者说创造性的火就不是这个样子，从斯多亚主义对于世界的创造的描述可以看得出它的这个主张。世界是由实体构成的，实体的形成就是世界的形成。那么实体是如何形成的，斯多亚主义认为是火借着气转变为潮湿。潮湿的稠密的滞重的部分就成为土，精微的部分就进一步稀薄化成为气，再进一步稀薄化就产生火。动植物和其他的宇宙万物就是它们混合的结果。[①] 我们可以看到设计性的火是从燃料燃尽质料之后开始活动和转化的。它先是转化为气然后由气转变为水。在这个阶段，有一部分仍然是水的状态，但是其余的水通过三个不同的过程转化自己：一部分水通过稠密化产生出土；一部分比较轻微的部分通过稀薄化产生为气；另一部分更精微的部分产生为火。宇宙万物就是由它们混合而成。[②] 设计之火是创造性的、活跃的和主动的，它具有自我扩张的能力，是包含着种子的原理。一切世界万物都从它的种子而出。

我们还可以再仔细分析，斯多亚主义的神/宇宙大火包含两个值得注意的物理学描述：第一，柏拉图和亚里士多德都认为创造者与被创造者之间存在间断，斯多亚主义则认为宇宙之火创造

① Diogenes Laerius 7.135－136.

② Ricardo Salles, *Determinism and Recurrence in Early Stoic Thought*, see in David Sedley (ed.), *Oxford Studies in Ancient Philosophy* Vol. XXIV, p. 257－258.

宇宙的时候与被造的宇宙是连续的；柏拉图和亚里士多德认为神是创造者，是纯形式，是非质料的，他与受造者有根本的区别，斯多亚主义则认为受造的万物从宇宙之火本身中产生出来，世界本身也不与宇宙大火/神相分离。① 因为宇宙大火/神本身就是“物体”，物体之间构成连续的统一体或者连续统，所以神与其他物体不可能分开。所谓物体，就是有着长、宽和高的三维向度也有着界限的有形体的存在者。② 斯多亚主义的物理学富有现代物理学的精神，它认为宇宙之初，其“火”（帕纽玛）尽管非常精微，还是有长、宽、高三维。

第二，斯多亚主义认为神是世界的“种子”，这不是指神被“种”在世界里面，而是指它把自己的成熟（maturation）遗留在里面，它自己的生命史与它所创造的宇宙有同等的广延。神作为世界的种子不是一个可以与质料分离的原理独立发挥作用，它也不认为有一个时刻神曾在质料之外。设计之火指的是有生命事物里面的生命原理，它是贯穿于自然万物中的维护性原理，因为宇宙和质料永恒地连接在一起，宇宙就不可能不拥有生命之火。③ 斯多亚主义的这个物理学原理不是来自于希腊，甚至与前苏格拉底的物理学都相当不同。前苏格拉底的思想家中，恩培多克勒和阿那克萨戈拉都持种子说，然而他们都把它看作是一种精

---

① Plutarch, *On Stoic Self-contradictions* 1053B (SVF2. 605, part), see in A. A. Long and D. N. Sedley (eds.), *The Hellenistic Philosophers*, Vol. I, 52F.

② Diogenes Laerius 7. 135 (SVF 3, Apollodorus 6, part) see in A. A. Long and D. N. Sedley (eds.), *The Hellenistic Philosophers*, Vol. I, 45B.

③ A. A. Long and D. N. Sedley (eds.), *The Hellenistic Philosophers*, Vol. I, p. 278.

神性的理智原理，斯多亚主义则认为灵魂也是“物体”，有长、宽、高三维，因为灵魂害羞或恐惧时，脸就会变红或变白。[1] 斯多亚主义在种子和物体的成熟之间所建立的共同广延的关系，使得它的连续统概念得到更清楚的论证。

斯多亚主义把神/宇宙的原初之火看作是“物体”，是出于物理学家的物理学视野，而不是数学家的物理学观念。毕泰戈拉和柏拉图，包括亚里士多德，都是从无形体性的本体来讲世界的创造，因为他们认为几何（无形体性存在）是形体性世界的根据，无形体性是形体性的根据。斯多亚主义坚决反对这种希腊数学物理学的立场，坚持认为当物体间发生相互作用时不可能不接触，而接触是实体之间发生相互混合的联系，因此必定是出于物体间的接触才有宇宙扩张所需要的混合。它进而认定这种互动关系应用于世界的部分和整体时，其程度和实质是相同的。它据此认为宇宙大火均匀地作用于物体，世界物体间的联结具有完全的一致性。[2] 宇宙大火的均匀分布使得事物的接触包含着外表面的交接空隙所不能注意的绵延关系，那种绵延当然是有形体的，然而它是帕纽玛的渗透，必须从帕纽玛的角度才能得到合理的解释。

神/宇宙大火是世界的开始，贯穿在宇宙的整个扩张过程中。它始终在世界创造的质料里面，它本身也是物体，不是超然于质料之外的柏拉图的创造者得穆革和亚里士多德的第一推动者。在经过一定的扩张宇宙周期后，宇宙必然回到大火的状态。宇宙大火既是世界的起始也是世界的终了，任何一个现存的宇宙都是处

---

① Nemesius 78，7—79，2（SVF1. 518，part），see in A. A. Long and D. N. Sedley（eds.），*The Hellenistic Philosophers*，Vol. I，45D.

② A. A. Long and D. N. Sedley（eds.），*The Hellenistic Philosophers*，Vol. I，p. 274.

在两场大火之间，整个世界都将在大火里面被“摧毁”，[1] 但是它又必然得到完全恢复，因此这个“摧毁”不同于日常意义所说的由“有”归入“无”的状态，它是一种“自然的变化”，是从“有”到“有”的转变。这是将斯多亚主义的连续的统一体观念彻底贯穿在宇宙物理学的表现。它把宇宙大火看作是apokatastasis，就是星辰在宇宙中抵达它们被造时的那个原先的位置后，会借着一场宇宙大火重新创造。[2] 斯多亚主义坚持宇宙在两场宇宙大火之间重复的物理学意义在于发展出了“非单一世界”永恒延续的新观念。几乎所有的古典希腊自然哲学都主张世界的单一性，“这个世界”无限扩张、永恒持续存在。斯多亚主义不同意这样的看法，它认为世界的永恒性在于重复同样的秩序，宇宙大火把现在的世界带向终了，又完全地在它的智慧和善里面以最好的方式追求世界秩序的重建。[3]

因此，相比较于柏拉图和原子论学派的古典希腊两大自然哲学范式，斯多亚主义提出了一种新宇宙论典范。它的主要内容包括：第一，与古典希腊物理学贬低自然界的真实性不同，斯多亚主义认为唯有物体才是真实的，一切存在物都是物体，即有形体的有可能接触的物理表面的存在物。这种实体论的宇宙论把自然界从古典希腊思想家所贬低的自然是影像的影像的观点中拯救出

---

① Alexander Lycopolis 19，2－4；Eusebius，*Evangelical Preparation* 15.18.2（SVF 2.596，part），see in A. A. Long and D. N. Sedley (eds.)，*The Hellenistic Philosophers*，Vol. I，46I，46K.

② Morwenna Ludlow，*Universal Salvation: Eschatology in the Thought of Gregory of Nyssa and Karl Rahner*，pp. 39－40，Oxford University Press，2000.

③ A. A. Long and D. N. Sedley (eds.)，*The Hellenistic Philosophers*，Vol. I，p. 279.

来，强调自然界是唯一真实的实存，为西方现代早期天文学研究提供了实体论基础。第二，斯多亚主义的实体论又不同于原子论的机械论，它强调宇宙诸部分绵延相生的内在扩张，包含了对于物质自我运动之于宇宙演化的辩证看法。希腊哲学常把辩证法看成是理念世界的运思方式，然而斯多亚主义则阐释了物质自我演化中的具有内在的理智性活力的自我转换关系，以此种方式阐释了宇宙大火那个时刻的辩证的物理过程。第三，以此为基础，斯多亚主义认为宇宙的扩张是周期性的。以宇宙大火为载体的物质的自我生成，经历了水、火、土和气四大元素被耗尽的过程。然而宇宙没有就此进入死寂状态，基于生机论的观点，宇宙将回到宇宙大火状态，进入另一个扩张周期，改变了希腊自然哲学所主张的只存在单一世界的宇宙论。总体而论，斯多亚主义的宇宙论既继承了希腊尤其是前苏格拉底的物理思想，还受到当时小亚细亚自然哲学的影响。此时的西方科学进入到更多元的地中海文明时代，西方的科学哲学从中形成了新的视野，并给西方现代早期的自然哲学带来新的格局。

第二节 斯多亚主义的自然哲学原理

我们已经对斯多亚主义的物理宇宙论作了总体的讨论，本节则要论述斯多亚主义的自然哲学的具体内容，详细地阐释它的七大原理。本节将围绕斯多亚主义的“物体”观念，说明“物体”原理与其他原理之间的关联。

一 物体

在斯多亚主义的自然哲学的七大原理中，“物体”是最基本的原理。关于“物体”原理的描述以及在物理宇宙论中的运用，斯多亚主义都有其自身独特的看法，与此前所有哲学流派的观念都有所不同。斯多亚主义之前的自然哲学，包括伊壁鸠鲁学派（它也主张世界是由物体构成的），都认为或者部分地认为作为世界本原的本体是无形体的。我们无须再去讨论柏拉图和亚里士多德的本体学说，只需略为提及伊壁鸠鲁学派，它所谓的物体包含无形体的物体的含义。然而，斯多亚主义认为一切事物必须都是“物体”，也就是说一切都必须是形体性的。斯多亚主义关于物体的这种看法，确定了其自然哲学的其他六大原理的特征：主动原理和被动原理、元素（水、火、土和气）、神、限界都属于“物体”，唯有处所、虚空（kenon）、时间和 lekta（莱克顿）属于无形体事物。那么，什么是物体和非物体（处所、虚空）的区别？我们先来看斯多亚主义关于虚空的阐释。

在有关“虚空”的讨论上，斯多亚主义与伊壁鸠鲁学派颇多相似之处。伊壁鸠鲁学派把虚空作为物体之外的独立原理。例如，伊壁鸠鲁认为“存在总体由物体和虚空所构成”。[①] 卢克来修也说：“宇宙的本性是：就其自身而言，它由两种东西组成，因为存在着物体也存在着虚空……在自然中再也找不到从本性上与物体和虚空完全无关的第三种东西。”[②] 这些都是肯定虚空作为宇宙的基本元素的，它与原子一起构成宇宙。因此，斯多亚主义和伊壁鸠鲁学派都把虚空当作真实的、独立的原理。

在有关“虚空”的定义上，斯多亚主义和伊壁鸠鲁学派也有

---

① 伊壁鸠鲁著，包利民等译：“致希罗多德信”（论自然纲要）3，《自然与快乐：伊壁鸠鲁的哲学》，中国社会科学出版社 2004 年版，第 5 页。

② 卢克来修著，包利民等译：“万物本性论”1.3，同上书，第 72—73 页。

相似之处。伊壁鸠鲁学派称虚空是“无法接触的实体”[①]，斯多亚主义的论述是：“虚空必具有一种实存（hypostasis/subsistence）。这个观念非常单纯，因为它是无形体的和无法接触的，它既不具有形状也不呈现出形状，它既不在任何方面作用也不在任何方面被作用，它单单只接受物体。”[②] 然而，斯多亚主义关于虚空的观念与伊壁鸠鲁学派也有不同。伊壁鸠鲁学派没有完全分清虚空（kenon）、处所（topos）和空间（chora）的运用，卢克来修把它们相提并论，“存在着一个不可触摸的空间、虚空和空无”。[③] 伊壁鸠鲁也把虚空称为空间，“对于无限空间，我们不能称呼它的‘上’和‘下’，好像它有绝对的最高点和最低点似的”。[④] 卢克来修和伊壁鸠鲁把处所与空间、虚空混用，表明“处所”的概念没有定型。学者们由此认为希腊哲学还没有准备好与“处所”相对应的术语。[⑤] 然而，斯多亚主义改变了这种状况，它对这些概念有较清楚的认识。斯多亚主义把处所定义为“（1）完全被所是者占有的；或者（2）能够完全被所是者占有，并且完全被所是者占有，无论这所是者是某事物或者是某些事物(eite hypo tinos 〈eite〉 hypo tinon)”。[⑥] 简言之，处所与某个具

---

① 伊壁鸠鲁著，包利民等译：“致希罗多德信”（论自然纲要）3，《自然与快乐：伊壁鸠鲁的哲学》，中国社会科学出版社2004年版，第5页。

② Cleomedes，*Caelestia* 8.10－14.

③ 卢克来修著，包利民等译：“万物本性论”1.2，见《自然与快乐：伊壁鸠鲁的哲学》，第70页。

④ 伊壁鸠鲁著，包利民等译：“致希罗多德信”（论自然纲要）5，见《自然与快乐：伊壁鸠鲁的哲学》，第12页。

⑤ Keimpe Algra，Jonathan Barnes，Jaap Mansfeld and Malcolm Schofield（eds.），*Cambridge History of Hellenistic Philosophy*，p. 396.

⑥ Stobaeus，1.161.8－11.

体物体是完全同一的。处所必须完全包围着物体，不留下任何空隙。空间则是指“或者它是（1）较大的事物，能够为所是者占有，像一个物体的较大的容器，或者（2）是一个足够容纳较大物体的空间”。[①] 学者们认为，所谓“较大的”是说空间要大于它所容纳的物体。[②] 换言之，空间在容纳物体后还留出了多余的空隙。由此我们可以看到斯多亚主义在虚空、处所和空间之间所作的清楚区分：虚空是空无；当它完全被物体容纳即该物体占有全部的空无时它就是处所（这里要注意斯多亚主义没有说虚空成了处所，而是说虚空被赶走后，有处所来占领）；当这样的容器大于所容纳的物体时，它就是空间。虚空则永远在宇宙之外，或者说在物体之外。它是完全无物的状态，完全没有形体。它也就不是物体。既然如此，物体就不会在虚空里面。在这里我们可以看出斯多亚主义与伊壁鸠鲁学派的不同。伊壁鸠鲁学派认为如果没有虚空，就不能够构成宇宙，因为没有虚空物体不能够构成。然而斯多亚主义则认为物体是完全连续的统一体，如果物体里面有虚空，那么就不存在物体了。有意思的是，斯多亚主义肯定空间是中间性的概念，是较处所更大的概念。那么我们需要问空间余下的那部分是否是虚空？按照斯多亚主义的推论，显然这不是虚空。那么这是什么呢？斯多亚主义认为空间是容器。容器虽然是空无的，然而不是虚空的纯无状态，而是能够被引入进去的包围状态。从这个角度来说，虚空也在空间外面。空间一方面具有处所的性质，另一方面空间又包含着虚空的外在性。它是一个综合性的概念。在这一点上，斯多亚主义既接受柏拉图的处所式的

---

① Stobaeus，1.161.8－11.

② Keimpe Algra，Jonathan Barnes，Jaap Mansfeld and Malcolm Schofield (eds.)，*Cambridge History of Hellenistic Philosophy*，p. 396.

空间概念，就是容器和接受器的理解，又拒绝柏拉图对于虚空的理解。谢文郁教授对此有很好的解释："空间也就是载体。这个词的原意是容器，接受者，提供场所；通常用于邮局、办公室以及那些能容纳人的地方。柏拉图用空间来指称载体有比喻说明的意思在里头。在他的描述里，载体是无形无性的。"[①] 斯多亚主义接受了空间的无形体性，又从接受器的角度理解这种无形体性。这是受了柏拉图的影响。虚空则不是接受器，虽然它是无形体的，因此虚空被排除在宇宙之外，虽然它也是物理宇宙论的构成部分。

以此为参照，我们再来说明斯多亚主义的"物体"原理。与伊壁鸠鲁学派不同，斯多亚主义认为占有空间的是"物体"，物体不占有虚空。物体是空间里面的"所是者"，也可以说物体是充满者。这个充满者总是与虚空、处所和空间的观念联系在一起，因此它必然具备长、宽、高三维。这样，"物体"和实体的概念是相联系的，长、宽、高就是"物体"这个语词的实际意思。"根据阿波罗多洛的《物理学》，物体就是有着三维——长、宽和高；这就是所谓的坚固的物体。"[②] 斯多亚主义关于"物体"的了解具有空间性，它有几何学的形态在里面，因为长、宽、高是对空间的几何描述。这也表明空间与虚空的不同，斯多亚主义所谓的虚空是一个纯然不可塑造的状态也不可以用它来塑造其他物体。在空间性这个问题上，斯多亚主义对亚里士多德对"物

---

① 柏拉图著，谢文郁译注：《蒂迈欧篇》注释 44，上海世纪出版集团 2003 年版。

② Diogenes Laertius7. 135（SVF 3 Apollodorus 6，part）. see in A. A. Long and D. N. Sedley（eds.），*The Hellenistic Philosophers*，Vol. I，45E.

体”的理解也有所继承，后者曾经指出“物体”是在各个方向都扩展的存在物，[①] 物体性在于其广延性。然而，斯多亚主义还加了一重描述，他们称之为“坚固”。这个表述是物理性的，表明了斯多亚主义的物体观念与亚里士多德的区别，突出了物体的形体性。

斯多亚主义认为世界万物只要是存在的，就必定是物体，就必是有形体的。这是斯多亚主义的自然哲学与柏拉图和亚里士多德的根本不同之处，“在无形体的事物完全不可能是任何事物的作用者这一点上，芝诺也与同样的哲学家［柏拉图主义者和漫步学派（Peripatetics）］区别开来，因为唯有物体才能作用和被作用”。[②] 斯多亚主义从物理相互作用的可能性角度来理解何以物体必须是有形体的，因为没有形体的事物不可能相互作用。这能够解释斯多亚主义主张形体主义的理论意图，它与伊壁鸠鲁学派的学术出发点有所不同。伊壁鸠鲁学派以及它所继承的希腊的古典原子论学派从本原论角度切入，姚介厚教授认为：“德谟克利特提出原子论的科学假设，主要出于总结、综合与升华早期希腊哲学的本原说而作的径直的科学论断”，又指出伊壁鸠鲁学派为这个论说增加了伦理学的目的，“伊壁鸠鲁的原子论并不是纯粹科学意义的自然哲学，而有鲜明的伦理学目的，他在自然哲学的阐发中渗透着浓烈的伦理学意义，并不热衷于作展开、纵深的自然科学研究”。[③] 这个观察是准确的，伊壁鸠鲁学派确实是从本

① Aristotle，*Physics* III. 5. 204b20.

② Cicero，*Academica* 1.39（SVF 1.90），see in A. A. Long and D. N. Sedley (eds.)，*The Hellenistic Philosophers*，Vol. I，45A.

③ 姚介厚：《古代希腊与罗马哲学》（下），江苏人民出版社 2005 年版，第 878 页。

原论的角度描述原子论的。斯多亚主义提出“物体原理”的起因则是出于作用和被作用、出于物体运动之可能原因的考虑，这些考虑则主要是物理学的。由此，斯多亚主义从纯物理学角度描述了物体间完全一体的连续运动关系，矫正了古典希腊自然哲学的二元性的本原论。

为什么这样说呢？斯多亚主义虽然对于空间的理解包含着某种几何性，然而它只是一个附带的观点。它并不特别看重自然哲学的数学属性，而是更倾向于从物理性描述物体性。它的物体观念是物理学家的物体观念，其文本依据是斯多亚主义认为“三维和抵抗力（resistance）是物体的唯一定义”。[①]“抵抗力”这个概念强调物体的相互作用必须具有可接触的界面，如果没有界面，那么物体之间不可能相互作用。既然作用者和被作用者一定要有共同的界面，那么无形体性不可能是物体的特性，“他（克里安特）也说：没有无形体的事物可以与一个物体相互作用，也没有物体能够与无形体的事物相互作用”。[②] 柏拉图和亚里士多德这些思想家所谓的一切无形体事物其实都是有形体的。例如灵魂，斯多亚主义认为也是物体，“现在当灵魂生病和被伤害的时候，灵魂和身体就相互作用……因此灵魂是一个物体”。[③]“（1）克律西坡说死亡是灵魂从身体的分离。（2）现在没有任何无形体的事物是与一个物体分离的。（3）因为一个无形体的事物不可能与一个物体形成接触。（4）但是灵魂既能够与物体接触又能够与它分

① Galen, *On incorporeal qualities* 19.483.13－16 (SVF 2.381, part), see in A. A. Long and D. N. Sedley (eds.), *The Hellenistic Philosophers*, Vol. I, 45F.

② Nemesius 78.7—79.2 (*SVF* 2.790, part), see in Ibid. 45C.

③ Ibid..

离。(5)因此灵魂是一个物体。”① 身体与灵魂的分离是物体间的分离，唯有两者是物体，分离才是可能的。因为分离是指它们原先有一个共同的接触界面，界面/限界是有形体的。如果没有这个限界，接触就不可能发生；如果接触不可能发生，那么也就谈不上分离。斯多亚主义的这个论断显然反对古典希腊自然哲学的二元论，后者分出形体性和无形体性，从而肯定精神/形式在物理中的优先性，进一步演化为数学和几何学的物理学。最典型的当数柏拉图和亚里士多德，也包括恩培多克勒和阿那克萨戈拉。虽然恩培多克勒和阿那克萨戈拉持形体主义的思考进路，然而他们在肯定宇宙形成的动力时也走向精神的方面。因此，斯多亚主义既反对柏拉图和亚里士多德，也与早期希腊自然哲学的质料学说保持了距离，它有其独特的理论内涵。

总体而论，斯多亚主义的物体观念表现出了它对于古典希腊自然哲学的比较彻底的反思，从中形成自己的自然哲学。它可能接受过前苏格拉底、柏拉图和亚里士多德的某些观念，然而其物理学却与他们有根本的区别。斯多亚主义关于“物体”的看法就是起源于这种反思意识和问题意识，并最终走向古典希腊自然哲学的对立面，它完全站在希腊主流自然哲学表达即毕泰戈拉—巴门尼德—柏拉图（部分也包括亚里士多德）的对立面。柏拉图这一支希腊自然哲学都主张无形体性的存在才是世界的本原。毕泰戈拉的“数”，巴门尼德的“存有”，柏拉图的“理念”和亚里士多德的“第一推动者”，都是指纯形式的存在。柏拉图在《蒂迈欧篇》中更是用几何学原理建构他的宇宙论体系，强调质料的全然的被动性。从这个方面来说，斯多亚主义确实较接近于前苏格拉底自然哲学中的物体主义，这就是从米利都学派、赫拉克利特

① Nemesius 81.6—10（*SVF* 2.790，part），see in Ibid. 45D.

到南意大利学派发展出的粒子观念。首先，他们确实认同作为宇宙本原的是这些学派所认为的“物体”，就是柏拉图在《智者篇》中所讲的巨人与诸神的战斗中的“巨人”。[①] 柏拉图形象地描述这一派的自然哲学为试图把无形体的世界拉到大地之上，认为这些作为本原的东西就像手可以接触石头一样能够触摸。因此，他们把真实的存在看作是与形体性等同的事物，[②] 他自己和另一派则主张真正的实在是可理知的无形体的存在（理念）。[③] 然而也必须注意到从物体主义到形体主义还需要进一步的阐释，两者不是可以随便画上等号的。斯多亚主义所赋予“物体”的特殊看法使得它在接受前苏格拉底自然哲学的某些观点的同时又与他们区别开来。原子论者认为原子的规定性只有光滑、大小等量的规定性，德谟克利特等则赋予这些光滑原子以精神性的品质，他们以一种特殊的无形体性从物体的作用和被作用的角度进入古典希腊的自然哲学。斯多亚主义深刻地洞察到前苏格拉底自然哲学所蕴藏的这种隐秘的无形体性原理，它架起了从前苏格拉底到柏拉图和亚里士多德自然哲学之间的桥梁。斯多亚主义从彻底的形体主义的角度，拒绝了这种无形体性的“暗渡”，从而也拒绝了前苏格拉底的自然哲学。

二 四大元素和质料

斯多亚主义认为物体由元素构成，当然元素本身也是物体。要解释物体，必须要说明“元素”的本性和具体内涵。依据克律西坡的解释，“元素”包含三种意义：（1）火。火是元素之元，

① Plato，*Sophist* 246A.

② Plato，*Sophist*246A－B.

③ Plato，*Sophist*246C.

其他元素皆出自于它。一方面，三元素（水、气和土）都由火构成；另一方面，三元素最后也融解为“火”，“宇宙大火”把一切元素都变成了“火”。这说明斯多亚主义在元素问题上坚持一元论的主场。(2) 水、火、土和气四大元素与物体构成的关系。所有物体都是由其中之一的元素或者其中的二至三种或者全部四种元素构成。根据克律西坡的解释，动物和地上的所有存在物都是这四种元素构成：月亮是火和气构成的；太阳只由火构成，是纯粹的火。物体因其构成元素的不同而显示它们所具有的属性的不同。(3) 元素是所有存在物最初的也是最终的状态。万物产生于四元素，也将分解为四元素。[①] 就元素的普遍性而言，斯多亚主义认为“元素”是指万物由以构成并且万物最终复归为彼的基质；就其特殊性而言，斯多亚主义认为元素之间存在重要性和属性的差别，“火”元素被置于特别重要的地位。

显然，斯多亚主义把火元素作为元素之“元”，视之为四大元素中最基本的元素。问题是如果只有火是最基本、最终存在的元素，那么其他三大元素是否具有独立性？对这个问题的进一步讨论可以从分析火的独立性着手。一种观点认为火是自生的，不是其他元素转换而来的；另一种观点则认为火与其他元素处在相互转换的关系中。火与其他三大元素的变化关系有两种形式：第一种是火变稠密成为气，接着是气变稠密成为水，然后是水变稠密成为土。这是宇宙生成时的四元素的转化过程，它是数量变化的描述。第二种变化是宇宙分解时四大元素的转化，就是土变稀薄成为水，水变稀薄成为气，气变稀薄成为火。[②] 这也是从数量

---

① Stobaeus I. 129. 2－130. 13 (SVF 2. 413, part), see in A. A. Long and D. N. Sedley (eds.), *The Hellenistic Philosophers*, Vol. I, 47A7－9.

② Ibid., Vol. I, 47A3－4.

关系的变化描述元素关系。第二种观点的有趣之处在于它不是从实体优先的角度来看待火以及其他三元素实存的独立性，不是从火作为一种独立的形态来审视它最终存在于宇宙大火之中，而是从四大元素相生的角度来考虑。可以这样说，它不是从静止的角度看元素的独立性，而是从动态的角度看元素的独立性以及实存性。在这样的演化关系中，实存性是独立性的最重要规定。在斯多亚主义的自然哲学中，四大元素不是分离、封闭和不相关的。它把元素相互演化关系的各环节都看作是其独立性的一部分，当然火在这种演化关系中具有基础地位。火在整个动态性关系中被作为生成的起初，也是毁灭的最末。

从这个角度看斯多亚主义的“元素”原理，可以看到它与早期希腊自然观的不同，例如它与赫拉克利特的不同。之所以要把赫拉克利特的自然哲学特别拿出来比较，是因为学者们通常认为斯多亚主义与赫拉克利特有极大的相似性，他们都认为火是世界的本原。需要注意的是，赫拉克利特强调得更多的是火的本原性，他没有同等重要同样着力地强调其余三大元素的实存地位，其他三大元素似乎处在第二等的位置上。下引的文本可以证明以上观点，赫拉克利特说：“这个世界，对于一切存在物都是一样的，它不是任何神所创造的，也不是任何人所创造的；它过去、现在、未来永远是一团永恒的活火，在一定的分寸上燃烧，在一定的分寸上熄灭。”[①] “一切转化为火，火又转化为一切，有如黄金换成货物，货物又换成黄金。”[②] 其他三大元素成了火经由的交换环节，其实存性受到限定，然而在斯多亚主义的自然哲学中，实存性不受限定。赫拉克利特则把火封为更重要的实体，并

① DK30.

② DK90.

且把它与火作为元素的本原性联系起来，而不是从元素原理本身所具有实存性角度即从元素存在为质料乃是共同的不二的质料的角度来考虑元素的首要性。在斯多亚主义看来，最重要是要看到四大元素都是质料，而不是首先去考虑它们是什么样的质料。在恩培多克勒的解释中，这就更加明显。恩培多克勒指出四元素的各自独立性，就是四元素作为自身的独立性，而不是元素作为质料的独立性。恩培多克勒说："这四大元素是势均力敌的，但是各有各的不同职务，各有各的特殊本性，在时间的轮流中占据上风。"[①] 斯多亚主义则承认以质料为基准来看四大元素时四大元素对于物体属性的支持的不可替换性，从这个角度来肯定四大元素在构成其他万物的实存性和实体的独立性。这四大元素有着各自的属性。他们认为火的属性是热，水的属性是潮湿，气的属性是冷，土的属性是干。以太看作是火最精微的原理，它最先构成的是恒星。接着是火构成了行星。接下来是气和水，他们共同构成地球上万物的基础，地球则是万物的中心。[②] 地球为什么被看成是万物的中心呢？大概是因为斯多亚主义认为土是四大元素中最"重"最稳定的元素。由此，斯多亚主义把元素的主动原理和被动原理摆在特殊的位置，我们必须得从元素本身包含着关系的实存性的角度作预先的理解。

因此，严格地说，斯多亚主义重视的是质料的首要性，即元素作为质料的首要性。在质料/元素之中，包含着转化和蕴含的关系。四大元素的关系已经潜在地存在于质料一元的原理之中。在古典希腊尤其是前苏格拉底的自然哲学原理中，总是

---

① DK17.

② Diogenes Laertius7. 173（SVF 2. 580，part），see in A. A. Long and D. N. Sedley（eds.），*The Hellenistic Philosophers*，Vol. I，49B1－2.

有某种质料被作为突出的因素得到强调，然而它没有把质料作为最基本的东西。然而，斯多亚主义的自然哲学走的却是以质料为根本、为首要的路子，它把质料看成是包含某种转化关系的元素原理。

那么，为什么斯多亚主义又认为火是四大元素之首呢，似乎火替代质料成为斯多亚主义的首要质料原理的代名词？这可能与它把火看作生命的原理有关。若此推论是成立的话，那它与前苏格拉底的自然哲学就有某种关系。在前苏格拉底哲学家中，无论是赫拉克利特还是恩培多克勒，抑或是德谟克利特，他们都把火元素/原子看得非常特殊，例如德谟克利特认为火原子细小平滑，它的性质活泼、易动、明亮；土原子大而粗糙，它的性质厚实、凝重、灰暗。这大概是他们觉得火的活力与生命的活力是一致的。据此而论，斯多亚主义认为一切生长茂盛的事物本身都有一种自然的热，它是一切事物生长的基础。一切拥有热和火的事物都是由于它们的运动才有活力和生气。① 既然宇宙的所有元素都是由热来维系，那么整个宇宙本身始终会由一个类似的力量来维系。而火这个宇宙元素，依着它的本性，把自身剩余的、可以用于维持生命的热传给其他一切东西。这个热和火的原理渗透于整个自然界，为自然注入了活力，是一切将要生长之物的源泉，一切生物和扎根于大地的植物的出生和成长都离不开它。② 由此可以看到斯多亚主义的火元素论与它的宇宙生机论是最密切相关的。在斯多亚主义的理论中，火作为一种具有秩序的生命原理渗透在整个宇宙之

① 西塞罗著，石敏敏译：《论神性》，香港汉语基督教文化研究所2002年版，2.9。

② 同上书，2.10。

中，整个宇宙具有某种生命的特质，它是宇宙的活力所在，斯多亚主义由此认为宇宙是一个具有生命的整体。

斯多亚主义关于火元素的论述得自于它对宇宙万物生长关系的仔细分析，从分析宇宙的生命力角度分析了火元素的特性。首先，从元素本身的关系来看，它们都具有火的原理，都是由热来支撑和维持的。例如，就土的元素来说，石器之间的摩擦或撞击会产生火，从地底下挖出来的东西会冒出热气，这时候的地热被浓缩在地下洞穴里面。[①] 四大元素之所以是有生命和无生命事物的构成者，首要的原因是它们都具有作为生命原理的火。既然四大元素都具有火的要素，由他们所生成的万物也就都是如此，它们都具有火一样的生命原理。地球上生长出来的植物，它们扎根于土中的时候，都是源于这种温和的热。热也是促使地球上水形态发生变化的根本原因。散热导致结冰和霜雪的形成，热增加导致它们重新分解为水，液体中也蕴含着热。[②] 动物也是以热为生命的原理，例如身体排出的大便都有余温，动脉和静脉随着火热的脉搏不断跳动，动物的心脏被剖开后，仍然像一团闪耀的火一样跳动。由此可见，热是一种渗透世界的生命活力。[③] 生命莫不与热/火联系在一起，与火的形态联系在一起。斯多亚主义从种种的分析中得到的根本结论是，火乃是有活力的，这是生命的原始特征，是生命在宇宙中不息地展示的活动。火作为生命的原理，使得火在四大元素中居于特别重要的地位。

斯多亚主义进一步解释说，这种火的原理就是理性的原理。

① 西塞罗著，石敏敏译：《论神性》，香港汉语基督教文化研究所2002年版，2.9。

② 同上书，2.10。

③ 同上书，2.9。

"这个构成原理就是理性，而动物的构成原理是类似于理性的一种力量，所有目的和欲望就是以这种原理为根据产生出来的。这种力量也呈现在树根以及从地上生长起来的任何一种植物中。希腊人称这种力量为引导力，它在而且必定在每一种复合物中起支配作用。因此，包含整个自然的构成原理的存在者一定是最高的存在者，拥有主宰一切的力量。"[①] 斯多亚主义由宇宙万物为火的原理所渗透推论宇宙必是一个理性的存在者，"渗透并包含万物的自然则必定以它的最高形式拥有理性。因此，神与自然界必定是同一的，世上一切生命必被包含在神的存在之中"。[②] 火的原理的主动性就是理性原理的主动性，就是自然按着秩序运行的原理。因此，由火的元素，斯多亚主义所要说的宇宙的理性原理，它不是基于某种奥秘和启示，而是基于自然理性和合乎自然理性的宇宙思考。火具有一种构成性特质，因为理性在希腊哲学是秩序的表征，这也是希腊宇宙论对于生命的特殊体认，凡是生命的，必是合乎秩序的，从根本上讲也就是合乎理性的。因此，在斯多亚主义的宇宙论中，真正的主动原理是理性原理，它的物理形式是火元素。

火之所以被看作质料中的首要原理，还在于希腊自然哲学和斯多亚主义都认为火是最精微的元素，容易渗透到宇宙万物之中。斯多亚主义认为，宇宙的四大元素在渗透中具有这样一个特点，就是精微的元素必然能够渗透进粗糙的元素，粗糙的元素则不能往精微的元素渗透。从这个角度，斯多亚主义得出了生成是单向度的观点，它不是可逆的过程。因此，斯多亚主义的循环论

---

① 西塞罗著，石敏敏译：《论神性》，香港汉语基督教文化研究所2002年版，2.10。

② 同上书，2.11。

不是轮回论，它本质上是一种热能扩张最终导致宇宙生命活力自我衰竭而最终解构的理论，类似于热力学的第二原理。四大元素循环关系的特殊现象体现在火是生成原理的起点，在生成过程中是由精微的火元素逐渐向粗糙的土元素进展的，而土向火元素的回归或者演化则是通过分解实现的，分解意味着其粗糙的特性重新成为精微，这样才可能回归到火。这就是斯多亚主义所说的，“这个宇宙之火比保存滋养我们所熟悉的事物的生命之火要更加纯粹、更加清澈、更加精妙，能更加快捷地推动我们的感觉。因此，认为宇宙没有意识的观点是荒谬的，仅仅体验过尘世之火的人和动物会被激励而成有意识的生命。这种纯粹的、自由的原初之火渗透着整个宇宙，它是最精致的、最有力的；这个宇宙之火不是从无中被点燃，而是由它自身的意志力推动”。[①] 火因为其精微性，因为其能够渗透在万物之中，从而就成了宇宙扩张的直接推动者；因为火是最具有活力的生命因素，火就成了宇宙的原动力；由于火造就宇宙的秩序，火就成了宇宙的理性原理；因为宇宙的形成只能由精微的元素向着粗糙的元素运动，那么就只有火是绝对主动的原理。

除火之外，气也是四大元素的主动原理，尽管它在秩序上处在火之下。斯多亚主义对于气作为宇宙的物理性构成也有不少的论述，例如古代著名的医生斯多亚主义者伽伦（Galen）就是一例。根据克律西坡的论述，伽伦从医学临床观察的角度提出气息是灵魂的统治力量。气由两部分构成：一是诸要素或诸状态，它们彼此之间完全混合；二是冷和热，就是气和火，

① 西塞罗著，石敏敏译：《论神性》，香港汉语基督教文化研究所2002年版，2.11。

灵魂从它所居住的火中获得了湿气。[①] 伽伦指出在物理的气和心理的气这两种天然的形式之外，还存在第三种 ekis/tenor (状态)。这三种气的作用对象有所不同，物理的气是滋养动物和植物，心理的气则是在有生命的存在中的使动物能够感知觉和运动的能力，ekis 这种气则使石头保持状态。[②] 斯多亚主义提到的气的 ekis 形式相当特别，克律西坡说 ekis 其实只是气而已。“物体是借着 ekis 得到保持的。保持性的气对于每一种物体的性质负责，而物体就是由 ekis 来保持的。在铁里面，这种性质就是硬，在石头就是稠密，在银就是白。”[③] 伽伦显然看到气的聚散特性，他把这种聚散特性看作是 ekis，而气是通过聚散的形态使得事物表现为某种性质并呈现为该事物，它们维持着那本身是呆滞的和不运动的质料，它们是性质的基质，所谓性质就是气和气态的扩展，它们赋予一切成为存在的质料的部分以形式和形状。[④] 或许我们对斯多亚主义把性质看成是被赋予了形式的质料感到奇怪，然而如果我们从斯多亚主义把一切都看成是物体的角度看，我们就会理解。在他们而言，一切既

① Galen, *On Hippocrates' and Plato's Doctrine* 5. 3. 8 (SVF 2. 444, part), see in A. A. Long and D. N. Sedley (eds.), *The Hellenistic Philosophers*, Vol. I, 49G, see in A. A. Long and D. N. Sedley (eds.), *The Hellenistic Philosophers*, Vol. I, 49N.

② Galen, *Medical introduction* 14. 726. 7－11 (SVF 2. 716, part), see in A. A. Long and D. N. Sedley (eds.), *The Hellenistic Philosophers*, Vol. I, 49N.

③ Plutarch, *On Stoic self-contradictions* 1053F－1054B (SVF 2. 449), see in A. A. Long and D. N. Sedley (eds.), *The Hellenistic Philosophers*, Vol. I, 49M1.

④ Ibid. , 49M2.

然都是物体，一切原先被作为属性的性质自然也应该是物体。因此，ekis 也是物体。

值得进一步思考的是火和气同样作为主动原理，它们在宇宙的形成中所起的作用却有所不同。这个精微的区分应该归功于斯多亚主义。从上述斯多亚主义对于气的主动原理的分析来看，它强调气的保持性质，就是气作为“状态”的性质。这与火元素所发挥的作用有所不同，火指向宇宙的扩张，从而指向实体的物理的具体以及这些物理具体的结构性原理，例如秩序、理性和扩张，等等，气则指向这些具体物理的个体性特征，因为这些个体性特征被固定为性质从而使事物是这个事物而不是彼事物。因此实体的性质也是一种主动性，它使事物是该事物，是呈现为描述性的质料形式。不同事物的“气”所塑造的是不同的性质，例如“铁”的“硬”使铁保持为铁。在斯多亚主义看来，“硬”不是抽象的。硬是具体的、实在的和个体的，是质料，如果“硬”是抽象的，那么铁也就是抽象的，就是“不硬”的“硬”了。由于气是质料，那么诸种状态和性质自然也就是质料。我们要注意这里也与早期希腊自然哲学是有区别的。早期希腊自然哲学不会、也没有把性质当作质料来讲，尽管他们也讲气，然而它们讲的是气是物质构成里面的一种质料，一种具体的个体性实存，而不是与性质的特性联系起来。我们也可以这样来分别火和气这两种主动原理：火是绵延相生的连续的统一体的主动原理，气则是这种绵延相生的统一体呈现为各个个别物体的绵延相生的保持者。

斯多亚主义认为物理学的两大主动原理火和气，是综合了两个不同的希腊哲学传统后的结果。斯多亚主义认为火是主动的原理，其理论源头是早期希腊自然哲学，如赫拉克利特和其他思想家如恩培多克勒等都持这样的看法。根据赫拉克利特所认为的火是世界的本体和统治者，芝诺和他的继承者克里安特有特殊的看法。斯多亚主义认为火不只是毁灭性的力量［斯多亚主义称之为“非创造者式的火”（pur hatechnon）］，它还是世界的创造者，又被称为“创造者式的火”（pur technikon）。“创造者式的火”正是生命的基础，体现着光明和温暖的创造力量，尤其是当它与天体构成的最稀薄的火的材料即以太联系在一起的时候。出于从生命机体的角度来看火的机能性力量，整个世界被看作是有生命的事物，具有生命的属性。以此为出发点，斯多亚主义认为火代表了神和自然，它是智性的，具有创造的能力，包含有一切必定要发生的个体事物的种子原理。[①] 斯多亚主义称之为主动原理的特性，“主动原理被认为赋予质料以形状、形式和运动”，[②] 这解释了万物的两个属性即运动和形式，在更广的意义上也解释了所有的规定性都是来自于主动原理，主动原理就被说成是宇宙的创造者和宇宙中万物的创造者。[③] 关于主动原理的讲法与关于气的讲法有着内在的一致性。

至于斯多亚主义认为气属于主动原理，则借用了医学的传统和原理，伽伦的医学理论已经提出了这个看法。帕纽玛（Pneuma）的字面意思就是“气”，它最初大概也来自于人对生命的理解，因为人的生命不仅要靠气的呼吸来维持，而且当时医学的研究表明，人的生命之气是温暖的气，它使生命体保持着某种温度。因此我们可以看到，无论是对于气和火，它们作为主动原理

---

① Keimpe Algra，Jonathan Barnes，Jaap Mansfeld and Malcolm Schofield（eds.），*Cambridge History of Hellenistic Philosophy*，pp. 397－398，Cambridge University Press，1999.

② SVF 2. 1168；2. 311.

③ SVF 1. 85；2. 323a；1108.

都与生命的活力有关。此前，亚里士多德已经提出存在先天的帕纽玛（Pneuma）的观点。对斯多亚主义的气的观念产生最直接影响的，则可能是芝诺的同时代人科萨的帕勒格拉斯（Praxagoras of Cos）医生，克律西坡把他的理论引证为气是主动原理的权威证据。科萨的帕勒格拉斯认为帕纽玛（Pneuma）流淌于动脉之中，并且把情绪从心脏带到四肢。[①] 斯多亚主义大概认为气具有一种向心力，整个身体作为气的运动，在把情绪从心脏带到四肢的时候又与心脏保持着一致性。在主动原理里面，气被解释为状态就带有一定的固定性的意思在内。因此，斯多亚主义关于气和火作为主动原理的学说的提出，是以其科学观察为依据的。它对于火的观察主要来自于天文学、地质学和动植物学，对于气的观察则主要来自于医学。由此我们可以看到，他们的自然哲学完全建立在经验的基础上，是一种以经验科学为基础的自然哲学。

斯多亚主义认为帕纽玛（Pneuma）是气和火的混合，说明它的帕纽玛学说较为复杂，表现出它与古典希腊时期自然哲学的不同。在古典希腊自然哲学时期，希腊思想家或者把生命和宇宙的演化归结为单一的元素，或者归结为结构。在归结为结构的时候，仍然通常只是把火归为唯一主动的原理，然而经过数百年的发展，尤其是随着医学上的进步，斯多亚主义注意到生命存在中更复杂的构成成分，注意到主动原理不是单一的。在斯多亚主义的早期，例如芝诺和克里安特时期，火被作为唯一的主动原理来理解。到克律西坡的时候，斯多亚主义已经不认为火是生命的唯一原理，帕纽玛成为质料中的神圣理性（logos）的工具。这样

① Keimpe Algra，Jonathan Barnes，Jaap Mansfeld and Malcolm Schofield（eds.），*Cambridge History of Hellenistic Philosophy*，p. 388.

的一种转变预示着帕纽玛不只存在于动物之中，也存在于整个宇宙中。由此可以看到斯多亚主义在小宇宙（人）和大宇宙之间建立的类比关系。气和火作为主动原理，它们所要渗透的其他两种原理水和土就是被动原理。与此相应，四种质料在宇宙中的位置也就得到了分别。气和火作为生命的原理，它们居于主动和原初的地位，它们在宇宙中居于上界，水和土则居于下界。从火和气而来的上界原理进入到水和土之中，就产生了有机体。在斯多亚主义看来，这种由主动原理进入到质料的过程就是理性/神圣逻各斯，创造的能力其实就是神圣的逻各斯，它表现出了全部的帕纽玛。它们的规律性又可以被称为“种子原理”。[1] 种子原理或者说理性原理是就主动原理向被动元素转化的过程讲的，它讲的不是外在于元素的原理，而是元素的转化关系。

斯多亚主义认为帕纽玛有程度的分别，取决于气和火性质的差别以及它们混合的稀薄程度。斯多亚主义认为火在构成上是热的和稀薄的，相对而言，气是冷的和稠密的。因此混合的时候，帕纽玛会出现程度的差别。在混合物中，最稀薄的状态是灵魂。由于灵魂是混合所出现的最稀薄状态，灵魂与最纯粹的火在形式上是同一的，生命和智性与火的关系也是如此。因此灵魂、生命、智性的火之间最具同一性。在灵魂与帕纽玛的关系之下则是帕纽玛与植物的关系。植物也具有生命的力量，它表现为具体的存在物的聚合性、持续性和个体性。斯多亚主义认为，帕纽玛与植物的关系以自然（physis）的形式表现出来，具体地讲，就是植物的状态与动物的生命形式有所不同。在植物与帕纽玛的关系之下，则是无生命的存在物例如石头和木头与帕纽玛的关系。在

---

① Keimpe Algra，Jonathan Barnes，Jaap Mansfeld and Malcolm Schofield（eds.），*Cambridge History of Hellenistic Philosophy*，p. 389.

它们身上，帕纽玛使它们统一为某个物体并且塑造它们。这就是斯多亚主义所谓的“状态”（ekis）。[①] 由此可以看到，帕纽玛作为生命的不同形式，它与元素在不同事物中的生成程度有关。在元素由高阶生命向低阶生命发展的过程中，呈现出的形态各有不同，它本质上取决于元素性质的不同。由于向着被动原理如土和水占优的情况下发展，在帕纽玛的混合中土和水占有越来越大的比重，使得生命的活跃性（主要由火和气表现出来）越来越不明显，植物和无生命物体表现出它们与动物和灵魂的帕纽玛的区别。

从火和气两种主动原理与土和气两种被动原理的层级性关系中，斯多亚主义对于帕纽玛学说提出了比较系统的阐释，使得它的宇宙生机论在晚期希腊哲学的发展中更显充实。斯多亚主义主要区分了三种帕纽玛：灵魂（动物）、植物和无生命事物的帕纽玛。它首先肯定万物都有帕纽玛，由于帕纽玛就是四种质料的混合，因此帕纽玛指的是质料的混合情况以及它表现出来的生命的活跃程度。这与柏拉图的质料观念明显不同。斯多亚主义还指出帕纽玛的稀薄程度的差别在于它们的“内在运动”和“外在运动”。在帕纽玛里面，火有一种自然的分离力，就是所谓的离心力，因为火是活跃的，向外运动的，扩张性的；气则主要体现为内在性的运动，产生向心力。火在属性上倾向于稀薄化，气则使事物内聚而成固体并且聚合在一起。灵魂作为最稀薄的自然与火和热有着特殊的联系，它在状态上最接近于气。生命就是出于气和火的这种相反的运动所形成的创造，[②] 并在与水和土的质料中

---

① Keimpe Algra，Jonathan Barnes，Jaap Mansfeld and Malcolm Schofield（eds.），*Cambridge History of Hellenistic Philosophy*，p. 389.

② Ibid.，pp. 389－340.

进一步聚集形成具体的造物。

在有关四大元素和质料的思想上，学者们认为斯多亚主义受亚里士多德哲学的影响较大，尽管它们之间确实存在差别。诚然，前苏格拉底哲学已经提出了本原（arche）的概念并且把本原作为首要原理，然而，亚里士多德是第一个提出质料是本体的思想家。[①] 斯多亚主义有关质料是原理的说法正是开始于亚里士多德，并发展了亚里士多德已有的把质料与创始/变化联系起来的学说。亚里士多德认为所有的变化都是对立的结果，对立之所以导致变化是由于存在基质即质料，质料是变化的根源，这就是斯多亚主义赋予质料的各种特性所在。亚里士多德说："本原必定既不是相互生成也不是由他物生成，而是一切都出于它们。这一切都被包含在原初的对立中——由于是原初的，就不出自他物，由于是对立的，就不相互生成。"[②] 他进而论说本原与质料的关系："就像青铜对铜像，木材对木床，质料和取得形式以前的不具有形式的东西对具有形式的任何一种东西一样，作为载体的自然对实体，以及对'这个'或存在的关系也是如此。那么它本身就是一个本原……原理也是一个本原，而且进一步说，原理的对立面，即短缺也是一个本原。"[③] 在《形而上学》中，亚里士多德也是这样说的："很清楚，质料也是实体，因为在发生的所有对立的变化中，有某种东西在下面支撑这些变化，例如，关于地点，现在在这里，而随后在别的什么地方……"[④] 亚里士多

---

① David E. Hahm, *The Origins of Stoic Cosmology*, pp. 34—35.

② 亚里士多德著，徐开来译：《物理学》188a16—31，见于苗力田主编《亚里士多德全集》第二卷，中国人民大学出版社 1991 年版。

③ 亚里士多德著，徐开来译：《物理学》191a9—14。

④ 亚里士多德著，李真译：《形而上学》1042a33—35，上海世纪出版集团 2005 年版。

德的这些论述都把质料作为实体来看待，这正是斯多亚主义所持的看法。因此，说斯多亚主义是从亚里士多德的质料本原论中发展出它自身的原理论，有其合理之处。

在亚里士多德是否认为质料具有属性的问题上，学者们认为也不是与斯多亚主义截然不同，两者的关系比较复杂。[①] 首先，在首要质料确实是无规定性的（apoios）这个问题上，亚里士多德确实有过明确的说法，并且是与斯多亚主义的观点相左。例如亚里士多德说，“热不是冷的质料，冷也不是热的质料，载体/基质才是二者的质料”；[②]“作为质料——对于差别或者质所属的那个东西，乃是基质，我们叫它质料。”[③] 在这里，亚里士多德拒绝承认质料具有某种性质包括冷热等，认定它只是基质而已。然而在有些方面，亚里士多德又把运动的属性归于质料，例如，他在谈到质料和生长、地点的关系时，指出实体/质料的变化属性：“现在有某事物被产生出来而随后被摧毁了，并且现在作为一个‘这个’的主体，而随后又作为否定的主体。并且在这个变化中，包含着其他的［变化］；但是这个变化并没有包含其他的一个或者两个［变化］之中；因为如果一事物包含着实体位置变化的质料，并非必然地它也包含着可以生成或可以消灭的质料。”[④] 亚里士多德还认为质料是永恒存在的，在生成和毁灭之先，“如果生成和运动存在着，那也必定有一个限度；因为没有运动是无限的，而是每一运动有一终

---

① David E. Hahm, *The Origins of Stoic Cosmology*, pp. 36－37.

② 亚里士多德著，徐开来译：《论生成和毁灭》329a32－33，见于苗力田主编《亚里士多德全集》第二卷。

③ 亚里士多德著，李真译：《形而上学》1024b8－9，上海世纪出版集团2005年版。

④ 同上书，1024b2－7。

结，那不能完成它的生成的，必定在它一旦生成时就存在了。还有，由于质料存在，因为它不是产生出来的，那么实体（质料在任何时候都在变成为它的东西）应当存在，就是更加合理的了。因为如果实体或者质料都不存在，那么就根本没有什么东西会存在了，并且由于这是不可能的，就必定有某种在具体事物之外的东西，亦即形状或者形式”。[①] 亚里士多德甚至认为质料还是有形体的，是可感知的。[②] 亚里士多德关于质料的所有这些看法，都为斯多亚主义所共有。

斯多亚主义关于元素和质料的观点，与亚里士多德有着相似之处，但也有差别。重要之处在于，亚里士多德对于质料的诸如此类的描述可能并不是坚决的、一贯的，有其矛盾和动摇之处。斯多亚主义则严格地把亚里士多德著作中关于质料的不明显的断定发展为一贯的理论，形成更完整的质料观。

三 空间、处所和虚空

围绕“物体”原理，斯多亚主义还讨论了“空间”学说。很早以前，希腊哲学就已经在讨论空间。在讨论世界的创造时，柏拉图指出先有理念的存在，再有与理念同名相似的存在物，然后有空间。空间是永恒的、不朽的，它是一切生成事物运动变化的处所，只能靠不纯粹的理性推理来认识，因为纯粹理性认识的是理念。[③] 空间属于理性的认识对象，属于数学的研究对象，然而

---

① 亚里士多德著，李真译：《形而上学》999b9—16，上海世纪出版集团2005年版。

② 亚里士多德著，徐开来译：《论生成和毁灭》320b22—26。

③ 柏拉图著，谢文郁译注：《蒂迈欧篇》51E—52B，上海世纪出版集团2003年版。

空间又不属于纯粹理性的研究对象，或者说空间研究与辩证法属于理性的不同层次。辩证法的认识对象是理念，它是一种不需要借助前提的理性。然而，空间所依赖的理性仍然要借助于前提，因为空间是受造的，理念是非受造的。由此柏拉图把空间列为几何学和数学的研究对象，又与辩证法区别开来，它属于有条件的知识范畴。

在希腊哲学中，有三个术语被用来表达“空”：chora、topos 和 kenon。谢文郁教授认为柏拉图使用 chora（空间），没有使用具有类似含义的 topos（地方、场合和处所）和 kenon（虚空或真空），是有他的深意的。谢文郁解释说，“地方”/“处所”这个语词太有限太具体，虚空则有虚无的意思，都不能说明空间作为载体的实在性。① 然而吴国盛教授认为，用“处所”翻译 chora 更能体现柏拉图哲学的原意。他说：“chora……可以有三种翻译，第一种含义对应的译名是‘处所’，第二种含义对应的译名是‘空间’，第三种含义对应的译名是‘广延’……我相信对柏拉图而言，只有第一种含义是属于他自己的。”② 为什么是“处所”而不是“空间”更能够体现柏拉图哲学的原意呢？吴国盛解释了两个翻译之间的差别。他说希腊人所表明的 topos，其含义是“物体处在一个地方，就是被它物所包围，而包围者即 topos，也就是说，一个 topos 是属于特定时刻的物体的，在同一物体的另一个时刻或同一个时刻的另一物体所拥有的就是另一个 topos 了，这正是我们今日位置、地方、处所的意思，而不是

① 参看柏拉图著，谢文郁译注《蒂迈欧篇》注释 44。

② 吴国盛：《希腊空间概念的发展》，四川教育出版社 1994 年版，第 40 页。

空间的意思。”[①] 那么，什么是空间的意思呢？吴国盛认为：“近代空间概念的背景特征是它与 topos 的一个重要区别，空间的背景特征指的是，空间被作为所有物体存在和运动的参照背景，物体在它上面运动，物体参照它确定位置。由于它是所有物体的背景，因而它是唯一的，由于运动借它得以表述，它因而是不运动的。由于近代人的空间概念具有背景特征，因而人们能够说‘某物体在空间中运动’，‘某物体占据空间的一部分’，因为若不具备背景特征，这样的说法就很成问题。”[②] 应该承认，吴国盛对希腊哲学的“处所”和近代哲学的“空间”的区分是准确、清晰的、非常有价值的，然而这个区分是否适合于论证柏拉图《蒂迈欧篇》的 chora 就是 topos，还需要作详细分析。

希腊古典哲学的空间概念确实不同于近代哲学，希腊哲学确实较多地考虑 topos 的特征，然而还须注意柏拉图自己对于 chora 的特殊思考。把柏拉图的 chora 特别提出来讨论，是因为它与斯多亚主义的空间观念有密切的联系。斯多亚主义的论战对象主要是伊壁鸠鲁学派和学园派，在理论的方方面面，它的理解似乎都与柏拉图相对立，然而在 chora 问题上，它却注意到柏拉图在 chora 与 topos 之间作出的区分，并有某种程度的采纳。

吴国盛教授否定柏拉图使用 chora 的依据在于，他认为柏拉图所谓的创造之先的原初质料、处所和接受者三者是同一的，否定有第四因素空间参与创造。[③] 由此他认为即使在柏拉图著作中出现 chora 的地方，也应该作 topos 来理解。然而，我认为由此

① 吴国盛：《希腊空间概念的发展》，四川教育出版社 1994 年版，第 7 页。

② 同上。

③ 同上书，第 37 页。

推论出空间在柏拉图的哲学中缺乏独立的意义仍然缺乏充分的理由。确实，空间不是永恒的存在，然而它是柏拉图哲学的独立因素，是有别于“处所”的。柏拉图说：“这样，我们就得承认，首先，存在着理型，不生不灭；既不容纳他物于自身，也不会进入其他事物中；不可见不可感觉，只能为思想所把握。其次，我们有与理智同型同名并相似的东西，可以感知，被产生，总在运动，来去匆匆；我们通过知觉和信念来把握它们。第三者是空间，不朽而永恒，并作为一切生成物运动变化的场所；感觉无法认识她，而只能靠一种不纯粹的理性推理来认识她；她也很难是信念的对象。”① 所谓“不纯粹推理”是指一种有条件的推理，因为它不是关于理念的辩证知识。如果不把这段话与柏拉图《蒂迈欧篇》所讲的创造的三原理（神、理智原型和质料）的论述混淆起来，② 那么柏拉图这里所讲的“空间”有其专门的含义，它不可以被翻译为“处所”。

其实，《蒂迈欧篇》51E－52B讲的是理智的原型或者理念、与其同名的模仿物和空间之间的层级性，它们不是创造的三原理，而是与宇宙中各层级事物相关的诸原理，29A－31C讲的才是真正事物的原理，就是：“柏拉图认为，宇宙生成前先有它的创造者和原型。这种创造者是至高的善，是宇宙生成变化的最高原理。他是善的……他将混乱、无秩序的运动安排得有秩序，因为这样是最好的，这也就是宇宙的创造……他看到能造就秩序的理性比导致混乱无序的非理性好，而理性实为理念存在本身……他将宇宙造成一个有内在地富有理性（理念整体）和灵魂的生命

① 柏拉图著，谢文郁译注：《蒂迈欧篇》51E－52B；参看吴国盛《希腊空间概念的发展》，第37页。

② 参看柏拉图著，谢文郁译注《蒂迈欧篇》29A－31C。

体……将本来混乱无秩序的质料东西安排成有理性与灵魂、有生命与秩序的宇宙。"[①] 姚介厚教授认为柏拉图讲的是两个不同的东西，这是准确的看法，它表明柏拉图确实是把空间单独列出来讲的。柏拉图当然也讲"处所"，然而他在讲"处所"和"空间"时还是有所区别。讲"处所"是指"空间"已经完全被物体占领，"空间"则指另一回事情，其目的在于指出："空间不空，而是充满的；只是由于无形无性而不可感觉。"[②] 这成为斯多亚主义的空间和处所学说的内容。它既同意柏拉图，又对其有所批评。斯多亚主义把空间定义为："或者它是（1）较大的事物，能够为所是者占有，像一个物体的较大的容器，或者（2）是一个足够容纳较大物体的空间。"强调空间的无形无体性，接受柏拉图所谓的空间乃是容器的观点。然而斯多亚主义又强调空间的非处所性，它包裹事物，又不只是包裹者。

斯多亚主义在空间和处所之间所作的分别，构成其关于"空"的基本理解。有意思的是，斯多亚主义选择"处所"作为其自然哲学的主要术语，而没有采用"空间"的概念。斯多亚主义很少使用"空间"概念，它经常提的是"处所"和"虚空"。关于处所，斯多亚主义是这样定义的，"（1）完全被所是者占有的；或者（2）能够完全被所是者占有，并且完全被所是者占有，无论这所是者是某事物或者是某些事物（eite hypo tinos 〈eite〉 hypo tinon）"。[③] 这有两层含义：一是处所是完全的包裹的意思，

① 姚介厚：《古希腊罗马哲学》（下），江苏人民出版社 2005 年版，第 654 页。

② 谢文郁："载体和理型"，见于柏拉图著，谢文郁译注《蒂迈欧篇》，第 181 页。

③ Stobaeus，1.161.8－11.

是指完全被所是者充满不留下任何空隙；二是处所所包围的可以是一个事物，也可以是一组事物。关于虚空，斯多亚主义认为它是无限的。它在世界的外部，没有任何物体可以存在其中，是无限的。[①] 如果仅有虚空和处所就足以描述其自然哲学，那么斯多亚主义为什么还要使用“空间”（choran）呢，尽管提到的次数很少。[②] 学者们认为，斯多亚主义可能用它指处所和虚空的结合。“斯多亚学派认为‘整体’（horon）和‘全部’（pan）之间存在差别。因为他们说世界是整体的，然而外部的虚空和世界相加就是全部。出于这个原因，他们认为‘整体’是有限的，然而‘全部’是无限的，因为在世界外部的虚空就是如此。”[③] 所谓“空间”大于“处所”就是这个意思。如果“空间”不包含“虚空”的话，空间应该与处所等同，因为“处所”意味着完全地被某个具体事物占有，指的是某个事物的“充满性”。既然空间大于处所，那么空间肯定还有非充满之处。这个非充满之处肯定不是处所，因为物体不可能在非充满之处。非充满的处所唯有出现在虚空里面，因为斯多亚主义的虚空观念不同于伊壁鸠鲁，它不是容器，当物体占有处所时，虚空在处所的边界之外被推了出去。这不是说处所占有了虚空，处所在任何时候都不占有虚空。斯多亚主义关于空间的理解不同于柏拉图，主要是因为它关于虚空的理解不同于柏拉图。如果谢文郁教授所理解的柏拉图的处所/空间指“循环挤压”是准确的，那么斯多亚主义在处所意义上所理解的空间与柏拉图是相同的，而在虚空的意义上所理解的

---

① Strobaeus1. 161，8－26（SVF 2. 503，part），see in A. A. Long and D. N. Sedley（eds.），*The Hellenistic Philosophers*，Vol. I，49A.

② Ibid.，Vol. I，49B.

③ Strobaeus1. 161，8－26（SVF 2. 503，part），see in Ibid. 49A.

空间观念与柏拉图则是不同的。我认为谢文郁的说法是准确的，其实柏拉图的虚空更像是处所的一部分，而不是斯多亚主义所说的空间的一部分。他说柏拉图“根本就不必要假定虚空存在。物体的运动（包括位移和生灭）都是通过循环挤压来实现的。由于到处充满着有形体，每当一物体运动时，它必然挤压旁邻物体，而旁邻物体又挤压着旁邻物体，如此发生连锁反应。但是宇宙是圆形的，因而这种反应最后又回到原运动物体，并补充它离开后可能留下的空地。这种‘循环挤压’是在同时完成的；也就是说，某物体一运动，就和其他物体互换位置了……”[1] 柏拉图所谓的“处所”/载体虽然像虚空那样无形无性，如果它是确实存在的“有”，是一种接受器的“有”，是以“无”表现出的“有”，它只是把事物的性质“一点一点地拿掉，最后达到无形无性的载体状态。这样一种无形我性的载体存在当然也就不需要原子论的虚空设想。虚空是为了原子存在而设想的，即原子的诸性质，因它们没有连续性，需要虚空来分割，并在虚空中存在。现在诸性质去掉以后，无形无性的载体是连续的，因而不需要虚空来支持它的存在”。[2] 据此而论，柏拉图讲虚空其实是讲载体/质料作为接受器，就是讲“处所”，或者谢文郁所说的“空间”。那么我们可以看到的：第一，柏拉图承认作为接受器的空间存在；第二，在它没有被充满时，它表现为虚空，表现为无形无性；第三，这种“处所”的“虚空”其实是要被循环挤压所充满的，并且循环挤压之间不会留下空隙，也就是不会留下永远不被充满的虚空，宇宙其实是完全的连续性的；第四，宇宙就是这样的独一存在，

---

① 谢文郁：“载体和理型”，见于柏拉图著，谢文郁译注《蒂迈欧篇》，第180—181页。

② 参看柏拉图著，谢文郁译注《蒂迈欧篇》注释46。

它的球体完全充满了虚空，不存在着不被占有的虚空，在球体之外不存在着虚空。

以柏拉图的观点为参照，我们较容易理解斯多亚主义的处所和虚空。第一，斯多亚主义同意柏拉图的看法：作为物体的宇宙是不包含虚空的宇宙连续的统一体，是完全充满的，这是它与伊壁鸠鲁的宇宙观的区别。在这一点上，斯多亚主义和柏拉图都反对伊壁鸠鲁学派，因为伊壁鸠鲁或者原子论学派认为宇宙中只有虚空和原子。卢克来修说："宇宙的本性是：就其自身而言，它由两种东西组成，因为存在着物体，也存在着虚空；物体在虚空中存在并在它当中四处运动穿行……在自然中再也找不到从本性上与物体和虚空完全无关的第三种东西。"① 与早期斯多亚学派同时代的伊壁鸠鲁也非常清楚地说："存在总体由物体（指原子）和虚空所构成……如果不存在'虚空'或'地方'（处所）或我们称为'无法接触者'的东西，则物体将无处存在，也无处可以运动……除了物体和虚空之外，我们无论是通过观念的类比，都无法想象还存在着其他完整的独立的实在事物（而不是独立实体的偶性或属性）。"② 宇宙由世界和虚空构成有两层意思：第一，诸世界之间存在着虚空；第二，世界总体之外也存在虚空。所谓世界，在伊壁鸠鲁看来，就是从宇宙中分出来的一团东西，其中包围着星球、土地以及所有其他可见的东西。它或者旋转，或者静止，或者是圆形的，或者是三角形的，或者是其他别的形状。这样的世界在数量上无限。这种世界可以在另一个世界中产生，

---

① 卢克来修，"万物本性论"，见于包利民等译《自然与快乐：伊壁鸠鲁的哲学》，中国社会科学出版社 2004 年版，第 72—73 页。

② 伊壁鸠鲁："致希罗多德信"（论自然纲要）3，见于包利民等译《自然与快乐：伊壁鸠鲁的哲学》，中国社会科学出版社 2004 年版，第 5 页。

也可以在世界之间产生，那个世界之间就被称为“世界之间的空间”。[①] 伊壁鸠鲁学派认为在世界之间有空间，斯多亚主义认为世界之间存在虚空。此外，伊壁鸠鲁学派对于虚空的理解也类似于空间，他们的看法是当一个物体占有虚空的时候，虚空就成为该存在物的虚空，而不是被存在物排斥到外部；当存在物消失时，虚空就恢复它的不被充满状态。因此说虚空在世界内部，是指它构成世界的一部分。

斯多亚主义反对伊壁鸠鲁学派对虚空的看法。首先，斯多亚主义一直把虚空当作在世界外部的存在。它认为当一个物体形成时，不是把虚空转变为它的存在形式，而是把虚空推展到外部，宇宙的扩张永远是在物体内部进行的，而不是在虚空里面进行的。其次，斯多亚主义只存在一个世界。或者说在一个循环周期里面，只存在一个世界；而在这个世界内部，是不存在着虚空的。这就是斯多亚主义的非常特别的连续的统一体（continuum)，伊壁鸠鲁学派则认为存在许多个世界，不同的世界之间有许多间隔。

第二，斯多亚主义承认质料充满有限宇宙。它同意具体物体出现之前，宇宙为一种无形无性的质料所充满。然而，斯多亚主义从循环论和宇宙大火的角度来理解质料的生成，质料要通过完全的燃烧和转化这样的动态过程完成其有限性，柏拉图主义的质料则似乎是由静态的四元素的比率构成的。

第三，斯多亚主义与柏拉图主义的区别在于虚空是否真实存在。在柏拉图的自然哲学中，并不存在真正的虚空，它只是描述载体未被压印的状态，斯多亚主义则肯定虚空的真实性，虚空不

---

① 伊壁鸠鲁：“致皮索克勒信”（天文学纲要）2，见于包利民等译《自然与快乐：伊壁鸠鲁的哲学》，中国社会科学出版社2004年版，第21页。

会转变为处所。“虚空也有一种实存。由于它是无形体的和没有接触的，关于它的观念是非常单纯的，它既没有形状也不会取代了形状，它也不会在任何方面有作用和被作用，它只是能够容纳物体。”① 这是什么意思呢？“容纳物体”是否是说虚空成为处所了呢？不是的，而是说虚空为处所以及宇宙的扩张让出道来，原来斯多亚主义认为虚空一直在世界外部，也就是说一直在物体外部。永远不为物体充满才是真实的虚空，才是虚空的实存。那么处所是从什么地方产生出来的呢？它不是从虚空中产生出来的，而是从元素自身的运动中产生出来的。换言之，空间也是从物体自身的运动中产生出来的。斯多亚主义的这个观念是很深刻的。当我们说处所/空间是由物体的运动而不是由物体的存在形式产生出来的时候，处所/空间就不是先在的概念，也不是静止的形态，它是物体自身构造的结果。这可以用来解释斯多亚主义的连续的统一体的观念。当宇宙被看成是物体运动的处所/空间化，而不是对于虚空的占有化时，那么当然没有所谓的空的空间存在于事物关系的内部。这就是斯多亚主义一再强调如下观点的重要性的原因：当物体充满而形成处所的时候，并不是“虚空”成了“处所”，而是“虚空”被赶到物体的外部去了。“斯多亚主义说虚空是能够被存在物充满然而不被占有，或者它是物体间的空无，或者是因物体而造成的未充满。(2) 处所是被一个存在物充满并且与充满于它的存在物同等。”② 虚空永远不能成为处所，处所与充满它的物体同等。

---

① Strobaeus1. 161，8－26（SVF 2. 503，part），see in A. A. Long and D. N. Sedley（eds.），*The Hellenistic Philosophers*，Vol. I，49C.

② Sextus Empiricus，*Against the Professors* 10. 3－4（SVF2. 505，part），see in Ibid. 49B.

就这个观点而言，斯多亚主义不仅与柏拉图的哲学针锋相对，也与亚里士多德的哲学针锋相对。亚里士多德否认虚空的存在，他列举了把虚空假设为处所和容器的观点，认为虚空、充满和处所是不同的；[①] 又批评了虚空是有广延的观点，后者认为在连续的万物之外还存在某种虚空，后一个观点就是早先的原子论思想家德谟克利特和基留伯的观点。[②] 他用很长的论证说明虚空的不存在，例如，如果虚空存在，运动就不存在，等等。[③] 然而，非常有意思的是，斯多亚主义认为虚空与物体和处所都是有三维的。[④] 为什么是这样？这要从对斯多亚主义与亚里士多德的分析入手。他们的相同之处是都反对世界内部存在虚空，他们的不同之处是，斯多亚主义认为世界的外部存在着虚空。斯多亚主义为什么需要虚空呢？这是出于它的宇宙扩张理论的需要。“即使全部实体（substance）被分解为火，就如最精确的自然哲学家（即斯多亚学派）认为的，它必须充满一个巨大的处所，就如坚固的物体蒸发为烟火一样。因此在宇宙大火期间实体灰飞烟灭所腾出的被充满的处所现在就是虚空，因为没有物体充满它。”[⑤] 当宇宙大火重新扩张的时候，这个虚空就不断地被外推（因为它永远在世界外部），不被物体充满。尽管虚空与物体的存在之间没有关系，然而它与宇宙的扩张有关。因此，斯多亚主义不同意宇宙之外不存在虚空的说法。在他们看来，宇宙是为虚空包围

---

① Aristotle，*Physics* IV. 6. 213a15－20.

② Ibid.，IV. 6. 213a25－213b1.

③ Ibid.，IV. 7. 213b30－216b20.

④ Galen，*On incorporeal qualities* 19. 464. 10－14（SVF2. 502），see in A. A. Long and D. N. Sedley（eds.），*The Hellenistic Philosophers*，Vol. I，49E.

⑤ Cleomedes，6. 11－17（SVF2. 357），see in Ibid. 49G.

的。斯多亚主义在空间观念确有它的独特性。这是他们试图将自己的思想学说与柏拉图主义、亚里士多德和伊壁鸠鲁学派联系起来又区别开来的综合结果。然而这个综合使他们导出了完全属于他们自己独立思想的空间观念。他们承认处所不占有虚空，却认为处所会排斥/挤压虚空，这就是它的有限宇宙、无限虚空的观念。虽然虚空被处所挤压，看似虚空的领域变小了，然而由于虚空无限，而无限又是没有大小的，因此虚空没有大小。

这样，我们就可以看到斯多亚主义为什么选择“处所”作为它描述物体的空间属性的关键词。斯多亚主义觉得“处所”这个术语可以充分地表达物体的三维，就是充分体现它的“外表面性质”和它的“边界”原理，尽管它从来没有作过进一步的解释。由于斯多亚主义认为物体必然是有形体的，处所与物体同等，这促使它选择说所有物体必然是有形体的，因为所有物体都在处所中，都有由三维包切而成的各个侧面。柏拉图的空间概念则不能满足斯多亚主义的这些要求，因为柏拉图首先肯定了空间的无形体性，又肯定了它的理智实在性。然而，这些因素在斯多亚主义的思想中根本没有地位。由斯多亚主义还可以引出这样的观点：如果我们说“处所”在斯多亚主义中的思想就相当于“空间”，那么柏拉图的看法是物体即使消失，空间也是不会消失的，它是永恒的，因为质料/载体是永恒的。然而斯多亚主义认为，随着物体的消失，处所也就随之而消失。也就是说，斯多亚主义以处所形式表现出来的空间概念是没有绝对性的，它只具有相对性。这是斯多亚主义空间观念的特色，是希腊化哲学思想与古典希腊哲学的分别。

四　混合和连续的统一体

斯多亚主义的连续统一体的物理观念进一步描述了宇宙内物

体的关系。所谓连续统一体，指的是诸物体之间内在绵延，彼此间的彻底混合。斯多亚主义的“连续统一体”观念使它与希腊任何学派的自然哲学都不尽相同。伊壁鸠鲁学派认为宇宙物体之间是有虚空的，柏拉图虽然也说宇宙为物体充满没有虚空，然而他没有说这些物体间的关系到底是如何的。斯多亚主义的“连续统一体”观念清楚说明了完全充满宇宙的物体本身之间的关系。

斯多亚主义的“连续统一体”学说以“混合”观念为基础。亚里士多德认为“混合”乃是保持相同状态下的物体关系，[①] 被混合的一方必须能够按其原先之所是与另一方分离存在。[②] 例如米和大麦的混合，两者即使混合后，米还是能够从大麦中分离出来。亚里士多德认为下面的情况不属于混合。例如，一个在数量和体积上都很大的事物与另一个在数量和体积上都很少的事物放在一起，比如一滴酒滴入整个大海，那不是混合，因为它导致优势的东西增长，酒成了水的一部分。[③] 两者混合后已经不能够按其原来的情况分离了。水无法从混合中分离出水自身，酒也无法从混合中分离出酒自身。斯多亚主义则不同意亚里士多德的观点，它恰好是批评亚里士多德的。斯多亚主义认为混合是被混合在一起的物体之间发生的共同扩张，它们存在于完全共同的空间之内。在混合中，一方事物没有任何部分不渗透到其他方事物里面。也就是说混合是完全渗透在一起，是彻底地共在。如果没有产生这种情况的话，那就不是混合，而应该称之为并列。[④] 并列

---

① Aristotle, *Physics* 327B5.

② Ibid., B28—29.

③ Ibid., B25—31.

④ Alexander, *On Mixture* 216.14 — 218.6 (SVF 2.437), see in A. A. Long and D. N. Sedley (eds.), *The Hellenistic Philosophers*, Vol. I, 48C.

是这样的情况：物体保持各自的实体，只在表面上接触联合。还有一种情况是融合。在这种情况下，不同物体各自经历了双方性质的完全改变，例如铜和铁融化造成另一种物体。[①] 依据斯多亚主义的理论，一滴酒滴入大海属于混合，因为两者完全相互渗透又没有改变自身，因为水还是水，酒还是酒。融合的情况则相反，它改变了原先的形状和性质，已不再是事物原先之所是，例如融合后的铜和铁不再保持铜和铁性质：铜不再是铜，铁也不再是铁了，铜和铁的自身的内在关系完全被改变了。“并列”则是事物的完全外在的关系，例如一个钟表放在一张桌子上就属于并列的关系。

斯多亚主义的“连续统一体”观念建立在“混合”观念基础之上，它不同于古典希腊自然哲学的理解。斯多亚主义既反对原子论学派的“并列”观念，也反对亚里士多德学派的“混合”观念。斯多亚主义的混合观念至少包含三个方面，并且它们必须同时具备：第一，“混合”所表示的必须是诸物体间整体上均匀地完整的接触，例如整个实体被气完全渗透，[②] 构成的部分必须完全在对方里面。[③] 第二，在这种相互完全在对方里面的关系中，诸事物又彼此完全在同一空间里面，[④] 也就是每一方物体的每一部分都被其他方物体的每一部分充满，[⑤] 两个物体占据着同样的

① Alexander，*On Mixture* 216. 14—218. 6 (SVF 2. 437)，see in Ibid.

② Diogenes Laertius 7. 151 (SVF 2. 497)，see in Ibid. 48A.

③ Plutarch，*On common conceptions* 1078b—d (including SVF 2. 465，part)，see in Ibid. 48E.

④ Alexander，*On Mixture* 216. 14 — 218. 6 (SVF 2. 437)， see in Ibid48C.

⑤ Ibid. .

位置。[①] 然而，第三，各方物体的性质完全保持着它的同一性。例如酒和水混合后，在其中放入一块浸过油的海绵，水就会被从酒中分离出来，因为水会进入到海绵里面去。这就说明酒和水虽然完全混合，却又能够分离，依然保持着各自的性质。[②] 所以，斯多亚主义把混合称为“完全的”混合，指两者不是物理表面的接触，不是并列，而是共同拥有空间并构成共同的空间。还可以这样说，混合是两个不同物体的完全包含关系，并且是彼此之间的相互完全包含。斯多亚主义的混合学说认为两个完全混合的物体占有完全相同的空间，这在解释宇宙何以是“连续统一体”上是至关重要的。如果它们不完全占有相同的空间，那么连续的统一性就不可能，因为它们在空间上有切割，有分离；彼此之间完全占有相互的空间，说明它们在空间占有上完全无法分开，由此它们就完全在对方的处所之中，因此整个空间在构成上不可分离，也没有空隙。斯多亚主义就是据此阐释它的“连续统一体”的观念的。

斯多亚主义也指出物体“混合”后保持着各自的特性，还指出这与物体完全充满于对方不矛盾。斯多亚主义只是从直观的角度来解释，它所使用的水和酒混合的例子确实能够说明这一点，然而对古代世界的人来说这仍然不是自明的，还会受到质疑。从现代科学而言，这是指在物理混合的情况下，水分子和酒分子的分子结构没有发生变化，尽管它们之间发生了完全混合，然而它们没有因此改变物理性质。这样，斯多亚主义的完全混合观念里面就成了：整个宇宙既是由各种不相同的物体组成的，它们保持

---

① Themistius, On Aristotle's Physics 104.9 — 19 (including SVF 2.468), see in Ibid. 48F.

② Stobaeus, 1.155.5—11 (SVF 2.471, part) see in Ibid. 48D.

着各自的完全不同的性质，它们又完全地混合在一起，这是指诸物体之间不存在虚空，而是物体完全地占有处所并且这些处所之间没有任何的间离。那构成物体之间隔离的虚空只存在于宇宙和世界的外部，物体之间相互完全混合，是连续的绵延的统一体。用克律西坡的话说，这正如理念在有限边界内包含了无限的事情，统一连续体的情况就是在有限的处所里面包含了无限的事情。[①]

在希腊化时代，斯多亚主义的完全混合和连续统一体的观念就不断地遭受着质疑。批评所针对的问题主要是混合如何可能？如果从物体尤其是固体的存在形式和混合来说，斯多亚主义所谓的混合确实令人难以理解。事实上，斯多亚主义主要也是用液体和气体的完全混合来解释它的“连续统一体”的观念，它对于固体物体的完全混合的解释主要来自于从气体和液体解释所得出的推论。相比而言，原子论派的并列观念与固体的混合观察有关。斯多亚主义的混合假设可能来自于气体和液体的混合观察，它使用的一系列比喻能够显示这一点。此外，斯多亚主义讲混合也较重视本体论的前提。斯多亚主义认为水、火、土和气，尤其是气和火的渗透性可以用来表述物体之间的完全混合的本体性。“混合”和“渗透”两个术语与“气息”（breath）联系在一起，“气息”是由“火”和“气”（air）完全混合而形成。“气息”又与内在的要素、土和水混合起来，“气息”由此渗透到整个宇宙。因此，“气息”是神的器具，是主动的原理或者说逻各斯。由于只有形体能够作用于形体，它在整个世界所引起的原因上的效验就是它能够呈现在所有实体

① Proclus，*On Euclid's Elements* I 395，13—18（SVF 2. 365，part），see in Ibid. 50G.

或者质料中。[①] 斯多亚主义所讲的完全混合，是说物体根本就处在这种内在关系里面。然而，斯多亚主义对于“气”元素的理解与原子论学派又有分别，它没有说它们就是原子，也不把这看成是原子之间的关系。原子论学派认为原子之间是虚空的关系，且原子之间更多属于并列式混合的关系。斯多亚主义讲气的混合的时候，更多强调元素在本体上的转化和渗透关系，从而指出气息和其他元素之间存在着连续和绵延。

在古典希腊哲学中，完全混合的观念其实是存在的，只是它不存在于自然哲学之中，而是透过灵魂和物体的关系表达出来的。希腊古典哲学似乎认为这一点是自明的：精神形态的神完全渗透于万物之中，并构成万物的形式。斯多亚主义的“连续统一体”观念则是把希腊精神哲学本先所具有的完全混合关系运用到物体间的关系之中。在运用过程中，斯多亚主义也有所改变。希腊的精神哲学认为这是灵魂/努斯单向地渗透在物体里面的关系，而斯多亚主义认为物体间的完全渗透关系是双向互动的渗透，是物体间相互渗透和包含的关系。因此，斯多亚主义的“连续统一体”观念有全新的发展。它把希腊古典哲学中那种原先所具有混合的单方面的主动性完全地归给了物体，使得物体的渗透具有一种主动性。完全渗透不是指有第三个东西进入到两个物体和多个物体之内，它是物体内部的关系，这也可以解释整个物质世界为何具有生命的活力。因此，斯多亚主义的宇宙观有明显的泛神论色彩，这是基于它的物体的活力特性和连续统一体的观念。斯多亚主义的完全混合的观念在后世也有很大影响，早期基督教神学还曾用它解释耶稣基督神人两性论何以同在一个位格之中。

---

① A. A. Long and D. N. Sedley（eds.），*The Hellenistic Philosophers*，Vol. I，p. 292.

五　时间

斯多亚主义的时间观与其“连续统一体”的观念是联系在一起的。亚里士多德对时间观念有仔细的说明，斯多亚主义的时间观与他有较多的相似。亚里士多德在分析了希腊思想家对时间的看法后，提出了他自己的看法。他说时间不是运动，而是“运动的什么”。[①] 所谓“运动的什么”，指的是“运动的物体”或者“运动的事情”。亚里士多德由此指出时间观念里面包含两个方面：一是时间和运动一致，时间依赖于运动；二是因为有运动的物体和事情，时间所标识的“先”“后”的关系才能够确立，因为有运动的事情和事物，才有运动的参考和界限，才有运动的观念。接着亚里士多德说时间是计量的数目，是被计数的数目。[②] 时间有三个维度，它就是过去、现在和将来。亚里士多德着重阐释了时间的“现在”维度，他说“现在就是界限”，是“有限的时间”。[③]“现在”和“时间”的关系非常密切，如果没有时间，当然不会有现在；如果没有现在，也不会有时间。[④] 时间依靠现在得到延续，又借助现在得到区分，[⑤] 现在是时间的偶性，[⑥] 是现在的不间断的瞬间的连接。最后，亚里士多德把“时间”定义为“时间是关于先后运动的计数，而且是连续的，因为运动是连续的”。[⑦] 亚里士多德关于时间的分析，主要明确了两个方面：

---

① Aristotle，*Physics* IV. 11. 219a9－10.

② Ibid.，219b3－10.

③ Ibid.，218a25.

④ Ibid.，219b29－220a1.

⑤ Ibid.，220a5.

⑥ Ibid.，220a25.

⑦ Ibid..

一是时间参照运动的事物得到确认；二是因为参照的是运动的事物，时间总是表现为先后关系，这样时间的运动特性得到清楚地表明。

斯多亚主义的时间观与亚里士多德的关系，主要体现在如下两个方面：第一，像亚里士多德一样，斯多亚主义也认为时间与运动密切相关。芝诺说时间是所有运动的维度，克律西坡也说时间是世界运动的维度。[①] 这与亚里士多德把“时间看作是前后运动的计数”[②] 颇类似。然而，若仔细地探究，又可以发现斯多亚主义与亚里士多德的不同之处。亚里士多德主要是从时间与运动对象的联系来讨论时间，斯多亚主义却认为时间仅是运动，时间不是借助于运动的事物被定义。从这个角度来说，斯多亚主义的时间观恰恰是亚里士多德的对立面，是亚里士多德曾批评过的（时间是运动）。斯多亚主义认为“在那个时间（宇宙大火）中，所有实体都在它自身里面被焚烧，又从它自身里面产生出来”。[③] 宇宙大火表示一种宏大的时间观念，是整个宇宙乐章的运动。在这种宏大的时间观中，由于世间万物都被燃料并且在燃烧殆尽之后才出现另一个循环，这表明时间不可能有任何可以作为参照的物体。在宇宙大火这种时间观察中，只存在燃烧运动本身，时间就是这种燃烧运动。尽管万物都不存在了，时间却依然存在，时间存在于运动之中，或者说时间就是运动。第二，如同亚里士多德一样，斯多亚主义也

---

① Simplicius，*On Aristotle's Categories* 350，15－16（SVF 2.510，part）；Stobaeus，I.106.5－23；see in A. A. Long and D. N. Sedley（eds.），*The Hellenistic Philosophers*，Vol. I，51A；51B.

② Aristotle，*Physics* IV.11.219a11－25.

③ Diogenes Laertius7.137（SVF 2.526，part），see in Ibid. 44F.

认为时间具有过去、现在和未来的维度。“时间是世界运动的间隔；它是无限的，因为数的整体被认为是无限的。它的某些部分是过去、某些部分是现在，某些部分是未来。”[①] 与亚里士多德相同的还有，斯多亚主义只承认“现在”的维度。“整个时间就是现在，如我们所说的年就是较大尺度内的现在。”[②] 时间可以理解为现在或者当下的绵延和连接。

虽然斯多亚主义和亚里士多德都承认现在是过去和未来的连接，但他们讲的内容却相当不同。在这一点上，斯多亚主义对亚里士多德也有批评。它认为“现在”不是亚里士多德所说的作为数目的时间。普卢塔克（Plutarch）曾指出斯多亚主义所讲的时间与普通人的时间的差别。一般观点认为：过去和未来存在，现在则不存在。斯多亚主义则不希望把现在看成是没有部分的，然而，他们又说没有任何现在可以被准确地认为是存在的。[③] 两者之间似乎相互矛盾，这取决于我们如何理解斯多亚主义的“现在”观念。斯多亚主义说“现在”不是某个具体的数目，这是它理解“现在”的起点和要旨。那么，“现在”是什么呢？“只有现在是属于（belong），过去和未来都是实存，然而决不是属于，正如那只表达现实属性的是属于，例如当我绕圈时绕圈属于我，但是当我躺下或睡着时它就不属于我了。”[④] “现在”是“现在属于”，过去和未来都是实存，这话很令人费解。然而，正是要从这里开始，我们才能够理解斯多亚主义所谓的“现在”的原创性

① Stobaeus I. 105. 8—16（SVF 3 Apollodorus 8），see in Ibid. 51D.

② Ibid..

③ Strobaeus 1. 106. 5 — 23（SVF 2. 509），see in A. A. Long and D. N. Sedley（eds.），*The Hellenistic Philosophers*，Vol. I，51B.

④ Ibid..

和独特性。斯多亚主义的真正看法是，只有把时间理解成“状态性”的时候，“现在”才能真正地被表达出来。什么是状态性的时间呢？它表示的是时间的主体属性，例如当“我”绕圈子走的时候，时间是真实地存在的，因为我正绕圈子走。这个“正”就是现在。除此之外，当我躺下和坐下的时候，虽然我也曾绕圈子走或者将绕圈子走，然而那一刻都不是“属于”我的，你可以说它们是实存的，然而它不是正属于我的。由于它不是“属于”我的，那我们只能够说是它作为概念的时间是存在的。[①] 这与亚里士多德刚好相反，斯多亚主义认为时间不是从对于客体事物的观察中得到的，时间只能是主体的属性，只能归属于主体。据此我们可以理解克律西坡的论断，他认为不存在有关现在的任何准确表达，因为他认为时间只可以被理解为主体的当下属性。时间是最具体的当下，它不是任何概念可以把握，因为它没有数目，时间只是瞬间的流变，是切身的归属感并且只存在于这种“归属”或者“属于”之中。这也合乎斯多亚主义把时间归结为单纯的运动，而不是运动着的事物间的先后关系，后者是亚里士多德对时间的看法。

斯多亚主义区分了“时间本身”和“时间概念”两者。在它看来，时间的概念不能展示时间本身，而只能揭示时间的实存。这个时间的实存是在概念里面对于时间的描述和回顾，例如亚里士多德把时间描述为“计数”就属于这个类型。从这个角度上说，斯多亚主义把亚里士多德的时间观推展到极端。亚里士多德已经否定了时间是“数”，他把时间理解成是计数，也就是运动物体之间的关系。斯多亚主义则说时间是运动本身，甚至是无法

---

① A. A. Long and D. N. Sedley (eds.), *The Hellenistic Philosophers*, Vol. I, p. 306.

计数的，这也就是为什么它把时间看作是“属于”，看作是主体“当下”的存在特性，并且只为主体“当下”的特征被直观出来。不过，一定要注意这不是说斯多亚主义主张克拉底鲁（Cratylus）的运动观，因为克拉底鲁甚至反对运动的归属感，当然也就附带地反对了时间的归属感/属于感。从这个角度说，斯多亚主义的时间观确实非常特别，它似乎从一个很小的思想宽度来言说，却包含对于时间的独特经验。它既不同于亚里士多德，也不同于其他流派的时间观念。斯多亚主义强调主体性的时间的经验当下，却不强调主体性有任何可能的时间性持续。时间甚至不是长度，它只是归属在主体经验里面的当下的确定性而已。

正如我们讨论斯多亚主义的宇宙论的整体观念时已经表明的，斯多亚主义的宇宙论明显有整体论和生机论的特征。从斯多亚主义对物体原理的分析中，我们可以看出它把整个自然看作是充满生命活力的机体，把自然看作是不息的生命运行。从物体依着元素相生内在绵延的角度看，斯多亚主义绝对肯定自然乃是physis，就是生长。这把已经被置于消极、静止状态的希腊的自然观念重新推回到早期的本原论，然而，不能由此认为它是那种单纯的物活论或者万物有灵说。斯多亚主义包含着对于世界和自然万物的观察，包含着对于自然生成和运行经验的新观察，包含着对于物体关系的新观察。斯多亚主义所谓的物体的完全混合关系，它关于空间、处所和虚空的思考、关于连续统一体的设想，实则是从微观世界的视野思考宏观世界的存在性质。

在阐释其自然哲学的诸原理中，斯多亚主义体现出它与古典希腊哲学和同时代哲学的复杂关系。很多时候它都将古典希腊哲学传统作为深刻反思的思想资源，它的态度主要是批判性的，它有自己的立场，有自己的视野。例如在时间、空间观念上，它的连续统一体和自然作为绝对主体的观念，表现出强烈的自然主义倾向。这使得斯多亚主义的运思方式与古典希腊产生了根本的分歧，它是把自然放在历史性的向度来思考，而不再是如柏拉图和学园派所坚守的垂直存在的思考向度。斯多亚主义把自然从柏拉图的秩序阶梯和知识阶梯中解放出来，使其成为自然本身。斯多亚主义与它同时代的哲学也有相当复杂的关系，它与伊壁鸠鲁学派都从自然出发却形成关于自然不同解释的有趣对比，从中我们可以看到希腊化哲学试图重新从自然出发而形成新的哲学突破的努力。由此，希腊化哲学不是在真理追求的道路上退缩回来，而是从最具经验性的真理体认入手，期待着新的真理探究方式的突破。

第三节　斯多亚主义的自然神学

上一节以物体原理为中心论述了斯多亚主义的自然哲学，指出其自然哲学的泛神论倾向乃是根源于物体的自然性/生长性。本节则要讨论斯多亚主义关于神的原理，指出斯多亚主义的自然哲学其实就是自然神学。据此，可以得到的结论是：斯多亚主义关于物体的学说与它关于神的论述是内在一致的，其自然哲学和自然神学也内在一致。它们是斯多亚主义物理宇宙论的一体两面。

一

在总论斯多亚主义的物理宇宙观时，第一节对斯多亚主义的神的原理已经有所涉及。本节则结合斯多亚主义的自然神学专门论述神的原理。斯多亚主义的自然神学认为自然就是神，讨论神就是讨论自然。第二节讨论物体原理和其他原理的相关性时从自然的角度来描述神，本节则要从神的角度讨论自然。这有助于我们了解希腊化哲学对于神的不同理解。从神说明自然，与从自然本身说明自然是不同的。从神说明自然，突出了自然的自我主导性、生命本性和理智特性。

西塞罗《论神性》的第二卷对斯多亚主义的神的学说有一个概观。西塞罗让巴尔布斯（Balbus）代表斯多亚主义发表关于神的议论。巴尔布斯归纳了芝诺和克律西坡的观点，也涵盖了中期斯多亚主义的某些理论。巴尔布斯从四个方面概括了斯多亚主义的自然神论：(1) 神圣的存在者（神）的存在的论证；(2) 神的本性；(3) 神统治世界的方式；(4) 神对于人类的照看。[①] 这四个方面都围绕理性神的观念表述斯多亚主义的自然神学。因此，斯多亚主义的神是理性的神，这个理性就是逻各斯。也就是说理性是自然，用希腊哲学的术语说“physis”就是“logos”。在这里，我们可以看到斯多亚主义的神的学说与柏拉图的不同。柏拉图称逻各斯是理念世界的特殊理念，它起着联结诸理念的作用，是不同于自然的存在。然而，斯多亚主义把逻各斯还归于自然，使自然理性化。这样说可能仍然很模糊。更具体的阐释是，当斯多亚主义把理性还归于自然时，自然就具有了实体的性质。斯多亚主义使自然理性化，是通过使自然实体化实现的。

在神的学说方面，斯多亚主义与亚里士多德也有密切的关联。斯多亚主义似乎没有使用神学这个术语，今天的神学观念多依据基督教的视野。在基督信仰的框架中，神学主要有两方面含义：一是对神/上帝的探究；二是探究以启示为前提。神学的第一方面含义与古代西方哲学是一致的，它来自希腊哲学。亚里士多德最早明确地使用和规定神学这个术语，尽管柏拉图已经有关

---

① 西塞罗著，石敏敏译：《论神性》第二卷，香港汉语基督教文化研究所2002年版，第1节。

于神学的定义。在《形而上学》第12卷第6—10章中，亚里士多德谈到第一推动者时有专门的论述。亚里士多德说形而上学所探究的是永恒实体（本体）的观念，它是完全现实的，是不带质料的纯形式。这个自身不动却推动万物运动的、完全现实的、纯形式的永恒的动因就是第一推动者，第一推动者是理性自身。亚里士多德说这是因为只有理性自身是纯形式，是现实的，永恒不动的，最完善的。这个最高的理性由于以自身为对象，它是最圆满的，是至善。亚里士多德还说，可以把永恒不动的、现实的、单纯的、至善的第一推动者称为神，把研究最高实体（本体）的第一哲学称为神学。神学是形而上学的最高部分，是探究本体（在亚里士多德是纯形式，在基督教是神）的学问。斯多亚主义继承了亚里士多德的这个学说。只是斯多亚主义不是在形而上学的探究范围内使用，它把神学运用于物理学领域。斯多亚主义认为神学是物理学或者自然哲学中的最高部分，它也探究神。斯多亚主义虽然没有使用神学的概念，所讲的却是亚里士多德意义上的地地道道的神学，因为它也如亚里士多德那样讲理性神学。因此，斯多亚主义确确实实继承了希腊的理性主义传统。

从希腊理性主义传统出发，斯多亚主义批评许多人错误地把迷信当作宗教。在这一点上，斯多亚主义和整个希腊哲学传统（包括柏拉图、亚里士多德、伊壁鸠鲁学派）是相同的。然而其他的学派没有突出强调要把迷信和宗教分开，指出哲学空谈的是宗教，而不是习俗所以为的真的宗教。斯多亚主义清楚地指出了迷信和宗教的区别：迷信是人们把许多虚构的力量归于那些想象出来的诸神所产生的错误信仰，宗教则是指一丝不苟地观察并重复敬神仪式的人。[①]

---

① 西塞罗著，石敏敏译：《论神性》第二卷，香港汉语基督教文化研究所2002年版，第28节。

斯多亚主义又进一步表述说:“只有人才会去追踪星辰的升降。人制定了日、月、年。只有人才明白什么是日食和月食,只有人才能预测它们何时将会发生,是偏食还是全食。当理智沉思这些现象时,它同时也获得了关于诸神的知识。这样就产生了宗教。伴随着宗教而来的还有仁慈以及构成善之生活的所有美德,善的生活就是神的生活的反映。”① 上引的这段话是斯多亚主义的宗教观念的最好诠释。斯多亚主义认为宗教追踪日月星辰的演变的方式是为了获得神的知识,这是通过理智思考所获得的神的知识。占卜属于宗教的知识而不是迷信,因为占卜属于科学研究,是基于经验观察并且得到总结的星相学。斯多亚主义又认为,这种关于知识的追求或者说真理的表述乃是与善相统一的,它构成人们的善的生活的原理,真本身具有善的特性。而真和善都统一在神的观念上,因为无论真和善都是理智的思考,理智本身就是神。斯多亚主义关于神的理解,就是亚里士多德所讲的神学即理智以自身为思考的对象。斯多亚主义讲的“宗教”其实就是“神学”。

然而,斯多亚主义讲的“神”与亚里士多德又有所不同。亚里士多德所发挥的是柏拉图主义的传统,虽然他比柏拉图要温和,认为形式显现在质料之中。不过亚里士多德的神仍然是“纯形式”,斯多亚主义所讲的“神”则是“自然本身”,是“物体”。有意思的是,亚里士多德把与质料世界分离的纯形式称为理智,称为神,斯多亚主义却把理智称为由质料构成的自然。这个观点上的冲突,本质上是希腊化时期自然主义的理性哲学与古典希腊的理念哲学的冲突。我们需要特别注意斯多亚

① 西塞罗著,石敏敏译:《论神性》第二卷,香港汉语基督教文化研究所2002年版,第61节。

主义在这方面的贡献，它对于理智的特殊理解也就是它对于自然的特殊理解。通过这种转换，斯多亚主义的理性/理智观念被赋予特殊的内涵，从而希腊的理性主义在希腊化时期也被赋予特殊的含义。要理解斯多亚主义的自然神学，就需要把握它对这种自然、理智和神的特殊设定，要紧紧把握住斯多亚主义对于理智与神的关系，这样才能够区分斯多亚主义的自然神学与柏拉图以及亚里士多德关于神的论证，也才能够区分它与伊壁鸠鲁主义的关系。斯多亚主义对于自然和理性/理智的理解，使得它从柏拉图—亚里士多德和伊壁鸠鲁学派之间走出了第三条道路。

斯多亚主义批评伊壁鸠鲁学派的神依据的是理性神，批评亚里士多德和学园派的学说却是依据自然学说。威尔布斯阐释了诸如宝瓶座和天兔座等星辰的自然永恒的法则乃是理智后，质问伊壁鸠鲁学派道："现在我来问你，任何一个理智健全的人会相信所有这些星座，所有这些苍穹的炫丽，会是由物质性的原子随意创造的吗？那些缺乏理智和目的的自然力量，能够产生出这样的现象来吗？除非通过一个合乎理性的理智，否则它们就不能存在，而且它们的本性极其微妙，我们必须耗费理性才能领悟其中的奥妙。"① 斯多亚主义的批评指出伊壁鸠鲁学派从感觉主义的观念出发，把万物的形成看作是原子随意复合的结果，这就否定了自然产生的理智主义本质，也否定了自然产生的必然性本身。斯多亚主义认为物体相生的必然性而非随意性正是其自然神学的立场所在，自然神学就是基于这种必然性的理性基础。自然产生的必然正是基于神圣的逻各斯，它就是神本身。

---

① 西塞罗著，石敏敏译：《论神性》第二卷，香港汉语基督教文化研究所 2002 年版，第 63 节。

斯多亚主义的自然神学详细论证了神与自然之间所具有的关联乃是基于理智本性。克律西坡认为，“唯有神才具有至高无上的理性天赋”,[①] 芝诺则指出宇宙就是理智本身。芝诺简要地概括说：“具有理性的事物比不具有理性的事物完美。没有任何事物比宇宙更完美，因此，宇宙是一个理性的存在者。”他的结论是自然乃是理性本身，接着又写道：“没有任何缺乏生命和理智的事物能够产生具有理智的生物。而宇宙确实产生了在不同程度上分有理智的生物。因此宇宙本身就是一个活生生的理智。”这就指出了理智的生命本质。斯多亚主义所说的理智不是形式，不是逻辑或者不仅仅是逻辑，而是秩序。最具逻辑的是生命的不可思议性，因为生命本身是有秩序的，有秩序就有生命的法则，“既然宇宙能够产生有意识的理智，那么为什么你不承认宇宙就是一个有意识的理智呢”?[②] 因着这种生命的秩序，因着这种秩序，宇宙包含了它的自我意识。自然/宇宙的自我意识说明宇宙是神圣的存在者，“宇宙必定是一个理性的存在者，渗透并包含万物的自然则必定以它的最高形式拥有理性。因此，神与自然必定是同一的，世上的一切生命必被包含在神的存在之中”。[③] 在论证神与自然的同一性上，理性/理智成为论证神的存在的最重要一环。斯多亚主义借用了亚里士多德和柏拉图的方式，而批评了伊壁鸠鲁学派的感觉主义。从这个方面来说，斯多亚主义的自然神学与古典希腊的形而上学有着隐秘的关联。斯多亚主义在它的自然哲学中运用古典希腊哲学的形而上学思考。

在《形而上学》中，亚里士多德清楚地阐释了第一哲学/形

① 西塞罗著，石敏敏译：《论神性》第二卷，香港汉语基督教文化研究所 2002 年版，第 7 节。

② 同上书，第 8 节。

③ 同上书，第 11 节。

而上学的本性，指出它是以理性为对象的自我实现的学问。亚里士多德关于思想、存在和神的一致性的论述说明他乃是斯多亚主义的理性神的哲学先驱，他说："思维本身是关于那本身最好的东西，而那最高意义上的思维是关于最高意义上的最好的东西。思想思考它自身，因为它分有思维的对象；因为它由于理解和思维的活动而成为思维的对象，所以思想与思想的对象是相同的。因为那能接受思想的（亦即本质的）对象就是思想……思想的现实就是生命，而神就是那种现实；神的依据自身的现实，就是最好和永久的生命。因此，我们说神是一个活着的、永恒的、最好的存在物，以致生命和连续的寿命和永恒都属于神，因为这就是神。"[①] 中译本译为思维/思想的亚里士多德的这个术语就是nous，也译为理智/心智。亚里士多德认为理智/心智因为思考它自身就成了思想本身的现实，这就是神。因为唯有神是完全的自我现实，是从自身出发并回到自身之内的现实，是以自我为对象的思想必然是完全自足圆满的存在。斯多亚主义也是这样认为的，它说比肌肉、天体这些东西更高级的是"理性，或者如果你乐意，也可以称之为理智、目的、思想、智慧……"[②] 斯多亚主义采用亚里士多德的目的论说明为什么理智以自身为对象就是完全现实本身，"天体很有可能具有最高的理智，因为它们居住在宇宙的以太层内，供给它们的地球和海洋的蒸气通过穿越太空的长途旅行已经变得很稀薄。而从星辰有序而规则的运动中，我们可以明显地看出它们有意识、有理智的存在者。因为，若没有理

① 亚里士多德，李真译：《形而上学》1072b19—31，上海世纪出版集团2005年版。

② 西塞罗著，石敏敏译：《论神性》第二卷，香港汉语基督教文化研究所2002年版，第7节。

智的引导，任何事物都不可能以一种适度而有序的方式运动，在理智的引导中，不存在任何随意性、疑虑或偶然性……这是一种内在目的的表达。……星辰是根据它们自己的自由意志、通过它们自己的神圣理智来运行的”。[①] 由于理性以自我为对象，是自我之思，它的思就永不匮乏，永远自足。据此而论理性就是善的，善的事物在于它的自足，善在于它的不匮乏。由此，神必然是自足的，没有比善更能描述理智/理性的本性了。“最高的优秀品质必然呈现在绝对和完美的事物身上。没有比善更高的品质了，也没有比宇宙更完美的事物了，因此善必然就是宇宙的一个特性。人身上的本性并非是完美的，然而善还是可以呈现在人身上，更不要说呈现在宇宙之中了！因此，宇宙包含着善和智慧，因此宇宙本身就是神。”[②] 斯多亚主义的自然神学是倒转过来的亚里士多德的形而上学。

厘清了斯多亚主义的自然神学的上述前提，也就厘清了斯多亚主义与柏拉图、亚里士多德和学园派的神学差别，以及斯多亚主义与伊壁鸠鲁学派的神学差别，由此可以看到斯多亚主义的自然神学的泛神论本质。斯多亚主义的泛神论不是古典希腊前苏格拉底哲学的泛神论，“有限的自然物产下自己的种子，在各自的形式限定范围内生长发育，而作为无限的宇宙整体的大自然则是一切自由和运动的源泉，也是与其意愿和努力一致（希腊语称为hormae）的行为的最初源泉，正如我们在自身的理智和感觉的驱动下采取行动。这就是宇宙的精神本性，把它称为神的智慧或神意（即希腊语中的pronoia）是很合适的，它使世界得以持续、

① 西塞罗著，石敏敏译：《论神性》第二卷，香港汉语基督教文化研究所2002年版，第16节。

② 同上书，第14节。

不匮乏，充满恩典和美”。[1] 斯多亚主义所关注的神不是古典希腊哲学的肃穆的、静态的、旁观的、优雅的神，它是主动地在世界之中并将自己显示为自然的整体以及自然的生命力量的神。这个神从自身的整体里面显出超越的力量，它虽然超越却不外在于宇宙。由此可以进一步追问何谓斯多亚主义的神秘主义？在斯多亚主义的自然哲学中，在它的自然神学中，理智的自然就是最大的神秘，整个世界如此具有秩序，如此不差分毫地展示其完美和绵延就是神秘。神秘不是非理性的无法言说的感受，不是秘密地作为神与自然万物的合一的现实性之超然。神秘就是完全合乎秩序地运动以至于我们无法言说这种秩序的有效性。斯多亚主义的自然神学特别从秩序的角度来讨论泛神论。这与泰勒斯和恩培多克勒等哲学家所讨论的泛神论都有所不同，后者更在意于自然的活力或者生命力，然而斯多亚主义则着重表达了如下的看法：宇宙因为秩序而有生命活力。

因此，斯多亚主义从不同于其他希腊思想流派的角度阐释了理智的自然神性和秩序的关系。它特别突出以秩序为美的自然哲学主题，并把它纳入关于神的思考之中作为神学的主题。一方面这可以说是斯多亚主义继承了古典希腊的精神，不以不可知的神秘为神性，而是以知性的秩序原理和无比精致的秩序之美而惊叹，以之为神性的真正显现。因此，希腊的自然神学是敬畏在“知”里面，是为“知”所直观的秩序的自然性的意识性显露，从中看到神意和神性之所在。在谈到这种自然的泛神特征时，斯多亚主义者这样指出：“宇宙的稳定性、连续性和持久性，更是远远超出我们的想象范围，更加神奇无比。它的所有部分都以同

---

① 西塞罗著，石敏敏译：《论神性》第二卷，香港汉语基督教文化研究所2002年版，第22节。

等的力量向着中心。所有的天体被一条锁链连在一起，始终保持着最佳联系。在宇宙中，自然本身就是这条锁链，它渗透在整体中，把一切都安排在一个理性蓝图中，把所有的部分都转而吸引到中心部分来。"[①] 理性的锁链就是神意的自然性的最好体现，也是自然被认定为是神而不是原子的随意混合的最好证据。"在天上，没有任何事情是偶然的，没有任何事情是无常、无序或者游离不定的。到处都是秩序、真理、理性、连续性。"[②] 斯多亚主义断定神意无处不在，无处不曾体现。"我无法理解星辰的这种规律法，以及它们在多种轨道中始终保持时间和运动形式上的和谐性，除非把这些当作行星本身的理性、理智和目的的表达。"[③] 秩序是无法理解的，更无法理解的是它又最具可理解性的方式呈现它的无法理解。这就是自然的神性，这也就是神性的自然。自然在其可知性的秩序上显现出它的奥秘，而关于奥秘，神是最好的表述。

斯多亚主义的自然哲学是物理学家的物理哲学，其最典型的特性是物理性，其最重要的原理是"物体"。以此为基础，斯多亚主义称一切存在都是有形体的。虽然时间、处所、空间和虚空是无形体的，然而如果从"连续统一体"学说的角度，还是可以看到它们也能够有形体性地被表达。从这种物体观念出发，自然的实体性存在得到了肯定。换言之，自然本身的实存性和真实性作为知识探究的可靠对象得到了肯定。这使得古典希腊的自然哲学在由数学的物理学向物理的物理学转变中，形成了新的知识探

---

① 西塞罗著，石敏敏译：《论神性》第二卷，香港汉语基督教文化研究所2002年版，第45节。

② 同上书，第22节。

③ 同上书，第21节。

究方向。

斯多亚主义的自然哲学还是一种自然神学。斯多亚主义没有通过制造外在超越的力量来建立神学，它所谓的神就是自然。然而，自然神学的表述方式使得自然哲学的理智性和秩序性得到彰显。由此，自然哲学的物理性获得了一种形而上学的内在性，是有形而上学内涵的自然哲学。斯多亚主义对亚里士多德的形而上学作了倒转性的隐秘的运用。

斯多亚主义对物体和神这两个原理的关联性使用，从不同方面展示了其自然哲学的统一性。就斯多亚主义而论，物体展示的是物理世界的自然实存性，神所展示的则是物理世界的意识本身，就是逻各斯性。以此为关联，斯多亚主义把一种典型的生机论置于自然哲学的实存框架里面，使得自然成为充满活力表达秩序的奥秘。

第三章

斯多亚主义的形而上学

巴门尼德、柏拉图和亚里士多德造就了希腊形而上学之思的主流进路，把希腊的纯思推展到前所未有的高度，也把人类的思辨精神推展到在仰望中才有归属的境地。希腊化哲学总体上则趋向于自然哲学，从反思古典希腊哲学尤其是巴门尼德、柏拉图和亚里士多德的无形体哲学的角度讲，他们并不关心形而上学。他们似乎从形而上学之思中遁身隐退，进入经验性领域的唯独究问。

然而形而上学没有就此远离希腊化哲学之思。形而上学主动来寻找一切的哲学之思，它是哲学之思的秘密，它守护着哲学之思与科学技术之思的距离。它作为思想的梦魇永远与哲学相随，只是相随的方式更为隐蔽而已。在希腊化哲学中，斯多亚主义的自然哲学最与形而上学相关。斯多亚主义把希腊的形而上学之思从纯思的天空拉回大地，呈现自然哲学纯思里面的经验性构成之于生存的意义，也是之于天空的意义。斯多亚主义的纯思的大地经验就是自然哲学的苍穹，因为经验的形而上学守护就是纯思的经验性守护。斯多亚主义的形而上学以它特殊的形式守护着自然的神性，表明自然哲学乃是自然对于自身的渴望。

第一节 Ti、On和Ousia

斯多亚主义的形而上学探讨的是Ti。在Ti的范畴之上，斯多亚主义建立起它的实体（Ousia）论，指出个体的、形体性的存在才是真实的存在，这构成了其自然哲学的形而上学基础。以此为出发点，斯多亚主义把古典希腊哲学所重视的On置于一般性地位，认为On的真实性是因为Ti的形体性才具有实存性，它把On仅仅把握为一种存在状态和具体存在物的实存形式。

斯多亚主义的形而上学清楚地表明它与古典希腊哲学走的是两条不同的思想道路。由于形而上学本身的基础性地位，斯多亚主义借此表明其自然哲学、认识论和逻辑学的独特理论取向，以及其新的典范所在。它在与柏拉图及其学园派、亚里士多德、伊壁鸠鲁学派建立分别基础上，又对这些思想资源有所运用。斯多亚主义的形而上学表明，它们间的分别在其学说建构中是多么重要。

一

斯多亚主义的形而上学探究主要以柏拉图哲学为背景，带有回应亚里士多德的意思。继巴门尼德之后，柏拉图确立了形而上学的思想根基。他区分现象世界和理念世界，把理念世界看作是纯思的唯一领域，也是思之真理所在。在《智者篇》中，柏拉图所指出的诸神和巨人的斗争正是希腊形而上学探究对象的明晰分野。“理念的朋友”认为，“真正的On是由某种可理知的和无形的理念构成的”。[①] 理念是思的唯一对象，理念也构成思的本质

① Plato, *Theatetus* 246B—C.

的真正呈现，理念呈现了思本身。与“理念的朋友”相反，有些思想家“把天上的和看不见的所有事物拉到大地上，要像他们的手能够真正地把握到礁石和橡树一样；他们顽固地坚持只有这些事物才是能够触摸或把握的，只有它们才有 On 或本质，因为他们把 On 和物体作为同一进行定义。如果有人说非物体（somata）存在，他们就不屑一顾。除了物体，他们听不进任何东西”。[①] 柏拉图称这些思想家是唯物主义者。在柏拉图的笔下，唯物主义者是对抗思的，是拒绝思的；他们的思想是粗俗的，On 如果成为物体性的，那么 On 也就随之成为时间性和空间性的存在者，成为限定性的，它如何可能与思的纯净永恒不变联系为思想本身的讲述呢？柏拉图由此区分出两种有关 On 的理解：“诸神”/“理念的朋友”认为 On（可理智的、无形体的 Being）真正存在；“巨人”认为唯有当 On 与物体同一的时候，才可能谈论真实存在（hyparksis）。在此，希腊形而上学第一次把关于 On 的不同探究作为问题清楚地表明出来。柏拉图选择成为“理念的朋友”，亚里士多德的 On 的学说虽然有所调整，也更加复杂精致，然而他与柏拉图的探究方向大体相同。亚里士多德同样主张唯有无形体的、非物体的 On 才真正实存，认为 On 是最高的种，是纯思的思及自身时的呈现。On 无法定义，On 只是呈现。亚里士多德的形而上学和逻辑学都体现了对 On 的这种把捉方式。

斯多亚主义则使希腊形而上学的另外一种选择成为可能。它所塑造的 On 的学说不能说是完全相反的，也可以说大相径庭。斯多亚主义的 On 的学说颇类似于柏拉图《智者篇》的“巨人”的立场，又不完全相同。在把 On 看作物体，看作有形体的物体这一点上，斯多亚主义和柏拉图的“巨人”持相同的立场。“依

① Plato，*Theatetus* 246A－B.

据他们（斯多亚主义）的看法，无形体的存在不具有作用或者被作用的本性",[①]《智者篇》也说“巨人”把运动看作是物体的接触,[②] 因为接触才产生运动，既然如此，一切存在就必须是有形体的存在物。斯多亚主义和“巨人”都认为无形体的存在不是On，真正的On是物体，是有形体的存在，因为唯有物体才可能作用于其他存在物。由此，学者们认为，在研究希腊化的自然哲学流派时，尤其是探讨斯多亚主义所谓的On的不定式einai时，最好译为hyparksis（存在),[③] 指实存为具体事物的意思，所表示的是有形体的事物（物体）“存在着”，而不应译为巴门尼德、柏拉图和亚里士多德哲学的“是”。由此，斯多亚主义对于On的理解又不同于“巨人”哲学。斯多亚主义把On作为实存着的持续状态，形体是实存状态的样式，把On放在新的哲学典范中予以讨论，不再把On看作“最高的种”，甚至不把On理解为“种”，而是视为heksis（状态）和状态的持续。然而“巨人”的On的学说认为On是最高的“种”，只不过On转化成了物体性的存在而已。这是否是说On被从斯多亚主义的形而上学中抛了出去呢？不是的。如果没有On的形体性状态的真实性，物体的真实性存在会受到质疑，物体是否真实存在会成为无法规避的问题。这就是巴门尼德和柏拉图对于现象的真实性的质疑，对于自然知识的可靠性的剥夺。因此On的这种转化性表达，是斯多亚主义自然哲学作为可靠的经验性知识从而是作为善的伦理学探讨

---

① Sextus Empiricus, *Against the professors* 8.263 (SVF 2.363), see in A. A. Long and D. N. Sedley (eds.), *The Hellenistic Philosophers*, Vol. I, 45B, Cambridge University Press, 1988.

② Plato, *Theatetus* 246C.

③ A. A. Long and D. N. Sedley (eds.), *The Hellenistic Philosophers*, Vol. I, p. 163.

的形而上学基础，只是斯多亚主义以一种自然哲学的方式来表述而已。

可见，斯多亚主义的 On 的学说不是从《智者篇》直接引申出来的，它是间接的引申。[①] 这种转化使得柏拉图所批评的形而上学的另一种选择真正成为可能，它包含了对于 On 的自然真理的可靠性的强有力的论证支持。斯多亚主义关于 On 的这种论证的隐晦态度，可能与斯多亚主义对柏拉图所抱的难以置信的尊重有关，尽管斯多亚主义的形而上学确实把柏拉图及学园派作为批评对象，然而，它很少在批评中直接提到柏拉图的名字。就连“我们的先辈”这些隐晦的提法也极少见。斯多亚主义批评学园派却从不留情，每每有尖刻的评论。这可能是斯多亚主义的形而上学在其哲学学说中隐而不显的原因之一。不过在诠释柏拉图时，斯多亚主义可能敏锐地注意到柏拉图在 Ti 和 On 的问题上的更深刻暗示。柏拉图说：“这也是显而易见的，在谈论某事物（Ti）时我们总是谈论 On，因为谈论一个与所有存在完全分离无关联的抽象的某事物（Ti）是不可能的。”[②] 在谈论 On 时，柏拉图认为应该把 Ti 关联进来。On 的谈论不应和 Ti 分离开来，无论谈论哪一者，我们必然同时都在谈论另一者。对于最高的 On，我们只能说它是 Ti；对于 Ti，当我们指为 On 时，我们说它是最高的种，是最高的普遍实在性，是无形体的不可被规定的至善。

---

① Jacques Brunschwig，“*The Stoic Theory of the Supreme Genus and Platonic Ontology*”，see in Jacques Brunschwig，*Papers in Hellenistic Philosophy*，English translated by Janet Lloyd，p. 118，Cambridge：Cambridge University Press，1994.

② Plato，*Theatetus* 237D.

斯多亚主义的形而上学则主张 Ti 和 On 的分离，从反对柏拉图的立场开始其形而上学的究问。若仅就此而言，斯多亚主义关于 Ti 和 On 的讨论，与亚里士多德的本体学说倒有更深的关系。在依据逻辑学讨论 Ti 时，亚里士多德把 Ti 单独拿出来讨论；然而，在从形而上学关联到逻辑学时，亚里士多德还是像柏拉图那样把 Ti 与 On 联系起来。亚里士多德认为存在两种本体，第一本体包含个体事物，如个别的人和个别的马，等等，它们具有如下的规定性：不能表述任何主词，不在任何基质中；第二本体则指属和种。[①] 这是从逻辑学角度作的探讨，第一本体被视为基础，“如果第一实体（本体）不存在，那么其他一切都不可能存在”。[②] 然而，从形而上学进行探讨时，亚里士多德把第一本体的概念用于纯形式或者 On。斯多亚主义则把 Ti 作为最高的种，这是放弃了《形而上学》中的探讨进路。他们采用的是逻辑学的探讨（亚里士多德的《范畴论》）“本体”的方式，并把它贯彻在整个自然哲学之中，构造了斯多亚主义自然哲学的独特的形而上学基础。就《范畴论》而论，“第一本体——或者不如说是第一本体的名称——是指 tode ti。这个短语的辞典意义是‘这里的这一个’（this here)，或者用正规英语说，是‘this’（这一个)。他（亚里士多德）是这样论证他的论点的：第一本体，例如某一个人，说的就是‘这一个’。这是无可争辩的。因为这里所指的那个东西，是个别的，而且数目上是一个。但第二本体就不是如此。例如，当我们说‘人’或‘动物’时，我们的说法似

① 陈康：“亚里士多德《范畴篇》中的本体学说”，见汪子嵩、王太庆编《陈康：论希腊哲学》，商务印书馆 1995 年版，第 285 页。

② 亚里士多德：《范畴篇》2B5—6，见苗力田主编，余纪元译《亚里士多德全集》第一卷，中国人民大学出版社 1990 年版。

乎是指‘这个’，实际上与其说是 tode ti，还不如说是 poion t (这样一类)。因为‘人’或‘动物’这些词，并不像‘某一个人’那样，背后是一个单一的事物。‘人’和‘动物’都是表述许多主词的。‘属’和‘种’的名称都不表示‘这个’；‘这一个’乃是第一本体的名称所指的。”① 一方面，亚里士多德的 On 的学说包含了与 ti/tode ti 的关系，这与柏拉图的学说相近，只是亚里士多德讲得更有层次。亚里士多德突出强调 On 作为逻辑主词时需要理解为 tode ti，即完全属个体的存在。斯多亚主义接受亚里士多德的这个观点。另一方面，亚里士多德也不分 Ti 与 On 分离，他的形而上学说中的本体“属”和“种”都是这样来表述，是从 On 来讲论 Ti。在这个观点上斯多亚主义对亚里士多德则持批评态度。

斯多亚主义的形而上学以 Ti 为基本概念，On 则被融会到物体的实存性状态予以论说。斯多亚主义没有在 Ti 与 On 之间建立形而上学的关联，它的形而上学颠覆了古典希腊哲学把 Ti 关联于 On 的论说逻辑。它从 Ti 来讲论 On，无论讲说什么样的物体和什么样的实存，斯多亚主义都不依赖于 On，而是从“存在在这里/那里”的限定性来讲，是从 Ti 的学说来讲论。Ti 的形而上学还被扩展到概念领域，虽然概念无形体地存在，然而它不是从柏拉图和亚里士多德的角度所肯定的“形式”的实存性，它不是 On，斯多亚主义把它们翻译为 Ti，Ti 是最高的种。斯多亚主义放弃了从 On 或者以 On 确定 Ti 的进路，把希腊的形而上学引向了全新的道路。

---

① 陈康：“亚里士多德《范畴篇》中的本体学说”，见汪子嵩、王太庆编《陈康：论希腊哲学》，第 286—287 页。

二

接下来要具体讨论斯多亚主义的 Ti 的形而上学。我们要追问斯多亚主义是否一以贯之地把 Ti 作为本体/最高的种来使用，Ti 的形而上学地位是否始终存在于从早期斯多亚主义到晚期斯多亚主义五百多年的学术流传之中？这个问题可以分解为两个方面：（1）斯多亚主义的创立者芝诺是否已经提出了 Ti 的形而上学？（2）主流的斯多亚主义者是否都坚持 Ti 是本体？

我们可以从第一个问题入手。西方学者对于这个问题是有争论的。著名的前辈希腊学者策勒认为芝诺是把 Ti 和 On 并用，没有在两者之间作排他性的选择。策勒说斯多亚主义也把 onta 用在所谓的 tina（诸事物）上，称每个事物（Ti）为 On。[①] 在 Ti 和 On 的使用上，斯多亚主义继承了柏拉图和亚里士多德的哲学传统。新近西方学者的研究则得出了与策勒不同的看法。J. M. Rist 认为，斯多亚主义从它的创建者芝诺开始已经把 onta 和 tina 分别使用，他还认为芝诺把 On 作为最一般的范畴，而不是作为最一般的种。[②] 所谓最一般的范畴是说它只是一个普通概念，如同“人”、“动物”和“植物”等概念。依据 J. M. Rist 的理解，On 在斯多亚主义的哲学体系中不具有特殊的哲学地位，斯多亚主义只研究 Ti 的形而上学。

学者们用两个专门的术语称呼斯多亚主义形而上学研究中的

---

① J. M. Rist, “*Categories and their Use*”, see in A. A. Long (ed.), *Problems in Stoicism*, p. 41, London and Atlantic Highlands: The Athlone Press, 1996.

② J. M. Rist, “*Categories and their Use*”, see in A. A. Long (ed.), *Problems in Stoicism*, p. 43.

Ti 和 On 的争论，这就是所谓的 TSG 和 ESG 之争。TSG 代表如下看法：斯多亚主义把 Ti 作为最高的种（genikotaton），把 On 归为本体分类中较低层次的范畴。ESG 则是这样一种理论假设：如同古典希腊的本体哲学那样，斯多亚主义把 On 作为最高的种，没有明显表现出与古典希腊哲学的断裂。在持 TSG 学说的西方学者中间，其观点又有变种，这里不一一分述，我只提出 Jacques Brunschwig 的比较典型的看法。Brunschwig 同意 J. M. Rist 的部分看法，认为芝诺的文本已经表现出 Ti 和 On 的分离，然而，要到克律西坡才清楚地确立两者之间的分离，他认为“分离学说”是斯多亚主义的“正统学说”。在晚期斯多亚主义者塞涅卡之前，也有一些斯多亚主义者抵制 Ti 和 On 的分离，主张两者的结合。相较于 J. M. Rist，Jacques Brunschwig 更坚决地认同 TSG 是斯多亚主义的基本教义。他认为针对柏拉图及学园派，斯多亚主义把 TSG 学说作为其哲学的根本，芝诺已经把斯多亚主义和柏拉图主义的本体学说的不同视野清楚界定出来了。如果 Brunschwig 是正确的，那么就意味着斯多亚主义的学说绝对不能被看作是折中主义，它有自己完整的立场和诠释视野，清楚地意识到与古典希腊哲学和同时代其他哲学的不同。这种根本的差异不是在争论中慢慢地综合其他学派的思想形成的，而是一开始就存在的。Jacques Brunschwig 说：“在斯多亚哲学中，TSG 教义是一种本质要素。在批评性地思考柏拉图神学的严峻挑战中得到成熟的阐释。”① Jacques Brunschwig 不同意 J. M. Rist 的地方还有，他认为斯多亚主义确实把 On 作为最一般的范畴，然而第欧根尼·

① Jacques Brunschwig, “*The Stoic Theory of the Supreme Genus and Platonic Ontology*”, see in Jacques Brunschwig, *Papers in Hellenistic Philosophy*, English translated by Janet Lloyd, p. 94.

拉尔修在转述斯多亚主义的On的学说时则比较含糊。[①] 这也就是说，如果单纯依据第欧根尼·拉尔修的文本，我们恐怕不能够肯定On在斯多亚主义文本中的一般地位。

现在需要讨论芝诺的文本。芝诺下面这段话与柏拉图有关，针对的是《泰阿泰德篇》237D，因为后者认为不能把Ti和On分开。芝诺则批评说，柏拉图所谓的那种作为理念的观念"既不是On也不是性质，它只仿佛是On和仿佛是性质（oute ti on oute poion，hosanei de ti on kai hosanei poion)"。[②] 引文中的On是相对于Ti说的，芝诺认为柏拉图的On并不真的是On，它只仿佛是On。为什么这样说呢？在芝诺看来，真的On一定是个体性的具体，就是Ti。在克律西坡的残篇中，这一点表述得更加清楚。克律西坡通过运用ST的观念批评柏拉图的本体学说，他说："在被决定了的界限内，理念包含着无穷多事物的发生(ekeinai ton apeiron en perasin horismenois ten genesin prelambanousin)。"[③] 这话的意思是，理念就像是一个"界限"或者"范围"（perasin）那样，peras是极限、结局和终端的意思。与柏拉图和亚里士多德把理念看作形式和On，克律西坡认为所谓的理念只是包含无穷多个体事物的范围，其本身不具有在先的实在性。真正实在的，是这个范围内的个殊性存在。这种情况类似于"……行走"这个句子。在这个例子中，不可能有一个普遍抽象的On在行走，只能说有一个个体在行走，因此作为语句构成

① Jacques Brunschwig，"*The Stoic Theory of the Supreme Genus and Platonic Ontology*"，see in Jacques Brunschwig，*Papers in Hellenistic Philosophy*，English translated by Janet Lloyd，p. 128.

② Diogenes Laertius，VII. 61.

③ SVF II. 365.

的主词必是个体，例如“苏格拉底”、“芝诺”和“第欧根尼”或者某某动物在行走，必定是“这个”在行走，“这个”可以是无穷的数列。

因此，当斯多亚主义说唯有个体是物体时，它把On解释为Ti。芝诺批评说，柏拉图和学园派的形式或理念不具有独立存在的性质，形式或理念是ennoemata。[①] 这里需要略加讨论斯多亚主义的概念划分。斯多亚主义认为概念有三种类型。第一类概念的希腊文是nooumena，意思是所设想的项目之一，“项目”是具体的个体的意思。nooumena与ennoemata是两个不同的概念，ennoemata指准个体的概念性存在。举例来说两者的差别，前者指一个个体的人，是真实的个体，后者指一个巨人，包含想象成分；前者从直接经验（kata periptosin）中被构造出来，后者通过中介例如想象力等被构想出来，是完全虚构的。第三个有关概念的希腊文是ennoiai，它介于nooumena和ennoemata之间。与nooumena不同，ennoiai具有nooumena所不具的普遍性，前缀en是in（在……里面）的意思，表明某个这种概念是在灵魂里面的。它虽然不是直接的经验，然而，它是从个体的nooumena而来的贮藏在灵魂里面的概念，带有某种复合的性质，不属于直接印象然而构造自直接印象。ennoiai也不同于ennoemata，它构成phantasia（表象）而不是phantasma（幻象）。[②] 芝诺指出柏拉图及其学园派所谓的On甚至还不能算是nooumena/phantasia，它只是ennoemata/phantasma。这就是芝诺所说的，错误的

---

① Diogenes Laertius，VII. 50.

② Jacques Brunschwig，“*The Stoic Theory of the Supreme Genus and Platonic Ontology*”，see in Jacques Brunschwig，*Papers in Hellenistic Philosophy*，English translated by Janet Lloyd，p. 100.

概念生于心灵，它们就其本身而言既不是存在的事物，也不是被规定的存在物，只是这些存在物的相似物（oute ti on oute poion，hosanei de ti on kai hosanei poion）。[①] On 的诸种形式如理念之所以是 ennoemata/phantasma，就是因为它们不具有 Ti。斯多亚主义的表述已经清楚表明它们不是物体，不是存在物。

以上分析表明斯多亚主义确实把 Ti 作为唯一的本体，斯多亚主义的形而上学包含了对古典希腊本体学说的激进革新。根据 Sextus Empiricus 的记载，斯多亚主义认为："如果这个事物（Ti）是可教的，它或者借着不是这个事物或者借着这个事物是可教的，但是不可能透过借着不是这个事物是可教的，因为根据斯多亚主义的看法，这些事物在心灵里面没有实存（hyphestosi）。"[②] 只有借着这个事物（Ti），也就是具体的个体存在物，它才可以得到认知，也就是说成为印象的真实内容。反之，那些无形体的概念，它们由于不具有个体性的存在，不可能导致真正的教导。除个体事物之外，其他事物都包含着被抽象的性质，就是属或者种的性质。在亚里士多德的《形而上学》中，属或种的事物是第一本体，然而斯多亚主义认为具体的个体事物不仅位于属和种之上，甚至还认为柏拉图和亚里士多德所谓的某些属和种是不存在的。不存在的事物不可能是本体，也是不能教的。这不仅包含了斯多亚主义对于柏拉图本体学说的否定，也包含对亚里士多德本体学说的批评，尽管斯多亚主义没有明显地把亚里士多德的学说当作批评对象，然而，它潜在地指向这一点。学者们把斯多亚主义对于en-

---

① Diogenes Lartius，VII. 50.

② Sextus Empiricus，*Against the professors* 10. 218（SVF2. 331，part），see in A. A. Long and D. N. Sedley（eds.），*The Hellenistic Philosophers*，Vol. I，27C.

noemata 的批评，也就是对于“不是某事物”（outi）的理论分析称为 NST，与 NST 正相反对的理论被称为 ST，ST 学说认为只有物体和标准的无形体事物可以称为某事物（Ti）。

那么，什么是标准的无形体事物，为何它们可以被称为 Ti？在我们的一般印象中，斯多亚主义似乎认为“无形体事物”都不是 Ti，因为其哲学原理似乎只把物体看作 Ti。然而，什么是标准的无形体事物呢？斯多亚主义所提到的 nooumena 就是其中之一。它为什么被放在性质（poiotes）的范畴里面，被放在质料客体的范畴里面，而不是放在另外的无形体存在，例如 lekta（莱克顿/被意指的）、place（处所）、void（虚空）和 time（时间）中呢？现在的研究还很难有确切的证据支持。有一种解释认为：这是由于斯多亚主义认为普遍性质是特殊性质的“种”，时间则不是任何特殊性质的“种”；还有的解释认为，把普遍性质与构成它们的特殊性质放在一起在方法上是有帮助的。斯多亚主义认为，个体存在物是以特殊的方式被规定的质料对象。“普遍性质”只是用来表示一组变化的事物所分有的共同要素而已。它只是名称而不具有本体论的重要性。令人难以理解斯多亚主义的这个观念主要是由于他们对“普遍性质”的理解已经受到柏拉图主义的观念实在性的影响。[①]就斯多亚主义而言，普遍性质可以称为特殊的存在物共在时的共在关系，离开特殊或者说个体存在物的共在关系，普遍性质就不存在了。因此，斯多亚主义认为某些概念可以是 ST。

现代学者的研究还表明，在斯多亚主义的发展演变过程中 TSG 学说可能经历过某些变化。中期斯多亚主义者和晚期斯多

① J. M. Rist, “*Categories and their Uses*”, see in A. A. Long (ed.), *Problems in Stoicism*, pp. 50－51.

亚主义者可能没有全部坚持这个理论。他们引为证据的是塞涅卡的一段话。塞涅卡说："有些斯多亚主义者认为'这个/某事物'(Ti)是第一的种，我想解释其间的原因。他们说，就其本性而言，某些事物存在，某些事物不存在。但是自然包括了甚至不存在的——这些事物进入到心灵里面，诸如半人马、巨人和任何由思想所形成的虚假的事物，它们尽管缺乏实体却有某种形象。"[①]塞涅卡强调说"有些"斯多亚主义者肯定Ti是第一个"种"，没有说"我们"斯多亚主义者，也没有说"所有"斯多亚主义者持相同看法。塞涅卡自己则主张ESG理论，就此而论，至少晚期斯多亚主义对TSG理论有不同的看法。然而，受前期以及斯多亚主义的主流传统对于柏拉图和学院派的ESG的抵制的关键影响，晚期斯多亚主义也没有完全转向接受柏拉图和亚里士多德的ESG而在其学派内部发展出标准的ESG理论。[②]无论如何，斯多亚主义自创建以来并且其主流是把Ti作为最高的"种"，以此对抗柏拉图和学园派的On的学说。从早期斯多亚主义到中晚期斯多亚主义，其有关于Ti的形而上学尽管发生过一些变化，然而其主流仍然坚守Ti的本体学说。爱比克泰德的看法可以援引来支持这个结论。他在谈论"神是什么"时，说我们所谈论的其实不是"神的本体是什么"，而是"神是否存在"。[③]爱比克泰德论为他谈论的不是神的On，而是神的Ti。Ti的本体学说作为斯

---

① Seneca, *Letters* 58.13—15 (SVF 2.332, part), see in A. A. Long and D. N. Sedley (eds.), *The Hellenistic Philosophers*, Vol. I, 27A.

② 参看 Jacques Brunschwig, "*The Stoic Theory of the Supreme Genus and Platonic Ontology*", see in Jacques Brunschwig, *Papers in Hellenistic Philosophy*, English translated by Janet Lloyd, pp. 114—115.

③ 爱比克泰德著，吴欲波等译：《哲学谈话录》，中国社会科学出版社2004年版，2.14。

多亚主义的形而后基础，这一点应该没有问题。

三

我们还可以依据现代哲学对斯多亚主义的 Ti 的本体学说作些阐释，以更清楚地说明其形而上学的自然哲学意涵。斯多亚主义的 Ti 学说与罗素的分析哲学有惊人的相似性，尽管斯多亚主义的理论没有罗素那么细致，然而，两者都试图从逻辑哲学的角度出发消除虚假的意义命题。所谓虚假命题，指的是虽有意义却不可判定为真假或者没有真假值的命题，罗素认为它通常是由述谓的主语的误用造成的。他用 the 这个语词来实现表述的限制，与斯多亚主义 Ti 的用法具有异曲同工之妙。罗素说："还应当对含有冠词 the 的词组进行解释。这些词组是迄今指称词组中最有趣也最难处理的。以'查理二世的父亲被处以死刑'（the father of Charles II was executed）为例，这个命题断定：有一个 x，他是查理二世的该父亲，且他被处以死刑。如果此命题中的该（the）是严格地加以使用的，那么它应含有唯一性；的确，即使某某人有好几个儿子，我们也这样说，'某某人的该儿子'……就我们的目的来说，我们将该（the）视为含有唯一性。所以，当我们说'x 是查理二世的该父亲'时，我们不仅断定了 x 对查理二世具有某种关系，而且断定了其他任何东西不具有这种关系。"[①] 罗素的阐释包含着关系的逻辑，然而，仅就两者都用它指唯一性存在而言，斯多亚主义的 Ti 就是罗素的 the。

从这种个体本体学说出发，后期的罗素和斯多亚主义都反对

---

① 罗素著，苑莉均译：《知识与逻辑》，商务印书馆 1996 年版，第 52—53 页。

柏拉图主义的实在论，从而用逻辑学阐释形而上学。罗素认为："实在感在逻辑中很重要，谁拿它玩戏法，佯称哈姆雷特有另一种实在，这是在危害思想。"[①] 如果在逻辑学中，语句的主词以及逻辑中运用的概念都已经作为实体肯定了下来，那么这就不应该再被怀疑。正是在这一点上斯多亚主义、罗素还有亚里士多德形成了关于本体的特殊思考。依据斯多亚哲学，亚里士多德还没有把逻辑主词"这个"作为本体学说进行到底，罗素所发展出来的摹状词理论则更清楚严格地说明了斯多亚主义所坚决反对的亚里士多德的第二本体思想。如同斯多亚主义一样，罗素和梅农也认为，从逻辑上来说，那种"在这个事物之外的"存在物都是指"存在之外的对象"，对于这样的客体，矛盾律不起作用。"因为只要我们愿意，我们可以说它具有某种性质，同时又说它不具有某种性质，两种说法同样都是真的。对于一个不存在的法国国王，我们完全可以说他是秃子或是非秃子，只要合我们的意。"[②] 斯多亚主义的 Ti 的学说已经有对于普遍概念或者"并非这个事物的本体"这种既非正确也非错误的第三者（亦真亦假）的批评。斯多亚主义称其概念批判学说为逻辑学，也称为辩证法，说："辩证法，由于它是关于由问题和回答所引导的正确言说的科学方法，因此它们可以被定义为（关于这些）的正确、错误和两者之外的科学。"[③] 根据辩证法，我们可以确定在"相等的事物"和"不相等的事物"之外，还存在既非相等又非不相等的第

① 转引自约翰·巴斯摩尔著，洪汉鼎、陈波、孙祖培译《哲学百年 新近哲学家》，商务印书馆 1996 年版，第 255 页。

② 约翰·巴斯摩尔：《哲学百年 新近哲学家》，第 256 页。

③ Diogenes Lartius, 7.41 — 4, see in A. A. Long and D. N. Sedley (eds.), *The Hellenistic Philosophers*, Vol. I, 31A5.

三种状态；[①] 在“好的状态”和“坏的状态”之外存在既非“好”也非“坏”的状态。“他们（斯多亚主义）说某些存在的事物是好的，某些是坏的，还有的是既非好也非坏。德性——审慎、公正、勇敢、谦逊，等等——是好的。与这些事物相反的——愚蠢、不公正，等等——是坏的。既非好又非坏的事物有：例如生命、健康、快乐、美、强壮、财富、名声等等。”[②] 斯多亚主义通过概念分类要达到什么目标呢？从自然哲学和伦理哲学的角度，他们是指一种外在性的自然因素。这就是说，斯多亚主义认为不应该把自然存在物完全伦理化，因为还存在一种自然的本性，它构成善的外在条件和因素。这也是斯多亚主义不同于柏拉图和学园派之处，它所建构的是与其自然哲学一致的伦理学说。从逻辑学角度讲，斯多亚主义所列出的第三类本体，是要被排除在逻辑学范畴之外的，由于它们不构成真和假，它们就不具有罗素所谓的逻辑的健全的实在感。罗素通过划分殊相和共相来实现这样的论证，他虽然也把共相称为实体，然而，只是作为谓词或关系，强调它不能作为主词存在，能够作为主词存在的只有殊相。“我们可以将所有的实体划分为两类：(1) 殊相，它们只有作为谓词的主词或关系的项才成为复合体的一部分，假如殊相属于我们所经验的世界，那么它们在时间中存在，而且在他们所属的空间中一次不能占据一个以上的地点；(2) 共相，可以作为复合体中的谓词或关系出现，共相不在时间中存在，它们对一个

① Plutarch，*On common conceptions* 1078E－1080E，see in A. A. Long and D. N. Sedley (eds.)，*The Hellenistic Philosophers*，Vol. I，50C5.

② Doigenes Laertius，7.101－3，see in A. A. Long and D. N. Sedley (eds.)，*The Hellenistic Philosophers*，Vol. I，58A1－4.

地点也没有任何关系，而同时对另一个地点或许也没有关系。”[①]

斯多亚主义认为只有 tode ti 能够构成判断的健全的实在感，因为只有这种判断才有命题的单一主词，不会造成意义的含混，tode ti 是“这个/某个事物”的确实性所在。对于 tode ti，亚里士多德的逻辑主词概念（第一本体）有清楚的表述。“亚里士多德的 tode ti 概念包含着两个意思，即‘不可划分’和‘只有一个’。‘不可划分’从方法论上说就是‘不能进一步划分’，从本体论上说就是‘不能进一步分成亚属’。‘只有一个’在这里是用和它对立的‘可以表述许多主体’来说明的。这样，tode ti 便是这样一种东西，它的存在被严格地规定为：既不能进一步划分，也不能表述任何别的东西。”[②] 亚里士多德用不可划分性来定义 tode ti 的唯一性，斯多亚主义则认为 Ti 学说就是要确定亚里士多德的逻辑主词为个别的存在物，并且始终将它确定为个别的存在物。“这就是你们所表明的斯多亚主义的不适当性，他们使得‘这个事物’成为存在者所属的属：如果它是这个/某个事物，它显然也就是存在的，如果它是存在的，那么它就接受存在的规定。但是他们会通过定义‘存在的’只能是物体的存在来躲避困难；出于这个原因，他们就会说这个/这个事物更加属于属，它只能由物体表达，而不是由无形体事物表达。”[③] 斯多亚主义则通过把所有无形体存在都归结为物体，称有形体的存在才是实体。所有有形体存在必然是个别的存在，有形体存在不可能是一

---

① 罗素：《知识与逻辑》，第 149 页。

② 陈康，“亚里士多德《范畴篇》中的本体学说”，见于汪子嵩、王太庆编《陈康：论希腊哲学》，第 287 页。

③ Alexander, *On Aristotle's topics* 301, 19－25 (SVF 2.329), see in A. A. Long and D. N. Sedley (eds.), *The Hellenistic Philosophers*, Vol. I, 27B.

个有歧义的含混存在。这就是引文中所说的，唯有个体性的存在是物体的属，没有任何其他事物可以成为属。没有任何所谓的无形体概念可以构成逻辑主词，不然的话，它就是属于既不能判断为真或者判断为假的事物。因此，从哲学体系的整体性而言，斯多亚主义很容易把 tode ti 的形而上学直接运用到逻辑学的实体观念。两者没有什么区分，它们在作为实体的观念上完全相同。

斯多亚主义的 Ti 学说与罗素的实指理论有很强的可比性。在谈到实指问题时，罗素认为出现在句子中的每个词都一定有某种意义，我们对一个命题的哲学分析的正确性可以确定我们运用指派给表达命题的句子的每个词的意义的有效检查。简言之，每个词都有意义，每个意义都有一个实体。[①] 罗素说："我们可以把'实指的定义'定义为任何一种'人们无须借其他的字而学会理解一个字的意义的方法'。"[②] 就斯多亚主义而言，一个概念必是一个实指，因此"这个事物"并且"只有这个事物"才能构成逻辑的主题。斯多亚主义也注意到，很多情况下非个体性的实体会被认为是真正的实体，柏拉图和亚里士多德的学说坚持这样的看法。斯多亚主义把无形体的存在物看作是支持柏拉图和学园派理论的哲学基础，断然地把无形体事物从逻辑主词和实体范畴中驱逐出去，罗素则发展出摹状词理论来消除指称上的非实指性和专名命论。罗素的摹状词理论比斯多亚主义要更精致。"世界上所有的不论什么东西都是确定的，如果是一个人，必是一个确定的人，不是任何别的人，这自然是十分明显的。是以世界上我们

① 约翰·巴斯摩尔：《哲学百年　新近哲学家》，第 254 页。

② 罗素著，张金言译：《人类的知识》，商务印书馆 1989 年版，第 76 页。

找不到与特殊的个人不同的‘一个人’这样的实体。因此我们不定义‘一个人’本身，而只是定义它出现于其中的命题，这样做是很自然的。”① 罗素不否定那些含糊的指称词作为句子语法的主语，只是要对这些语词作描述性的处理以达到一种可以确定为真假值的陈述标准，这样，罗素的哲学就对某个事物/这个事物有了更确切的表达，就是完全从语言后面的实体对应指向概念的含义和概念的真假值之间的对应关系。像“每个事物是 c”这样的命题，罗素说它并不是断定有一个每个事物这样的神秘实体我们果真能把它称为 c。其所以不需要假定有这样一个实体的存在，乃是根据这样的事实：我们可以把“每个事物是 c”改写成“对 x 的所有值而言，x 是‘c’是真的”这种形式。这里并没有使用“每个事物”的说法，却完全表达了原来所断定的东西。②

斯多亚主义的 Ti 学说与罗素的“这”的理论也有区别之处。斯多亚主义的 Ti 学说是建立在实体理论基础上的，近代哲学之前的哲学都属于实体论哲学，洛克和休谟以来的经验主义则持唯名论立场，他们认为即使我们认识一系列事物的性质，也不能说我们就认识了这个事物本身，这个事物作为实体是假设的。后期罗素哲学受这种哲学的影响，并不接受 Ti 学说与实体学说之间的关联。他把斯多亚主义在这两者之间所建立的关系称为形而上学，③ 这确实很准确地说出了斯多亚主义的 Ti 学说的另一个层面，反映出后期罗素在描述殊相时与斯多亚主义描述 Ti 时的区

---

① 罗素著，晏成书译：《数理哲学导论》，商务印书馆 1982 年版，第 162 页。

② 约翰·巴斯摩尔：《哲学百年　新近哲学家》，第 257 页。

③ 罗素著，张金言译：《人类的知识》，商务印书馆 1989 年版，第 88 页。

别。"我们认为'这'字所表示的是某件唯一而且只能出现一次的事物。可是如果'这'字表示一组共同出现的性质，那就没有任何逻辑上的理由说明它不能再次出现。我承认这种看法是对的。"[①] 罗素认为我们其实可以用一组关于事物性质的描述来确定一个专名，确定"这"。只要这组性质是封闭的自足的，就可以构成对于事物的"这"的指称。它无须以实体作为基础，只是定义的封闭性而已。罗素的这个理论受到维特根斯坦的挑战，我们不讨论这个话题。这里所要说明的是罗素的专名或者"这个"理论并不必然与实体论相联系。在这一点上，斯多亚主义确实与它有分别，是古典哲学与现代哲学的实体学说的差别。

两者的差别还表现在斯多亚主义既否定 ennoiai 这类概念具有"这个"的指称，又认为 ennoiai 虽然不属于这个事物/某个事物的东西，然而它可以是实存的（subsist）。所谓"实存"是指它确实作为概念能够存在并且具有意义，就如巨人、妖怪之类的语词，然而它们并不真存在，"这个"存在是 einai（exist）。就斯多亚主义而言，不是某个事物/这个事物，它就不具有物体性。可以这样区分实存和存在，"存在有彩虹这样的存在物，和像米老鼠这样的人物，但是他们并不真正存在（exist）"。[②] 罗素显然不会同意斯多亚主义的上述看法。

从与现代分析哲学的比较中，我们可以看到斯多亚主义的 Ti 是最高的种的学说既区别于古典希腊哲学的 On 的学说，又继承了古典希腊哲学的实体论学说。尽管在 Ti 的形而上学上，斯

---

① 罗素著，张金言译：《人类的知识》，商务印书馆 1989 年版，第 100 页。

② A. A. Long and D. N. Sedley（eds.），*The Hellenistic Philosophers*，Vol. I，p. 164.

多亚主义者之间可能有不同的看法，如塞涅卡所说的有些斯多亚主义者想把其他的他们认为更原始的存在物放在这个/具体的存在物之上，而主流的斯多亚主义坚持 Ti 是最高的种的观点。他们把普遍性的概念排除出种的范畴之外，认为它们最多可以称为“准—这个事物”(quasi-something) 和 “准—被规定的事物”(quasi-qualified)。[①] 这个作为种的人甚至不能算是实存的“某事物”：根本就不存在诸如普遍的人这样的事物，也没有以米老鼠方式而存在的人。普遍的人和事物被含糊地看作是“并非某事物/这个事物”。“人不是某个人/这个人，然而我们在论证中把他称为某个人。这就是为什么在论证中有这个名，却被称为‘非—某个人/这个人’的论证。”[②] 总之，那被设想为某事物/这个事物的必须是一个个殊的存在物。[③] Ti 学说与实体学说的结合是斯多亚主义物体学说的形而上学基础。

四

斯多亚主义的形而上学还讨论了 Ti 与 hypokeimena/ousia 的关系。Ti 与 hypokeimena/ousia 既涉及“这个”，也涉及“实体”，全面地呈现了斯多亚主义形而上学。它还表明了斯多亚主义与亚里士多德哲学间的内在关系，这里以亚里士多德为哲学背景来理解斯多亚主义在 Ti 与 hypokeimena/ousia 所作的论证。

---

① Diogenes Laertius, 7.60 — 1, see in A. A. Long and D. N. Sedley (eds.), *The Hellenistic Philosophers*, Vol. I, 28C2.

② Simplicius, *On Aristotle's Categories* 105, 8 — 16 (SVF 2.278, part), see in A. A. Long and D. N. Sedley (eds.), *The Hellenistic Philosophers*, Vol. I, 30E.

③ A. A. Long and D. N. Sedley (eds.), *The Hellenistic Philosophers*, Vol. I, p. 164.

西方学者 John Christensen 在分析了亚里士多德和斯多亚主义本体学说的基础上，认为斯多亚主义的实体（ousia）或自然（physis）学说包含着对于亚里士多德的回应，回应了亚里士多德所讨论过的三种实体论类型：（1）hypokeimena/ousia 是具体的特殊，例如我们指着它并说："那里（tode）"；（2）由于斯多亚主义认为除实体之外无物存在，那么实体就不仅逻辑上独立，也物理上独立；（3）实体是一切事物的主体，是唯一的（不可还原）的主体。[①] 亚里士多德的实体论的这三个方面都是关于 Ti 的，第一个方面通过实指的方式确定其特殊性；第二方面通过肯定逻辑和物理的同一性论证指称和实体存在的同一性；第三方面则是说这种实体在逻辑表达上只可能是主体，在存在上则是它是所有性质的基质，它自己不可能成为其他存在物和性质的表达。这是古典西方哲学的实体即主体的思想，与近代西方哲学有根本的区别。斯多亚主义的实体观念秉承亚里士多德的思想理念，都把实体界定为 Ti。关于第一个方面，斯多亚主义是用实体的"处所"来规定"实体"的"个殊"，实体只能是"这里"并为"这里/那里"所包围的"这个"。由于斯多亚主义认为"实体"完全地占有"空间"，它就只能完全是"这个"，因为它完全地存在为"这个"。因此，Ti 的自我包含和 Ti 的实存完全一致。第二个方面则是对第一个方面的补充，斯多亚主义认为完全在处所里面的存在物必然是有形体的存在物。据此而言，实体必是有形体的物体。由此，斯多亚主义把 Ti 学说与亚里士多德《形而上学》的第一本体区分开来。《形而上学》的第一本体是"形式"，是无形体的。斯多亚主义虽然也称被规定的印象是物体，然而不认为它是本体，因为它

① John Christensen, *An Essay on the Unity of Stoic Philosophy*, pp. 20－21, Mubksgaard Copenhagen, 1962.

依附于对物体的印象。关于第三个方面，斯多亚主义认为它显示了 Ti 的主体性存在。从逻辑学来说，实体作为“这个”只能是命题的主词，它不能成为规定其他存在物的规定者，这正是亚里士多德的逻辑学所强调的；从自然哲学来说，实体观念则是其他范畴的核心观念，例如处所、时间和状态，等等，这也类似于亚里士多德对“实体”的形而上学分析。然而，斯多亚主义与亚里士多德也有不同。斯多亚主义是从自然哲学的角度来分析“实体即物体”，亚里士多德则采用“实体即形式”的学说。

上述三方面都从 Ti 来界定 hypokeimena/ousia。第一个方面肯定 hypokeimena/ousia 乃是完全的有界限的被规定的具体的特殊个体，就是 Ti 的“空间”特性；第二和第三方面则指出 Ti 的独一性，在逻辑上它只是主词，在物理学上它是唯一的存在者，在范畴论上它是一个独立的主导着其他范畴例如规定性的首要范畴。这也就是亚里士多德所说的 ousia 是 being 的核心范畴，因为在 being 的十个范畴中，本体/实体是被表述者，而数量、性质、关系、处所、时间、姿态、状况、活动和遭受则是表述这个主体的。学者们指出，在斯多亚主义的四范畴中，其他三个“范畴”即“被规定的”(poia)、“以某种方式被排列的”（pos echonta）和“与某其他事物相对而以某种方式被排列的”（pros ti pos echonta）都是形容词或者定语，它们需要名词来支撑，这个名词就是“实体”，例如“被规定的”可以称为“被规定的”“实体”，“以某种方式被排列的”可以被称为“以某种方式被排列的” “实体”，等等。[①] 可见，斯多亚主义对于“实体”的理解与亚里士多德哲学是

① Jacques Brunschwig, “*Stoic Metaphysics*”, see in Brad Inwood（ed.）, *The Cambridge Companion to the Stoics*, p. 228, Cambridge: Cambridge University Press, 2003.

非常接近的，也是指着实体范畴在其他范畴中的中心地位说的。

从逻辑学角度看，如同亚里士多德强调 hypokeimena 只能作为表述的主体而不能作为被表述的主体以此来确定“实体”的“某事物/这个事物”的性质一样，斯多亚主义也从类似角度推断 hypokeimena/ousia 和 Ti 的关系。在讨论 lekta（莱克顿）的时候，斯多亚主义反复指出“主格”和个体性物体的关系。[①] 斯多亚主义认为，诸如“苏格拉底走路”和“苏格拉底战斗”，都确切地表述出主格或者逻辑学主词的个体性。当然，斯多亚主义也同意 Ti 可以被作为系列的性质，例如，它是由一组个体性物体所表达的主格，这也是作为 lekta 的主词，例如“……走路”。在这个表述式里面，斯多亚主义认为必须满足如下条件：……或者所谓的“主目”必须是物体性实体，而作为物体它就已经是“某个事物”了。无论亚里士多德还是斯多亚主义，具体的个体（tode ti）都以个体的形式表示，它的最原始存在形态都包含着严格的“这里—和—现在性”（here-and-nowness），也就是说它被严格固定在时间和空间的状态里面，有极为严谨的时间性和空间性。在逻辑学上则类似于维特根斯坦所说的，“逻辑空间中的诸事实就是世界”，[②] “空间点就是一个主目位置”，[③] “不能想象不在空间之中的事物”。[④] 在表述上，无论是斯多亚主义还是维特根斯坦，他们的空间都是指逻辑空间。斯多亚主义对 Ti 有具

① Diogenes Laertius，7.58（SVF 3 Diogenes 22，part），see in A. A. Long and D. N. Sedley（eds.），*The Hellenistic Philosophers*，Vol. I，33M.

② 维特根斯坦著，陈启伟译：《逻辑哲学论》1.13，见于涂纪亮主编《维特根斯坦全集》第一卷，河北教育出版社 2003 年版。

③ 维特根斯坦：《逻辑哲学论》2.0131。

④ 同上书，2.013。

体严格的逻辑说明，hypokeimena/ousia 就是逻辑空间的事实性存在，就是逻辑空间里的主目，就是“这个”。这也类似于维特根斯坦所说的，“世界是由事实规定的，是由此诸事实即是所有的事实这一点规定的”,[①] 因为“事实的总和既规定了发生的事情，也规定了所有未发生的事情”。[②]

这不是说要把斯多亚主义者完全等同于维特根斯坦式的逻辑实在论者。我们只是说如从逻辑学角度看，两者对于 Ti 的 hypokeimena/ousia 实体性描述具有可比性。然而，斯多亚主义者还是自然主义者，是实体论者，他们坚持逻辑学的健全感与自然的实在性的严格一致，关于 hypokeimena/ousia 的逻辑描述必然与物理学的自然空间和物体论相一致。从斯多亚主义的物理学角度还可以说，任何物体作为实体性的某事物，它是完全独立和主动的。[③] 斯多亚主义完全从实体性角度来考虑，较亚里士多德的 hypokeimena/ousia 相当不同。由于斯多亚主义把“形式”批评为不具有 Ti 的 ennoemata，斯多亚主义的物体与“形式”完全无关，是完全不受规定的质料（a poios hyle/ousia）。这不等于说它没有个体性，也不是如亚里士多德所说的需要形式化才存在为个体。斯多亚主义非常肯定地认为“实体就是所有存在物的最初的质料”,[④] 就其总体来说是不生不灭、不增不减的；就其个体而言，它是由许多实体的片断或者一个个小小的实体构成的，或者说是由个殊的实体构成的。斯多亚主义把这种小小的具有可

① 维特根斯坦：《逻辑哲学论》1.11。

② 同上书，1.12。

③ Diogenes Laertius 7.134（SVF 2.300，part，2.299），see in A. A. Long and D. N. Sedley（eds.），*The Hellenistic Philosophers*，Vol. I，44B.

④ SVF187.

分性和混合性的实体称为 ousiai，融会在其四元素原理中。

五

斯多亚主义关于 Ti 的讨论，是要彻底地与柏拉图和亚里士多德的“普遍性存在”即“形式”的实体论决裂。它的实体论最终落实在 Ti 上，而不是在 On 上。在自然哲学中这表现为物体优先；在逻辑学上表现为命题逻辑，把原子命题和分子命题而不是把谓词作为研究对象；在认识论上表现为把握性印象；在伦理学上表现为成为个体的人，探求个体性的伦理。这是古典希腊哲学向希腊化哲学转化中出现的本体学说的深刻变革。这已经预示了近现代英国经验主义的基本思想方式，后者强调普遍性不在本体上优先于当下的具体存在事物，概念只是理性心灵所虚构的存在。[①] 正如罗素在由早期向后期转变时清算自己的具有柏拉图主义和黑格尔主义倾向的概念实在论或者逻辑原子主义，斯多亚主义所批判的则是柏拉图和亚里士多德的形式/理念实在论。近代经验哲学至少受到斯多亚主义的某些影响，对中世纪的柏拉图和亚里士多德作了更深入的批评，开创了近现代哲学的新学说。在 Ti 的形而上学方面，斯多亚主义与经验哲学在具体存在的真实性学说上具有某种潜在的历史关联。

斯多亚主义在批判理念或者形式的实在性和先在性学说上，明确地指出这是对于柏拉图哲学和学园派的批评。尽管出于对柏拉图的尊敬，为尊者讳，在提到柏拉图时说这是“以前哲学家”的理念论。斯多亚主义指出这位“以前的哲学家”认为“理念是归入各种概念之下的事物，例如人、马、所有动物和其他事物的

---

① A. A. Long and D. N. Sedley (eds.), *The Hellenistic Philosophers*, Vol. I, p. 181.

一般”,[1] 并针锋相对地指出所谓的理念并不存在，也就是说并不存在我们和万事万物获得分有的那个概念实在，我们所具有的“那个事情”的概念或者理念只是名称而已。[2] 当然这不同于洛克和休谟之于实体的否定，他们认为甚至实体本身都是不存在的，所谓只是各种性质放置在一个载体里面虚构出来的存在。斯多亚主义则主张实体论和个体实体的真实性。所以斯多亚主义的批评仅限于概念实在论，批评形式和理念实体，它认为所谓概念或者普遍性既不是某个/这个事物（Ti）也不是被规定的事物(poion)，而是灵魂的虚构。[3]

斯多亚主义认为概念/普遍性属于准—某事物/这事物（hosanei de ti/quasi-something）和准—被规定的事物（hosanei de poion/quasi-qualified)。依据 Ti 的本体学说，斯多亚主义认为任何存在物作为存在物都必然是个体事物，唯有个体是实存的，概念或者普遍形式不能够满足 Ti 的形体性和个体性存在的条件，它不属于实存。斯多亚主义把 Ti 的本体学说运用到逻辑学中实现其对于概念/理念实在论的批评。从逻辑学角度看，他们认为，“一个属就是包含在种里面的属，就如人被包含在动物里面一样。最高的种就是它是一个种而没有种——存在。最高的种就是它是一个种而没有种，例如苏格拉底”。[4] 这里，斯多亚主义采取了不同的理解进路。表面上看，如同亚里士多德那样，斯多亚主义认为有最高的种（实体本体自身/存在）和最高的种（个体本

---

① Stobaeus，I. 136，21—137，6（SVF 1. 65)，see in A. A. Long and D. N. Sedley（eds.)，*The Hellenistic Philosophers*，Vol. I，30A2.

② Ibid.，Vol. I，30A3.

③ Ibid.，Vol. I，30A1.

④ Diogenes Laertius，7. 60 — 1，see in A. A. Long and D. N. Sedley（eds.)，*The Hellenistic Philosophers*，Vol. I，30C3—4.

体)，然而真正的“种”是 Ti。无论是作为最高属差的“种”的存在，还是作为逻辑主词的“个体”，它们都是 Ti。它们是同一的，两者不是两个事物，都是个体的存在。

斯多亚主义关于 Ti 和概念/形式的论证相当严密。针对“种”和 Ti 的关系，斯多亚主义有进一步的说明，有残篇记载说：“克律西坡也提出了诸如理念是否可以被称为一个‘这个事物’（a ‘this something’)。我们也必须解释斯多亚主义关于一般的被规定的事物（poion）的用法，就是在他们的学派看来，普遍的存在物被称为‘并非某个事物’，以及他们如何忽视这样一个事实，即并不是任何实体都表示一个‘这个事物’，这导致了并非一这个人的诡辩，后者依赖于这个表达的形式。即‘如果某个人在雅典（Athens)，他就不在麦加拉（Megara)；〈但是人在雅典；因此人就不在麦加拉。〉’人不是某个人，因为普遍的人不是某个人，但是在论证中我们把它作为某个人。这就是这个论证得名的由来，它被称为‘并非一这个人’的论证。”[①] 辛普里丘（Simpicius）所记载的“并非一这个人”的论证是用来反对斯多亚主义的，所以它也是采用反对斯多亚主义的立场。不过我们还是可以看到，斯多亚主义反对的是学园派的本体论或者麦加拉派的逻辑学。斯多亚主义认为必须首先确定“人”是“个体的人”，是“这个人”，而不是“普遍的人”。确定这个原则后，我们就可以肯定“人”不可能同时在麦加拉和雅典，而依据柏拉图的理念论和普遍者的概念则是“人”可以既在雅典，也在麦加拉，所谓的“月印万川”是也。以 Ti 学说为讨论的形而上学基础，可以避免出现“某人”

① Simpicius，*On Aristotle's Categories* 105，8—16（SVF 2. 278，part)，see in A. A. Long and D. N. Sedley（eds.)，*The Hellenistic Philosophers*，Vol. I，30E1—4.

既在雅典又在麦加拉的矛盾。克律西坡提出只有“这个的事物”，就是要指出并不存在概念的普遍者，而只存在概念的“这个”。当概念负载为个体，而不是负载为无形体的实在性时，即当概念被认为 Ti 时，它才合乎斯多亚主义的本体学说。例如人的概念，我们不能把它理解为超越于苏格拉底和柏拉图这样的具体个人之上的实存者，只有苏格拉底“这个人”，只有柏拉图“这个人”等等。这就是辛普里丘所记载的，“如果某个人在雅典，他就不在麦加拉；〈但是人在雅典；因此人就不在麦加拉。〉”由此任何的“在”始终是个体性的“在”，所谓的“人”就是个体性的“人”，而不是抽象的人。当我们说“人”在雅典时，所说的是“这个人”在雅典。既然这个人已经在雅典，他当然不会在麦加拉。

这则残篇的记载者辛普里丘则是从柏拉图和亚里士多德观点来看的，他赞同柏拉图和亚里士多德的立场，把两者的学说结合为一体。因此，晚期新柏拉图主义明显体现出柏拉图和亚里士多德思想的合流。辛普里丘不赞成斯多亚主义的看法，他认为“人”和“这个人”是有区分的，他批评斯多亚主义混淆两者的区别，在论证中偷换概念，就是用“这个人”偷换普遍的“人”。然而，即使存在辛普里丘所说的情况，他仍然不能够驳倒斯多亚主义。斯多亚主义是从逻辑学的述谓主体的角度，而不是从本体性实体的概念理解实体。从述谓主体理解，当然只有一个个的个体，就是一个个的人，而不存在此外的普遍性的人。斯多亚主义的“这个事情”（Ti）只能够述谓物体，概念不是构成这些事物的如此这般的述谓。①

---

① Alexander, *On Aristotle's Topics* 359, 12－16 (SVF2. 329), see in A. A. Long and D. N. Sedley (eds.), *The Hellenistic Philosophers*, Vol. I, 30D.

与亚里士多德不同，斯多亚主义结合了如下两个向度：(1) 从逻辑学角度看，个体性存在乃是唯一的述谓主体；(2) 从Ti的本体学说看，个体性存在乃是唯一的真实存在。在范畴学说上，斯多亚主义的推论是，唯有当概念被描述为个体性的实存时才能够真正的是被规定者，这确实预期了后世逻辑经验主义的语法理论，逻辑经验主义或者经验主义的专名理论与此很相似。“根据这些作者的专门手册看，定义不同于空洞无物的普遍化了的命题句法……无论谁说‘人是理性的必死的动物’，他的意思是‘如果某个事物/这个事物是一个人，那么这个事物就是一个理性的必死的动物’，尽管它们的言辞不同。这一点是如此清楚，因为这个被普遍化的命题不仅涵盖了所有特殊的个体事物，而且这个定义也扩展到这些被表示事物的所有特殊事例——人的定义就是所有特殊的个人，马的定义就是所有特殊的马。现在，就像这些虽然言辞上有所不同然而在意义上是相同的情况一样，他们也认为，这个完全的划分就是意义上的普遍性，它不同于句法上的那种被普遍化的命题。无论是普遍化的命题或者定义，提出假的单称实例是不被认为是无效的……诸如如下的命题，‘存在的事物有些是好的，有些是不好的，有些介乎其间’，根据克律西坡的看法，在意义上就是普遍化命题的如下形式：‘如果某些事物是存在着的，那么它就或者是好的，或者是恶的，或者是中立的。’”① 任何看起来是普遍性的述谓或者表达，都可以转化为以个体为主词的述谓。换个角度来说，任何普遍性的范畴都只是集合概念，不是实在概念。斯多亚主义虽然也接受“种＋属差”的亚里士多德的逻辑学

① Sextus Empiricus, *Against the professors* 11.8－11 (SVF 2.224, part), see in A. A. Long and D. N. Sedley (eds.), *The Hellenistic Philosophers*, Vol. I, 30I.

定义，然而，它不同于亚里士多德的了解。亚里士多德是通过把“个体”定义为某一类“存在/种”以及它的属差关系来明确其特殊性，认为事物的特殊性是从种和属的差别而来，种和属这类概念具有普遍实在性。斯多亚主义则持相反的理论立场。在他们看来，马的定义就是特殊的马，人的定义就是特殊的人。唯有当普遍性的概念被转化为个体性的形式并且就是那个个体性时，也就是当这个概念是专名时，它才有真正的意义。

塞克斯都·恩披里柯（Sextus Empiricus）所记载的另一则残篇，可以印证辛普里丘残篇所表达的斯多亚主义的“并非一这个人”的论述。恩披里柯的论述强调逻辑上的普遍性概念要合乎个体存在物的实存性，这是从把握性印象或者说认识论的角度来论述的，不是从辛普里丘的意义和表述的关系来讨论。恩披里柯从认识论的立场出发，指出要确定普遍性命题是否有意义，在于先确定这个命题是否可以被判定真假。在这个问题上，斯多亚主义与逻辑经验主义的证实原则是相似的：只有对个体事物，我们才能作出它存在还是非存在，存在为何的判断。在斯多亚主义看来，任何普遍性命题必须被翻译成为单称命题，例如谈论像“人”这样的类存在的命题必须被转化为实例命题，这就涉及经验的证实性。这样的例子也可以应用在伦理学中。斯多亚主义者不像柏拉图和亚里士多德那样谈论善的一般，他们只能谈论个体的善。他们认为只可以谈论苏格拉底存在，而不能说人存在。[①] 我们也只能说如此这般的善存在，而不能谈论普遍的善存在。“（根据斯多亚主义的说法），真和假都不是种这类存在物……例如有些人是希腊

① Syrianus，*On Aristotle's Metaphysics* 104，17－21（SVF 2. 364），see in A. A. Long and D. N. Sedley（eds.），*The Hellenistic Philosophers*，Vol. I，30G.

人，有些人是野蛮人，然而不可能有这种人，他们既不是希腊人（因为所有特殊的人都是希腊人）又不是野蛮人（出于同样的原因）。”① 所有的言谈都必须是关乎个体对象的言谈，或者是可以转化为个体言谈的言谈。这样的言谈可以转化为经验证实的原则，因为这样才可能形成个体的印象，并且确定它是否准确地再现了个体，这就是斯多亚主义认识论强调的把握性印象。

斯多亚主义的形而上学有丰富的内容，它对于西方哲学史和思想史有潜在的重要影响。因此，我们应该正视斯多亚主义的Ti的本体学说的特殊性以及它所具备的新典范特性，可以毫不夸张地说，西方哲学史和思想史的另一支本体论传统就是斯多亚主义，它不是古典希腊的ontology，我们可以称之为tiology。这个我所杜撰的tiology构成完全相异的知识论、伦理学、逻辑学甚至是神秘主义的西方传统。我们前面讨论过tiology与斯多亚主义的知识论、伦理学和逻辑学的密切关联，这里可以略谈一下斯多亚主义与神秘主义的关联。从tiology的角度而言，最神秘的不是On的全然自足的超越性，而是存在为“这个”的神秘性。人存在为“这个”并且只能是“这个”是神秘的。

第二节　斯多亚主义论“种”

本节要分析的是斯多亚主义的“种”或者“范畴”学说。种/范畴学说是斯多亚主义形而上学的重要组成部分，它构成对于斯

① Sextus Empiricus, *Against the professor* 7.246, see in A. A. Long and D. N. Sedley (eds.), *The Hellenistic Philosophers*, Vol. I, 30F.

多亚主义的Ti的形而上学的严密阐释。本节从斯多亚主义与古典希腊哲学的主流思想家柏拉图和亚里士多德的关系，以及它与希腊化哲学的学园派和怀疑论的关系，来阐释Ti学说在斯多亚主义哲学典范中的重要地位。本节试图证明，斯多亚主义的种/范畴学说是依照其形而上学原理并在与其他学派的论战中发展出来的新理论。

一

斯多亚主义认为在Ti本体之下有四个“种”（genera），也可以称为“范畴”。有意思的是，现代学者无法确定斯多亚主义有无使用过“种”或者“范畴”，现存的某些资料（例如辛普里丘的记载）并不非常可靠，因为他是用亚里士多德的范畴来转述斯多亚主义的观点，学者们很难肯定斯多亚主义当时是否真的使用过这些概念。尽管有这样那样的困难，学者们仍然普遍采用“种”和“范畴”描述斯多亚主义的四大观念。相对于柏拉图的《泰阿泰德篇》的论述，这四类概念可称为“种”，因为斯多亚主义关于“种”的看法是针对柏拉图和学园派的；相对于亚里士多德则可以称之为“范畴”。亚里士多德探讨的范畴有十个：本体、数量、性质、关系、处所、时间、姿态、状况、活动和遭受。[①]斯多亚主义只探讨四个“范畴”：“基质”（hypokeimenon/substrate）、“被规定的”（poion/qualified）、“被以某种方式排列的事物”（pos echon/disposed）和“以某种方式与其他事物相对而被排列的事物”（pros ti pos echon/relatively disposed）。[②] 斯多

① 亚里士多德著，秦典华译：《范畴篇》1B25—2A3，中国人民大学出版社1990年版。

② Simplicius, *On Aritstotle's Categories* 66, 32 — 67, 2 (SVF 2.369, part), see in A. A. Long and D. N. Sedley (eds.), *The Hellenistic Philosophers*, Vol. I, 27F.

亚主义简化了范畴数量，却仍然能够涵盖亚里士多德十范畴所论述的内容。“基质”这个范畴对应于亚里士多德的本体/实体范畴，“被规定的”对于数量和性质的范畴，“被以某种方式排列的事物”和“以某种方式与其他事物相对而被排列的事物”则对应于其余的范畴。

斯多亚主义的“范畴论”看起来很古怪、很难理解，然而对于它的 Ti 的本体论很重要，因为它构成其形而上学的具体的内涵。为了能够理解斯多亚主义的“种/范畴”学说，我们还是要联系其学说的宗旨和论战语境。斯多亚主义的宗旨是把所有存在物都转化为物体性存在，包括美德、知识和心理状态，等等，都被看成是物体。斯多亚主义使用这四个范畴，就是要论证世界皆物体的学说，尤其用以论证美德、知识和心理如何也是物体。理解了这个观念，我们大概可以明白斯多亚主义在运用范畴时的特殊意图以及哲学目标。

斯多亚主义的这四个范畴 hypokeimenon（第一个“种”）、poion（第二个“种”）、pos echon（第三个“种”）和 pros ti pos echon（第四个“种”）的特别之处还在于，除第一个范畴之外，另外三个都是形容词或者修饰语，它们似乎都是短语，不是描述存在的实体语言。亚里士多德的遭受、姿态等范畴也是类似的情况。斯多亚主义用这三个范畴指向“这个事物”或者“某个事物”，都指向 Ti。它的特点在于突出其“转化性”，就是那些作为心理状态的无形体的事物其实都可以转化为 Ti 的语言。斯多亚主义把美德、一般的知识指派在不同的“种”里面，是要用它们来论证学园派所谓无形体的存在物乃是有形体的。

此外，斯多亚主义的“种”的学说与其论战对象的关系以及他们所辩论的问题也可以解释这些范畴的功用和隐藏其中的特殊哲学构想。斯多亚主义的论战对象包括学园派和怀疑论。怀疑论通过论证两个相反的命题具有同等真实性，是同等的“式”来证明事物没有内在性，斯多亚主义则使用 pros ti pos echon 的范畴来否定怀疑论的上述看法。在斯多亚主义内部，思想家对于美德属于哪个“种”有不同的看法的，这里引发的是 poion 和 pos echon 的辩论，由此引出他们对于伦理学的不同看法。斯多亚主义与学园派的“成长论证”针锋相对，它关系到如何理解 poion 这个范畴。因此，斯多亚主义的范畴论是其 Ti 学说在伦理、认识论和论战中的具体化，只有呈现出斯多亚主义的“种”的学说，才能够明白斯多亚主义形而上学的细节内容。

二

斯多亚主义的第一个“种” hypokeimenon 比较容易理解。斯多亚主义经常把它与 ousia 和 hyle 通用，这是受了亚里士多德的影响。在《形而上学》中，亚里士多德对“基质”（hypokeimenon）有专门的讨论。亚里士多德这样说：“基质就是那别的每一个事物表述它，而它本身是不表述别的任何事物的。”[①] 这个描述性解释是逻辑学的，仅指作为逻辑主词的个体事物。亚里士多德指出还要分析这个构成逻辑主词的个体性存在物的本性，就是它作为存在物的实体性，他据此得出“质料”的含义。“我们首先确定这个东西的本性；因为那原初地支承着一个事物的东西被认为是在最真实的意义上的它的实体。而在一种意义上，质料被说成是具有实体的本性，在另一种意义上，为形状，而在第三种意义上，这两者的结合也被说成是实体（用质料这个词，我的意思是指例如青铜，形状是指

① 亚里士多德著，李真译：《形而上学》1028B39，上海世纪出版集团 2005 年版。

它的形式的模型，而这两者的结合是指雕像这个具体的整体)。"[①] 从中已经可以看到亚里士多德在这三个概念间所建立的清楚的逻辑关系：由基质（逻辑学第一本体），亚里士多德类推出第一本体的实体性，建立 hypokeimenon 与 ousia 之间语义的相关性，再从 ousia 所具有的质料和形式构成，亚里士多德又在它们与 hyle 之间建立语义关联。尽管在谈论那种无质料的本体也就是纯形式时（在这一点上，亚里士多德与柏拉图的观点非常接近，斯多亚主义则作了附带的批评），hypokeimenon、ousia 和 hyle 是有区别的。斯多亚主义推进了这三者间的语义关联，消除了柏拉图和亚里士多德原先保存下的含糊性和多重性。斯多亚主义认为基质就是未定型的/未限定的/最初的质料，三个术语之间没有区别。

然而，如何翻译斯多亚主义的 hypokeimenon（第一个"种"）范畴呢？有主张译为"客体/对象"（object），有主张译为"实体"（substance），译为"实体"似乎更为合理。为什么？译为"实体"可以与斯多亚主义的另外两个概念 Ti 和 somata（物体）以及四范畴中的其他三范畴构成更合理的内在关联。例如在讨论斯多亚主义的 hypokeimenon 与两大宇宙原理（主动原理和被动原理）关系时，这种关联就有所体现。我们知道所谓的主动原理是逻各斯（理性），它是作用者；被动原理是未被规定的实体即质料，它是被作用者。[②] 然而无论是逻各斯还是 hyle，

① 亚里士多德著，李真译：《形而上学》1029A1—6，上海世纪出版集团 2005 年版。

② Diogenes Laertius7. 134 (SVF 2. 300, part, 2. 299), see in A. A. Long and D. N. Sedley (eds.), *The Hellenistic Philosophers*, Vol. I, 44B2.

它们都是基质，都是实体。斯多亚主义对这三个术语 hypokeimenon、ousia 和 hyle 的关联性和灵活性运用，使得它既使用亚里士多德的语言又与亚里士多德有所区别。

首先，需要肯定的是，在使用 hypokeimenon 上，斯多亚主义与亚里士多德有相同之处。斯多亚主义把 hypokeimenon 当作最初的质料，即未被规定状态的质料，这与亚里士多德是相同，“未被规定的质料，就是亚里士多德主要意指的，是基质的最初的意义”。[①] 亚里士多德把 hypokeimenon/hyle 与作为逻辑主词的 hypokeimenon/ Ti 联系起来，斯多亚主义也作这样的理解。斯多亚主义由此确立起物体性存在的观念，亚里士多德则在《形而上学》中称第二本体是个殊的被规定的存在物。亚里士多德的第二本体观念认为最初的基质就是“这个事物”，他说有三种东西具有这样的基质特征：（1）质料、（2）形状、（3）前两者的结合。他指出，“例如，制造雕像的铜；而雕像的形状就是它的形式，这二者组合成的就是雕像，即那个具体的事物”。[②] 在 hypokeimenon 的论述上，斯多亚主义也有类似的表述：“像这块青铜和苏格拉底，就是有某种基质发生在他们里面或者被表述在他们里面。”[③] 这个表述与亚里士多德非常接近。

---

① Porphyry (Simplicius, *On Aristotle's Categories* 48, 11—16), see in A. A. Long and D. N. Sedley (eds.), *The Hellenistic Philosophers*, Vol. I, 28E2.

② 汪子嵩：《亚里士多德关于本体的学说》，人民出版社 1983 年版，第 100 页。

③ Porphyry (Simplicius, *On Aristotle's Categories* 48, 11—16), see in A. A. Long and D. N. Sedley (eds.), *The Hellenistic Philosophers*, Vol. I, 28E3.

其次，斯多亚主义与亚里士多德在 hypokeimenon 的认识上又有所不同。斯多亚主义关于 hypokeimenon 的阐释与它的动态物理学以及全部存在都是物体的自然哲学原理是内在一致的，由此它与亚里士多德在以下三个方面表现出分别：(1) 斯多亚主义完全从质料出发定义实体，消除了亚里士多德和柏拉图所认为的无形体实体是宇宙的真正本体的观念。其次，亚里士多德的主动宇宙原理是"无形体的质料"，质料只在被赋予形式时，才是个体性的存在物。可以这样说，在《范畴篇》中，hypokeimenon 主要是与 hyle 结合在一起；在《形而上学》中，hypokeimenon 主要是与 ousia 结合在一起。汪子嵩先生指出："值得注意的是'这一个'(个体性的) 问题。我们已经看到，在《范畴篇》中认为，只有具体事物才是'这一个'；到《形而上学》第五卷第八章中，改成只有'形式'才是'这一个'。"① 然而，斯多亚主义认为物体完全是从质料产生出来的，质料既是最原初的状态，是主动者，也是最终的状态。这样，hypokeimenon 与 ousia 在 hyle 的意义上完全得到了统一，改变了我们对于质料性基质的看法。由于它作为气和火两种质料是主动者，它就成了 pneuma，是渗透在宇宙万物中的原理。由此得到的与亚里士多德的第三个区别是：质料不是没有任何性质，不是没有任何形状，例如两个被动原理水和土分别具有"湿"和"干"的性质。② 因此，一方面斯多亚主义把亚里士多德的 hypokeimenon/hyle/ousia 推到了一个极端，形成前后一贯的运用；另一方面斯多亚主义又是基于

---

① 汪子嵩：《亚里士多德关于本体的学说》，人民出版社 1983 年版，第 65 页。

② Keimpe Alagra, Jonathan Barnes, Jaap Mansfeld & Malcolm Schofield (eds.), *The Cambridge History of Hellenistic Philosophy*, p. 407.

它对自然的特殊看法，改变了希腊哲学对于 hypokeimenon 的认识，形成以 Ti 为本体的实体观念。

三

斯多亚主义的第二个“种”是“被规定的”（poion）。poion 讲的是性质和属性，与亚里士多德的“性质”和“数量”这样的范畴相当。在具体内容上，斯多亚主义有它的创造。就亚里士多德而论，“性质”这个范畴指诸如“白色的”和“有教养的”，等等，[①] 它是属性的描述并且是“某个”属性，这样“白色”可以成为独立的存在形式。亚里士多德虽然不接受柏拉图所谓存在“白色”本身这样的理念的看法，然而他仍然把“白色的”这样的性质看作是“存在”的东西，都属于“存在”。[②] 斯多亚主义却不这样看。它所谓的 poion 的希腊文是阳性的形式，不是亚里士多德所谓的中性的形容词。斯多亚主义认为 poion 属于名词性的存在，它其实应该翻译为“被规定的个体”更加恰当。[③] 这样，斯多亚主义的 poion 与亚里士多德的“性质”就被区别开来。斯多亚主义的 poion 不是“存在”，不属于无形体的存在，而是有质料作为基质的 Ti。由于 poion 指某个个体的存在物，不属于普遍属性的存在，斯多亚主义认为 poion 是有形体的存在。他们反对把“被规定的”（poion）称为性质，反对在这两者之间

---

① 亚里士多德：《范畴篇》1B29。

② 汪子嵩：《亚里士多德关于本体的学说》，人民出版社 1983 年版，第 18 页。

③ A. A. Long and D. N. Sedley（eds.），*The Hellenistic Philosophers*，Vol. I，p. 172.

建立起等同关系，[1] 可见，poion 与 Ti 这个范畴有直接相关之处。

斯多亚主义认为 poion 是“物体”，例如要接受亚里士多德所谓的“性质”，它也得是“物体”。为什么？因为斯多亚主义把这些“性质”看作是原因，例如气和火之所以是主动原理，是由于它们具有稀薄、精微的本性。斯多亚主义认为作为“原因”的事物必然要作用于其他事物，而唯有物体才能够相互作用，“性质”或者 poion 必是如此这般的存在物（suches）。[2] 斯多亚主义者称性质是 havable，havable 是不能独立存在的，它们只存在于统一体（unified）里面。所谓“统一体”，就是作为“物体”的 hypokeimenon。斯多亚主义认为只存在“统一体”和“被规定者”的性质，不存在独立的分离的“白的”和“有教养的”诸如此类的所谓范畴或者性质。[3] 可见，斯多亚主义的范畴论中包含对柏拉图和亚里士多德的批评，它也拒绝柏拉图的理念论，与这两位大思想家的分别泾渭分明。柏拉图肯定白色和教养之类理念的独立存在，亚里士多德所谓的“性质”则保留了“普遍性”实在的意义，认为“普遍性”独立存在而赋予质料形成物体，这相当于柏拉图的半—理念论。我们暂且不讨论斯多亚主义的理论是否合理，但有一点是肯定的：它对柏拉图和亚里士多德的批评完

---

① Simplicius, *On Aristotle's Categories* 214, 24－37 (SVF 2.391, part), see in A. A. Long and D. N. Sedley (eds.), *The Hellenistic Philosophers*, Vol. I, 28M1.

② Jacques Brunschwig, "*Stoic Metaphysics*", see in Brad Inwood, *The Cambridge Companion to the Stoics*, pp. 228－229.

③ Simplicius, *On Aristotle's Categories* 214, 24－37 (SVF 2.391, part), see in A. A. Long and D. N. Sedley (eds.), *The Hellenistic Philosophers*, Vol. I, 28M2.

整而且彻底。这种批评后面的形而上学基础仍然是 Ti 本体论在范畴论中的落实，斯多亚主义是从物体的角度以有形体存在为中心来看待一切无形体的存在。

poion 这个范畴还有另外一个重要作用，斯多亚主义用它来反对柏拉图学园派的“成长论证”。[①] 这个争论发生在斯多亚主义与学园派之间，两者在这个问题上所持的观点截然对立，这进一步表明了斯多亚主义与古典哲学在本体论上的差异。以下的例子经常被援引来分析斯多亚主义与学园派成长论证争论的公案。公元前 5 世纪，喜剧诗人伊壁卡摩（Epicharmus）提出过这个问题：正如一个数和尺寸在增加和减少时就成了不同的数和尺寸，例如 1 如果加 1，就成了 2；2 加 1 就成了 3，也就是说增加或者减少导致了不同的数，那么人的成长或者衰老也是如此。人在成长和衰老后，成了不同的人，不再是同一个人了。[②] 普罗塔克则提出了这个论证的变例，他用下面这个公案来讨论成长论证。那时候，雅典有一艘船，称为泰苏斯（Theseus）。据说泰苏斯已经保存了数个世纪。这期间，因为年代久远，船上的每一块木材都曾腐烂，须代之以新的木材。然而，许多人认为这船还是同一艘船。[③] 学园派和普罗塔克赞同伊壁卡摩的看法，认为这确实已经是另一个人和另一艘船了，斯多亚主义则支持多数人的看法，认为船的同一性与船的部分的变化没有关系。普罗塔克和学园派则认为由于船的全部材料都已经发生了变化，也就是说既然所有

---

① 参看 A. A. Long and D. N. Sedley（eds.），*The Hellenistic Philosophers*，Vol. I，pp. 172—173.

② Plutarch，*On common conceptions* 1083A—1084A，see in A. A. Long and D. N. Sedley（eds.），*The Hellenistic Philosophers*，Vol. I，28A1.

③ Plutarch，*Life of Theseus* 23，see in A. A. Long and D. N. Sedley（eds.），*The Hellenistic Philosophers*，Vol. I，pp. 172—173.

部分都已经发生了变化，当然就已经是两艘不同的船了。然而，如果接受学园派和伊壁卡摩的看法，就会导出这样的推论：昨天向我借钱的人 M_1，已经不同于今天的“这个人”，因为他可能掉了一根头发或发生了某些事情而是 M_2 了。如何才能反驳学园派的观点呢？

斯多亚主义从区分成长（grow）/衰老（decay）与生育（generation）/毁灭（destruction）的关系入手。斯多亚主义认为由于所有个殊的实体都是流变的，这意味着它们必然要从自身中释放出某些事物，又接纳从别处来的某种事物。然而，光这个还不够，或者说不能把这个区分直接拿来论证成长，还要对实体的流变作出区分。就数/量的增加/减少而言，导致数/量成为不同的数/量和不能保持自身的同一性的，是前面所说的抵达或离去导致了实体的转变。关于数/量的这种情况，应该称之为生育/毁灭，因为它们从自身所是的事物转变成了别的事物，而不能如学园派和伊壁卡摩称为成长/衰老，成长/衰老是事物作为基质和持续存在的物体的属性。[①] 换言之，成长/衰老属于流变的另外情形，它们虽然也从自身里面释放或者吸纳某种事物，这只是事物持续存在的方式。如果对毁灭/生育与成长/衰老这两对范畴作出清楚的区分，不把它们混用，那么问题就清晰起来。毁灭/生育涉及事物存在的整体性，成长/衰老则只是指事物部分的变化；毁灭/生育指事物同一性作为个殊存在物的“无”和“有”关系的变化，只有具备了这个变化才意味着一个事物转变为另一个事物。然而“有”和“无”两端的中间，却不是毁灭/生育，它是

① Plutarch, *On common conceptions* 1083A—1084A, see in A. A. Long and D. N. Sedley (eds.), *The Hellenistic Philosophers*, Vol. I, 28A2.

成长/衰老，也就是同一事物持续存在的意思，不能把它看作是转变成了另一个事物。在这种情况下，实体流变的增或减都是物体属性的变化，不是实体的变化。斯多亚主义指出，学园派用数/量的改变类比个殊实体的同一性或变易性是不恰当的。对于数/量来说，增/减就是它的生和灭，它的增/减当然就是事物同一性的消失，然而，这不能够普遍适用。其他物体有它特殊的情况，某些变化甚至不能算是部分的变化，增/减是其同一性的一部分，不能把它看作是形成了不同的个殊实体。由此，斯多亚主义提出它对实体的理解："实体在增/减时并没有成长/衰老，它纯粹只是变化。"[①] 斯多亚主义把一个事物在由 T_1 到 T_2 的过程中的变化，甚至 T_2 阶段该事物的部分已经完全由别的事物如船的比喻所表明的，仍然看作是同一实体。

斯多亚主义还对所谓的毁灭/生育的含义作了更仔细的论证。斯多亚主义不认为毁灭/生育是从"无"（非存在）到"有"（存在）的发生过程，也不是从"有"（存在）到"无"（非存在）的发生过程，因为它认为任何存在物都是物体，都由质料构成，任何生育都来自于质料的存在也必将回到质料。生育/毁灭都是从"存在"到"存在"。波西多纽认为有四种从"存在"到"存在"的毁灭/生育：一是分离（division），二是变动（alteration)；三是合并（alteration)；四是分解（resolution)，斯多亚主义称后者为完全的变化。[②] 在这四种变化中，变动属于实体的特性，其余三种被称为是"被规定的个体"的特性，它们是实体的使用

---

① StobaeusI. 177，21—179，17（including Posidonius fr. 96)，see in A. A. Long and D. N. Sedley（eds.)，*The Hellenistic Philosophers*，Vol. I，28D5.

② Ibid.，Vol. I，28D3.

者，伴随有生灭过程。[①] 变化是实体的特性，当被规定的个体事物出现分离、合并和分解这些生灭过程时，并不意味着这些个体性事物本身所使用的实体是不相同的，它们仍然是同一实体。任何被规定的个体的变化都不改变其实体，实体本身是不变的，因为任何变化都是同一性的构成。

以上是对于斯多亚主义采用 poion 回应学园派的分析以及它对于成长论证的看法。斯多亚主义试图区分两个被混淆了的层面，就是“作为质料的人”和“作为人的人”。学园派把“作为人的人”完全等同于“作为质料的人”，于是它否定了“特殊的性质”（idia poiotes）。换言之，就是忽视自身之所是的那个特性。[②] 这里可以看出斯多亚主义的第二“种”（poion）论证 Ti 的形而上学的重要性，因为它是要论证实体的特殊属性，它是特殊的个体性或者被规定的个体的内涵。这样，斯多亚主义得出了普通性质和特殊性质的区分。所谓普通性质，是语言中指称普遍属性的概念，也可以用通名称呼，例如“人”和“马”等；然而语言中还有指向个体的直接名称，就是个殊的性质，这可以用专名称之，例如“第欧根尼”和“苏格拉底”，等等。斯多亚主义认为专名指的是归属于某事物或者某些事物的一个句子的非事实（case-less）的构成部分，或者说非复合的述谓，例如“我写”、“我说”，等等。[③] 斯多亚主义把这种普遍的被规定的个体放在特

---

① Stobaeus，I. 177，21—179，17（including Posidonius fr. 96），see in A. A. Long and D. N. Sedley（eds.），*The Hellenistic Philosophers*，Vol. I，28D4.

② Jacques Brunschwig，“*Stoic Metaphysics*”，see in Brad Inwood，*The Cambridge Companion to the Stoics*，p. 229.

③ Diogenes Laertius，7. 58（SVF 3 Diogenes 22，part），see in A. A. Long and D. N. Sedley（eds.），*The Hellenistic Philosophers*，Vol. I，33M.

殊的被规定的个体之前。[①] 然而，这不是说斯多亚主义也接受概念在先或者普遍性在先的理论。举个例子，我们可以说赫拉克利特是一个希腊人，人的概念是赫拉克利特之所是的一部分，而不是相反。当斯多亚主义这样说时，它并没有接受概念本身所具有的实在性。相反，它区分这样两个概念的目的是指出个殊的实在性才是根本的。因此，同样讲"性质"，斯多亚主义讲的 poion 与亚里士多德和柏拉图讲的有根本差别。斯多亚主义是就着个体的存在并且就着 poion 的个体性来讲，它只承认个体的 poion，不承认那个普遍存在的性质。

从这个角度说，斯多亚主义有相当强的唯名论倾向。它认为任何规定性就其规定性而言都是个体的规定性，把不同个体区别开来；二是该个体保持着同一的内在性，使得他/它永远是该事物。最重要的还在于他们区分了不同形式的个体内在性：一是如数/量增/减的内在性；二是如生育/毁灭的内在性。区别这两者可以反驳学园派的"成长论证"。值得注意的还有，斯多亚主义其实把 poion 也作了划分：一是个体成为个体的规定性；二是个体的相对规定性。以柏拉图为例，一方面柏拉图作为实体即作为人是同一的，个体的实在性便是柏拉图的内在属性，它是绝对的个体性；另一方面"在学园里面的柏拉图"和"柏拉图在交谈"则是被规定的个体性，[②] 是相对的规定性。在斯多亚主义的"范畴论"中，这种规定性被理解为"被以某种方式排列的事物"

---

① Syrianus, *On Aristotle's Metaphysics* 28, 18－19 (SVF 2.398), see in A. A. Long and D. N. Sedley (eds.), *The Hellenistic Philosophers*, Vol. I, 28G.

② 参看 *Anonymous commentary on Plato's Temaetetus*, 70.5－26, see in A. A. Long and D. N. Sedley (eds.), *The Hellenistic Philosophers*, Vol. I, 28B。

(pos echon)，属于第三个“种”。斯多亚主义指出生育/毁灭对于有着内在性的个体来说属于 poion，它不属于 pos echon。学园派和怀疑论学派在这一点上所犯的错误导致它们在成长论证上持错误的看法。

四

由于斯多亚主义认为 poion 只属于“这个实体”，只是“这个实体的规定性”，是对于 Ti 的呈现，不是柏拉图和亚里士多德的具有普遍性的被个体分有的先在观念。例如，斯多亚主义会说使苏格拉底成为人的是“一口气”，因为“气”是 pnuma。那么，我们可以继续问，这个被描述为人的“气”是什么？斯多亚主义会回答说，这个“气”是普遍概念的人。① 到此为止，我们会认为斯多亚主义似乎接受了柏拉图主义的某些观点。然而，斯多亚主义的真正意思是，物体的共同性只是使实体产生区别的性质，它不是区别本身。这种产生“区别”的性质不是一种能自我独立地存在的性质，这样的性质是不存在的。只有概念和被规定性所产生的个体的实在，就是只有被规定的事物所产生的一致的“这个”，而没有抽象的内在性。② 因此所谓的 poion 就是 tode ti。如果说存在着所谓的概念，或者说如果我们把 poion 理解为概念，我们就必须把它理解为“这个”。所谓的普遍属性其实是作为实体本体的“这个”的个殊性，它不是柏拉图的理念，它是指

---

① A. A. Long and D. N. Sedley (eds.), *The Hellenistic Philosophers*, Vol. I, p. 174.

② Simplicius, *On Aristotle's On Soul* 217, 36 — 218, 2 (SVF 2. 395), see in A. A. Long and D. N. Sedley (eds.), *The Hellenistic Philosophers*, Vol. I, 28I.

这个事物的“本体”。“这个”实体在没有产生和毁灭前就始终是“这个”，在它毁灭之后也就不存在为“这个”。从 poion 的范畴理解“概念”，就应该把概念理解为 tode ti。据此斯多亚主义刚好取了与柏拉图和亚里士多德相反的理解角度，因为后两者都是从“概念论/观念论”的角度理解 poion，强调观念的实在先于质料和具体物体。

斯多亚主义关于 poion 的独特理解，使得它把特殊性与普遍性、个体与实体的关系建立在 Ti 的本体学说之上并使完全相反的理解成为可能。所谓的普遍性只是事物的特殊性的持续存在，从而表现为普遍呈现而已。① 什么意思？亚里士多德著作的诠释者狄刻普斯（Dexippus）以批评的语气谈到斯多亚主义的这个看法，提供了可资分析的文本。他这样说到斯多亚主义，“但是，如果形式是述谓在本体的范畴里面的，它包含着在数上有差别的事物的多，那么假如每个都在数上是单个的，我们可以在何种程度上言说单个个体之间的差别呢？在我看来，那些以特殊的规定为基础解决这个难题的人——比如，单个个体的不同是因为鼻子的钩状、浅黄色，或者某种别的结合，如另外一个个体鼻子是扁平、秃顶、眼睛是灰色，而另一个又有着其他的性质——都没有很好地进行解决。”② 狄刻普斯文中提到的“那些人”指的就是斯多亚主义者。他向我们指出斯多亚主义只承认特殊的性质有着“结合的”普遍性，以形状、颜色和眼睛等为例，只有“这个人”的鼻子的“钩状”和“浅黄色”，而没有形状和颜色的普遍性质

---

① A. A. Long and D. N. Sedley (eds.), *The Hellenistic Philosophers*, Vol. I, p. 174.

② Dexippus, *On Aristotle's Categories* 30, 20—6, see in A. A. Long and D. N. Sedley (eds.), *The Hellenistic Philosophers*, Vol. I, 28J.

等。斯多亚主义认为唯有这些被结合成了特殊性的“普遍性”才是持久的，不是偶然的，例如苏格拉底参与战争等。既然不存在着所谓的单独的概念普遍性，那么，毫无疑问也不存在完全相同的个体。

然而，斯多亚主义的观念仍然遭到猛烈的批评。学园派从两个方面批评斯多亚主义，指出它在实体论上所犯的错误。[①]第一个批评是，学园派认为斯多亚主义的看法很是荒谬。学园派从 poion 范畴看到斯多亚主义否定存在两个完全相同的个体，因为斯多亚主义认为不可能存在占有同一实体的完全相同的两个体。学园派则认为两个完全相同的个体的存在是可能的，所谓的个体并不是斯多亚主义所理解的“被规定的这个”。学园派提出许多例子反证斯多亚主义的错误，“事实上，它们（感知觉中的印象）被发现是同等的这一点不言而喻，它们之间无法分辨的标志非常突出。它们完全同等的不言而喻和突出的标志所基于的事实是，这些作为结果发生的活动是与（两种印象）联系在一起的，就如在睡梦里，一个干渴之人获得饮水之乐和一个人从野兽的追捕中获取或者就如一个人从可怕的梦魇的惊叫中苏醒，因此在梦中人们都满足了他们的渴求，都认为他们从泉源获得了甘霖，就如那些人在梦魇中都惊恐那样。”[②]学园派认为睡梦状态下的上述种种印象是“同一印象”，没有区别。干渴状态下的得水之乐与逃生所得的快乐都是同样快乐

① A. A. Long and D. N. Sedley (eds.), *The Hellenistic Philosophers*, Vol. I, p. 174－175.

② Sextus Empiricus, *Against the professors* 7.402 － 10, see in A. A. Long and D. N. Sedley (eds.), *The Hellenistic Philosophers*, Vol. I, 40H2.

的印象。由于印象来自于实存的事物，两个或多个完全相同的个体存在是完全可能的。

斯多亚主义则回应说学园派所谓的两个无法分辨的完全相同的个体事物只是表面上的，只是一般人出于识见的限制不能够明辨就里而已，贤人却能够分辨是非。“就如他拥有特殊专门的知识使他在别的问题上能够把真从假中区别出来一样，他也能够把这样一种实践运用到你所引证的相似性。就如一个母亲能够用眼睛的能力分辨双胞胎一样，如果多加实践你也能够做到。”① 有些人不能够分辨事物的差别，不等于事物本身的差别就不存在，更不能由此得出两个完全相同的个体的存在。斯多亚主义认为，学园派只是还没有充分地把握事物之间的个体性，他们所看到的相同性其实只是相似性。反之，如果某个人受专门的训练，如果他具有把握性的印象，他自然能够从细微的地方区分出两个所谓同一的物体中的非同一性，就如双胞胎的母亲能够分辨双胞胎中谁大谁小，而不是像旁人那样认为他们没有分别，更不像别人那样看不出差别。

然而学园派还是认为斯多亚主义的论证是荒谬的，它坚持认为两个完全相同的个体是可能存在的，并用进一步的论证进行反驳。普罗塔克先是指出斯多亚主义与学园派的对立之处，认为斯多亚主义之所以不同意学园派，在于斯多亚主义认为学园派犯了用“无法分辨”来混淆和掩盖一切事物的相似性的错误，迫使单个被规定事物（poion）占有两个实体。接着普罗塔克又认为大多数人都会同意学园派的看法，他们认为相反的观点，就是在整个时间内，如果一只鸽子与另一只鸽子、一只蜜蜂与另一只蜜

① Cicero，*Academica* 2.57，see in A. A. Long and D. N. Sedley (eds.)，*The Hellenistic Philosophers*，Vol. I，40I2.

蜂、一串麦穗与另一串麦穗、一株无花果树与另一株无花果树可以分辨，才是极端的错误的观点。普罗塔克指出了关键的一点，就是学园派坚持认为两个特殊的被规定的个体可以占有一个实体；同一个实体包含一个特殊的被规定的实体，这也适用于第二个，它们接受这种特殊的规定性并成为相似的个体。如果有了两个，那么就有三、四、五以至于无数个，它们都属于单个的实体。斯多亚主义的这个观点不是指部分的不同，而是指无数个相似的个体整体。普罗塔克认为克律西坡坚持上述观点，后者以为宙斯和世界都像一个人，神意则像灵魂。当宇宙大火降临到宙斯身上时，这个在诸神中唯一的不可毁灭者就回到神意之中，和神意聚合在一起，继续占有单个的实体以太。①这里需对普罗塔克的观点作些解释。首先，普罗塔克认为斯多亚主义误解了学园派的观点。斯多亚主义批评学园派用无法分辨来混淆事物的相似性，认为学园派坚持这个个体的事物既占有自身的实体，又占有相似事物的实体，这样它就占有两个实体，而这是不可能的。普罗塔克则辩护说斯多亚主义误解了学园派，因为学园派不是用无法分辨来掩盖相似性，而是它们确实无法分辨，是相同的。那么两个相同的个体当然占有同一个实体，因为它们的"被规定"(poion)是相同的。其次，普罗塔克论证说，斯多亚主义其实支持学园派的上述观点，他以克律西坡为例其实就是为了证明这一点，批评斯多亚主义的把握性印象的观念。

学园派对于斯多亚主义的 poion 范畴还有第二个批评。学园派认为，如果把同一个特殊的个体分解成两部分，就会导致相反情况：同一个物体占据了两个实体。例如 Dion 和 Theon，假如

---

① Plutarch，*On common conceptions* 1077C－E，see in A. A. Long and D. N. Sedley (eds.)，*The Hellenistic Philosophers*，Vol. I，28O1－4.

Theon 原是 Dion 的一部分，现在 Theon 被从 Dion 中分离开来，那么 Theon 就成了一个被规定的个体（poion）。而 Dion 和 Theon 原本是同一个实体，这样岂不导致了两个不同个体占有同一个实体的结论?[①] 学园派用这个例子证明斯多亚主义所谓的两个个体不能占有同一实体的观点是错误的，由此否证任何事物所拥有的只能是 poion，即被规定的个殊性。据亚历山大里亚的斐洛的记载，克律西坡曾反驳过学园派的这个看法。克律西坡讽刺说："这些都是悖论贩子而不是真理之言的话语。"克律西坡的论证如下。当 Dion 的脚被切断而 Dion 还没有死亡时，Theon 就没有得到被切掉的那个部分，那么 Dion 的这一部分就没有可能被取走。据此，克律西坡继续论证说，情况只能是：就那个脚已经被切除的 Dion 而言，他已经是有缺陷的 Theon 这个实体，这证明两个特殊的被规定的事物（poion）不能占有同样的基质。因此，情况必然只是 Theon 灭亡后，Dion 依然是"原来之所是"。[②] 克律西坡的论证首先在于划分"部分的分离"与"整体"的死和生的关系。斯多亚主义并不认为部分的分离例如增和减属于使 poion 不再是原来的 poion，就此而言，Dion 是原来的 Dion，不存在已经有 Theon 的 poion，当然也不会有 Dion 和 Theon 占有同一个实体的情况出现。其次，就那个脚已经被切除的 Dion 而言，他已经是有缺陷的 Theon。这就是说，原先的 Dion 已经不存在，而只存在有缺陷的 Theon，这也意味着并不存在两

---

① Stobaeus, I. 177, 21—179, 17 (including Posidonius fr. 96), see in A. A. Long and D. N. Sedley (eds.), *The Hellenistic Philosophers*, Vol. I, 28D6—7.

② Philo, *On the indestructibility of the world* 48 (SVF2. 397), see in A. A. Long and D. N. Sedley (eds.), *The Hellenistic Philosophers*, Vol. I, 28P5—6.

个实体，证明不可能存在两个 poion 占有同一个实体。无论使用哪一个论证都不能证明学园派的观点：即斯多亚主义坚持“两个事物占有同一个实体”的观点。

可见斯多亚主义关于 poion 这个范畴的理解，是建立在学园派对“成长论证”的回应的基础上的。从斯多亚主义而言，一个被规定者或者个体作为个体的特殊性，它不是“外在性的变化”，它是内在一致性的原理。斯多亚主义所说的外在性原理要用 pos echon 和 pros ti pos echon 两个范畴来解决。斯多亚主义指出了被规定者作为实体一开始就具有的规定性之特殊性，不是流变中形成的。虽然斯多亚主义关于 poion 的理解未必正确，然而它在回应学园派和怀疑论的挑战时确实相当有效。

五

接着我们要讨论斯多亚主义的第三个“种”和第四个“种”。第三个“种”是“被以某种方式排列的事物”（pos echon），第四个“种”是“以某种方式与其他事物相对而被排列事物”（pros ti pos echon）。我们还要讨论斯多亚主义用它们来解决什么样的理论问题。

我们先讨论 pos echon。斯多亚主义用 pos echon 是为了证明柏拉图所谓的无形体事物例如“知识”和“真理”等其实都属于有形体事物，因为真理就是“被以某种方式排列的”（pos echon）。为了论证这个观点，斯多亚主义首先区分了真和真理。斯多亚主义者说：“就实体而言，所谓真的是指无形体的，因为它是命题和被意指的/莱克顿（lekta）；但是真理是一个物体，因为它是能够陈述一切事物是真的科学知识；科学知识就是以某种方式被排列的主导性功能（commanding-faculty），就像以某种方式被排列的手一样，而主导性功能是一个物体，在他们的观点看来是一种气。"[①] 斯多亚主义把"真"归结为一种意指，一种陈述，一种语言的说出过程和内在意指活动，因此"真"不是有形体的。"真理"则不是，"真理"和科学知识是某种"主导性功能"，由于是主导性功能，它就是一种气。漫步学派的成员亚里士多德著作的注释者亚历山大对"主导性功能"有所论述。他以反对者的口吻说："我们必不能赞同（斯多亚?）的论点：存在着一种灵魂的独特能力，就是出于个体的需要同一事物以某种方式安排有时候是思考，有时候是愤怒，有时候是欲求。"[②] 这可以帮助我们理解斯多亚主义的古怪观点，即为何把真理看作是 pos echon。在斯多亚主义看来，真理是主导性功能的体现，而主导性功能是灵魂的能力，就是灵魂的"气"。灵魂的气总是被以某种方式被排列的事物（pos echon)，有时候排列为愤怒，有时候排列为欲求，有时候排列为理性的认识能力。科学知识和真理属于灵魂的主导性功能的某种"被排列的事物"，应该是属于理性的被排列，就如思考、欲求和愤怒都是 pos echon 一样。由于灵魂是气，各种形式的 pos echon 当然也是一种气，一种物体。为了形象地说明这个观点，斯多亚主义用手指捏成拳头作比喻。用手指可以捏成许多形状的拳头，真理和把握性印象在芝诺的比喻中是紧握手指并且用另一只手掌顶着握紧拳头的事物。从这个比喻可以看出，真理是某种形式的类似于手指的排列状态，因为手指可以伸展，也可以半曲，有各种排列的样式。

斯多亚主义从把握性状态的不同被排列状态出发，认为真理

---

① Sextus Empiricus, *Outlines of Pyrrhonism* 2. 81—3, see in A. A. Long and D. N. Sedley (eds.), *The Hellenistic Philosophers*, Vol. I, 32P2.

② Alexander, *On soul* II. 118. 6—8 (SVF 2. 823), see in A. A. Long and D. N. Sedley (eds.), *The Hellenistic Philosophers*, Vol. I, 29A.

只存在于有德性的人中；“真”则可以存在于低等的人中，低等的人也可能说出某事物是真的。[①] 这里仍然把真理和真分别看待。斯多亚主义把被称为“真的”东西例如谦逊和审慎活动看作是一种状态，真理以及许多事物的科学知识被看成是实存。那么与真理和科学知识相似的美德是否也属于 pos echon 呢？斯多亚主义对这个问题是有争论的，这个争论主要发生在阿里斯通和克律西坡之间。阿里斯通对美德有两种看法：就本质而言（tei men ousiai），美德是一件事物，他称之为“智性的”健康；就相对性而言（toi de pros ti），他以不同和多元的方式来理解美德，就如当某人把握了白色的事物我们就称视像是 whitesight；如果他把握了黑色，我们就称之为 blacksight。克律西坡则批评说，对美德作不同角度的考虑是对的，然而无论哪一种考虑都不能把美德理解为第四个“种”，即 pros ti pos echon，阿里斯通所说的相对性的美德观念则属于第四个“种”。[②] 斯多亚主义把美德区分为“值得的选择”和“应该被选择的”，能够用来分析他们对于美德所属的“种”的辨析。斯多亚主义认为前者是“欲求的”，后者是“应该被欲求的”；前者属于“值得意愿的”，后者属于“应该被盼望的”；前者属于“能接受的”，后者属于“应该被接受的”。[③] 我们选择、意愿和盼望拥有“善”，因此善是值得选择、值得意愿和值得欲求的。我们选择的是拥有审慎和谦逊，

---

① Sextus Empiricus, *Outlines of Pyrrhonism* 2. 81－3, see in A. A. Long and D. N. Sedley (eds.), *The Hellenistic Philosophers*, Vol. I, 33P.

② Jacques Brunschwig, "*Stoic Metaphysics*", see in Brad Inwood, *The Cambridge Companion to the Stoics*, p. 232.

③ Stobaeus, 2. 97, 15－98, 6 (SVF 3. 91), see in A. A. Long and D. N. Sedley (eds.), *The Hellenistic Philosophers*, Vol. I, 33J1.

而不是选择拥有审慎地行动和谦逊地活动。[①] 就后者而言，正如斯多亚主义对于“真理”和“真”的分别，“欲求的”、“意愿的”和“能接受的”属于“主导性功能”，根据斯多亚主义所理解的“主导性功能”与真理的关系，它们属于第三个“种”pos echon。

克律西坡并不否定阿里斯通所谓的“美德”也可以就着本质来说，他只是反对把“美德”列为第四个“种”。显然，就着本质说的“美德”不能够放在第三个“种”，不能够作为第三个“种”，当然也不能够作为第四个“种”，那么它应该属于哪一个“种”呢？显然美德是“被规定的事物”，因为它是一种特殊性，它只能列在第二个“种”poion。学者们认为，斯多亚主义似乎没有清楚地界分就着本质所理解的美德应该归属于哪一个“种”：是属于 pos echon 还是属于 poion 呢？如果勉强作出回答，那么 poion 指基质的差别，pos echon 指已经被规定的事物的进一步差别，例如拳头必须在“手”这个术语的意义上被定义和理解。问题是，即使采取这种区分，仍然很难分别出某些事物例如“理解”、“美德”和“行走”属于两个“种”中的哪一种。[②] 斯多亚主义这样论述道：“德性是一种主导性的功能的排列，有德性的行为是与德性相一致的活动，它们都是直接的益处。然而有德性的人和他的朋友们，他们本身也都属于好……”[③] 有德性的人和他的朋友们就“种”而言属于 poion，“德性”则属于 pos echon。

---

① Stobaeus, 2.97, 15—98, 6 (*SVF* 3.91), see in A. A. Long and D. N. Sedley (eds.), *The Hellenistic Philosophers*, Vol. I, 33J3.

② A. A. Long and D. N. Sedley (eds.), *The Hellenistic Philosophers*, Vol. I, p. 177.

③ Sextus Empiricus, *Against the professors* 11.22—6 (SVF 3.75, part), see in A. A. Long and D. N. Sedley (eds.), *The Hellenistic Philosophers*, Vol. I, 60G2.

斯多亚主义的类似论述还有："那些追随克律西坡和芝诺的哲学家，他们认为灵魂是物体，并认为它的功能就是基质里面的性质。"[①] 这里所谓的"功能"指的就是"主导性功能"，就是 pos echon；所谓的在基质里面的性质，是指 poion。还有一种观点可以较好地帮助我们理解美德是被列入 pos echon 还是被列入 poion，这就是要依据它们的表现，它们较多地表现为有形体的物体呢，还是无形体的存在？当美德被理解为与物体更相关时，它属于第二个"种" poion；而当美德与主导性功能更相关时，它就被列入第三个"种" pos echon。所谓美德与物体更为相关，是说美德被理解为事物的个体性，就是事物的内在规定性；所谓美德与主导性功能相关，就是美德被理解为无形体的存在，例如知识等，然而正如上述分析所表明的，即使是无形体的事物，依据第三个"种" pos echon，它也是有形体的。

斯多亚主义的第四个"种"是"以某种方式与其他事物相对被排列的事物"（pros ti pos echon）。斯多亚主义区分了"相对的"和"相对的排列"这两个概念。所谓"相对的"事物是指根据内在特征而被决定然而又指向别的事物的状态；"相对排列的事物"则指没有导致内在本性的变化和性质改变的事物，然而从外部看却有属性的变化，也会停止存在。当事物处在独特的状态中而被指向某种别的事物时，它是相对的。斯多亚主义认为状态（tenor）、知识和感知觉都属于 pros ti pos echon。当事物被认为不是根据内在差别而是在排列上相对于某种别的事物时，它是相对地被

---

① Iamblichus，*On the soul*（Stobaeus 1.367，17－22；SVF2.826），see in A. A. Long and D. N. Sedley（eds.），*The Hellenistic Philosophers*，Vol. I，28F.

排列。[1] 在斯多亚主义的区分中，两者的主要差别在于"相对的"指事物状态之间的关系，它纯粹是外在关系，然而这种外在关系是由其内在性而来的，是其个体存在的特殊性所致，例如"人"在与其他动物相比时人具有"理性"的内在品质，而动物没有。"相对被排列的事物"则是另外的意思，主要体现在"被排列的事物"的意思中。所谓"被排列的事物"有例如"苏格拉底站在右边"这样的陈述。首先，它没有导致事物性质的变化，这种"排列"不会导致内在性质的改变。其次，相对被排列的事物从表面上看会有属性的改变，例如"苏格拉底站在右边"会因为柏拉图的位置变化（苏格拉底的位置没有变化）而变成站在后面或者其他位置中间，也可以变化为苏格拉底躺在椅子上而停止那种方位存在的特征等。

斯多亚主义的第四个"种" pros ti pos echon 是非常特殊的范畴。斯多亚主义使用这个范畴在于指出许多关系只是外在关系，当这种外在关系所相对的外在事物消失后，这种关系也就消失了。斯多亚主义经常用来说明此观点的一个例子是：当一个父亲失去他的孩子时，他就不再是一个父亲；即使他的父亲不知道发生过这个事实，他也已经不再是父亲了。正是在这一点上，斯多亚主义的"正统派"批评阿里斯通，认为阿里斯通把美德列入第四个"种" pros ti pos echon 是错误的。因为如果阿里斯通是对的，那就不存在美德了；当作为美德的相对被排列的关系消失后，也就不存在美德了。"结果是，大多数的情

① Simplicius, *On Aristotle's Categories* 166, 15－29 (SVF 2.403, part), see in A. A. Long and D. N. Sedley (eds.), *The Hellenistic Philosophers*, Vol. I, 29C.

况确实如此，尤其在（克律西坡的）书里面，他认为诸美德是poion……我们发现他的观点没有错，因为他的著作对于阿里斯通的思想有正确的批评。阿里斯通出于 pros ti pos echon 认为美德是可以用许多名称称呼的一个独特的事物。克律西坡则认为美德和恶的多样性的产生不是 pros ti pos echon，而是它们所属的实体的性质的变化……”[①]这是站在克律西坡的立场来批评阿里斯通，它的目标是批评把美德/德性作为相对的原则，也就是当作非个体的原则。由克律西坡以及斯多亚主义的主流范畴学说，我们可以看到基于 Ti 的形而上学，斯多亚主义必然会得出个体德性/美德的立场，区别于柏拉图和亚里士多德的普遍德性的观点。

斯多亚主义使用 pros ti pos echon 能够较好地反驳相对主义和怀疑论的观点。他们提出 pros ti pos echon 这个“种”或者范畴，本身就受到与怀疑论争论的背景的影响。[②] 怀疑论和相对主义都说，我们无法确定甜和苦是否真实存在，因为它更多的是依据人的感觉器官，有的人认为是苦的，另一些人却认为是甜的。在这种情况下，我们无法确定事物本身是怎么样的，或者说不存在所谓的事物本身。我们无法确定甜和苦的标准，因为它们没有实在性。“相对的述谓不具有非相对的事物所根据事物的自我本性而被言说的同一状态。这种事物既不是真实的存在，也不是其他的种类。因此盼望它们有同样的属性，或者存在为这一种而不

---

① Galen，*On Hippocrates' and Plato's doctrines* 7.1.12 — 15（SVF3.259，part），see in A. A. Long and D. N. Sedley（eds.），*The Hellenistic Philosophers*，Vol. I，29E.

② 参看 A. A. Long and D. N. Sedley（eds.），*The Hellenistic Philosophers*，Vol. I，p. 178.

是另一种，乃是痴心妄想。”[①] 斯多亚主义根据 pros ti pos echon 的学说提出了他们的批评。他们认为怀疑论所认为的相对于某人是苦而对其他人却是甜的这种判断是不能应用于事物本身，应用于事物本身的性质的范畴应该是 poion。这就是说，如果糖本身的性质没有变化时，它一定是甜的，因为根据 poion 的范畴就是如此。至于发生的诸如此人品尝是苦，在彼人是甜的感觉，则是属于 pros ti pos echon 的范畴。“对于儿子来说，这个男人在右边，为了表明在那里，就需要某种外在的事物。因此，如果没有任何内在的变化，父就出于子的死亡而不再是父，某人出于其邻居位置的变化就不再是在这人的右边。但是如果甜和苦的内在性质没有变化，那么它们就不会有量上的变化。”[②] 怀疑论学派认为甜和苦不具有实在性，然而斯多亚主义认为这是错的。怀疑论的错误是把这种情况下的事物的独特性在范畴/种上作了错误的归类。应该列为 pros ti pos echon 的范畴的，他们却错误地列入 poion 的范畴。

以上我们从 Ti 和“种”的表里关系阐释了斯多亚主义形而上学的主要内容。斯多亚主义的 Ti 本体的学说需要“种”或者范畴学说的支撑，“种”/范畴学说则将 Ti 的理论具体运用到知识/真理、德性的描述之中，从而论证那些在亚里士多德和柏拉图看来是无形体的、普遍的知识何以是“这个”，何以是有形体的，何以是物体，从而将自然哲学的物理原则贯穿在知识论和德

---

① Polystratus, *On irrational contempt* 23.26 — 26.23, see in A. A. Long and D. N. Sedley (eds.), *The Hellenistic Philosophers*, Vol. I, 7D4.

② Simplicius, *On Aristotle's Categories* 166, 15—29 (SVF 2.403, part), see in A. A. Long and D. N. Sedley (eds.), *The Hellenistic Philosophers*, Vol. I, 29B2.

性论之中，使得斯多亚主义的哲学学说成为完整的、严密的思想体系。

在希腊哲学中，斯多亚主义所塑造的 Ti 的本体学说别具一格，在西方传统中它属于不被注意然而实际上发挥着巨大影响的哲学体系。本节阐释了斯多亚主义的 Ti 学说各方面的构成，以及它的“种”的学说在解决古典希腊哲学的难题以及希腊化哲学难题的贡献。

第四章

斯多亚主义的认识论

认识论是斯多亚主义自然哲学（物理学）的重要组成部分。它主要探讨了印象和把握性印象在认识真理和呈现真理中的核心作用，从感觉经验乃是认识的唯一来源这个角度论证了知识的自然主义基础。然而，斯多亚主义的认识论不是近代的经验论，“把握性印象”使得它的认识论别具一格，它所阐释的是全然自足的清晰明了的个体性印象的可能性，也就是一个自然物体在印象中完全准确地呈现其全部属性的可能性，“把握性印象”使得实体论和个体论在斯多亚主义的认识论中得到完整的结合。由此，则可以看到 Ti 的形而上学乃是其认识论的基础。

斯多亚主义的认识论在其哲学体系中有独特的地位。它本质上是一种心灵哲学，不是近代经验论的表象式的印象学说。因此，这种认识论与伦理学直接相联系，至少早期斯多亚主义在这两者之间构建了很深的内在关联。中晚期斯多亚主义的思想虽然有各种变化，然而并没有远离某种斯多亚主义的以个体认识论为核心的心灵哲学模式。认识论成为斯多亚主义的哲学探讨从自然哲学转入人的哲学的结合点，在理解斯多亚主义的形而上学和伦理学的关联中起着不可或缺的作用。

第一节　印　象

本节主要分析斯多亚主义的印象观念，指出它属于从印象出发建立知识的确定性的经验哲学。斯多亚主义重视印象的经验来源，与近代经验论哲学所谓的经验是知识的基础的观点仍然有相当大的差别。斯多亚主义区分了前观念的观念（观念 I）和观念 II，观念 I 的前观念状态是在印象中真正建立了把握性印象的认识状态，这就是所谓的逻各斯与自然的同一。相反，观念 II 常常受许多教义和习惯的影响，使事物本身的印象呈现失真。因此，在观念 II 中，如何判定印象的真假就成了认识论的前提。斯多亚主义分析了四种印象观念，指出了必然真、必然假、可能真可能假和不可能真不可能假的认识状态，为进一步分析把握性印象厘清了基础。

一

斯多亚主义的认识论主要探讨印象（phantasia）的观念。与斯多亚主义的其他理论一样，其中也有明显针对柏拉图和学园派的意思。它也反对相对主义的认识论，与伊壁鸠鲁学派的直接印象理论不同。斯多亚主义坚持知识和真理的可获得性这个绝对主义的认识论教条，开展出的却是不同于柏拉图和伊壁鸠鲁学派的认识论策略。柏拉图和学园派反对把印象作为知识的基础，《泰阿泰德篇》表述得非常清楚。在讨论智者和普罗塔哥拉的“人是万物的尺度”时，柏拉图指出普罗塔哥拉的真正意思是说

“知识就是感觉”。[①] 在柏拉图看来，这是相对主义的，柏拉图则持绝对主义的知识论。接着，柏拉图用两个例子反驳了希腊哲学史上的这种知识论，他提出了两个著名的比喻：蜡像说和鸟笼说。蜡像说指出由于蜡板性质的不同，所刻的印象有的模糊有的清晰，由此会得出有正确的意见也有错误的意见的结论。[②] 然而，柏拉图认为知识是不可能错误的，因此印象不可能是知识。鸟笼说则把知识比作鸟笼里面的“鸟”，柏拉图证论证道会存在如下的实际情况，就是捉错“鸟”的时候，[③] 例如不管出于什么原因把鸽子当作麻雀等，这也证明知识绝不就是印象。柏拉图的结论，是知识绝不来自于“印象”，印象也不可能构成知识的基础。

同样，斯多亚主义反对对印象作相对主义的解释，反对普罗塔哥拉和智者的印象论的相对主义立场。斯多亚主义认识论的特殊贡献在于：既把知识确立在印象的基础上，又矫正了智者的印象的相对主义诠释，形成关于印象的独特看法。“斯多亚主义的策略是，在处理印象和感知觉的根据时给予其最原初的位置，这是由于决定事情的真理的标准一般而言是出于印象，在处理赞同、认识和思考的根据时也是如此。印象先于一切其余的事物，没有印象就不可能有其他事物。”[④] 印象是斯多亚主义认识论的前提，是认识论中的原初概念。斯多亚主义的印象论的独特性在于它认为印象本身是确定的。斯多亚主义除了用“四范畴”的理

---

① Plato，*Theatetus* 160D.

② Plato，*Theatetus* 194E－195A.

③ Plato，*Theatetus* 199A－B.

④ Diogenes Laertius，7.49 － 51（*SVF* 2.52，55，61），see in A. A. Long and D. N. Sedley（eds.），*The Hellenistic Philosophers*，Vol. I，39A1.

论驳斥了关于印象的相对主义理解之外，还认为它不只是感觉的结果，而是来自于人的心灵。斯多亚主义的印象论是以特殊的认识主体为基础：一方面，斯多亚主义接受柏拉图和学园派的观点，把心灵作为知识的器官和知识确定性的官能；另一方面，它又否定柏拉图和学园派的心灵只是操控知识的官能而不是印象的器官的观点。斯多亚主义赋予心灵以双重性：一是心灵是知识的确定性基础；二是心灵综合的是印象，当综合的印象完全呈现事物的个体性物象时，它就是知识本身。知识不是印象的提升，它只是完全准确再现物体之为个体的存在。

从斯多亚主义关于印象的定义中，已经可以看到它与柏拉图和学园派争论的焦点。克律西坡指出印象是发生在灵魂中的属性，显示的是它自身和它自身的因。“因此，当借着视觉我们观察到某事物是白色的，借着视像就在灵魂里面发生了某种影响；这样一种影响使我们能说存在着某种作用于我们的白色对象，当我们借着触觉和味觉感知时也是如此。”① 这先是肯定了灵魂与印象的关系，说明灵魂是印象的主导性器官。其次，斯多亚主义分析指出，由于印象是以我们所观察到的客观事物为存在中介，因为在印象里面我们观察到某种事物存在，由此我们相信事物作为它本身而存在。这就是说，事物因为它存在于自身中它才存在于印象中，存在于自身之中全面地再现其自身就是物体呈现在心灵中的全面性，保证了印象的确定性。印象的确定性是由灵魂/心灵本身的属性和印象的对象本身客观地存在得到保证的。

斯多亚主义虽然也从印象出发来理解心灵的认识功能，然而它与近现代哲学的理解是不同的。近现代哲学主要把心灵/灵魂

---

① Aetius，4.12.1－5（SVF 2.54，part），see in A. A. Long and D. N. Sedley（eds.），*The Hellenistic Philosophers*，Vol. I，39B2.

或者说认知主体看作是主观的，是使事物呈现为主体性框架之内的主观性。然而无论斯多亚主义还是柏拉图，他们都不这样看。他们认为灵魂是理性发生的场所，灵魂的自然理性之光将事物存在本身显示出来，它不是以先验性的偏见或者经验性的“洞穴”将客观对象片面化，导致主体对于自然世界的限定。斯多亚主义把灵魂主体的自我显示比喻为“光”，就是将自然本身照亮使自然本身自动地呈现出来，从而自然以印象的形式全然自我地进入心灵之中，并且因着心灵的光照功能使得这些印象能够按照其本身而得到重新的结合，这就形成了印象本身中的物体之所是。

斯多亚主义的印象与光照的关系说表明，印象乃是主体性功能对于客观事物的照亮，它所获得的是客观事实性的把握。“‘印象’（phantasia）这个语词来自于‘光’（phos），就如光显示它自身并且把它范围内的事物全部都包括在内，因此印象也显示它自身和它的因。”① 这个解释带有隐喻性的成分，与前面提到的印象乃是“观看”或者“视像的形成”相关联。“观看”或者“视像”本身原就与“光”有关系，又由于它是与灵魂联系在一起的，也就与灵魂的自然理性之光获得了关联。心灵/灵魂“是主动的和能够作出响应的，能够操控所提供给它的质料，能够自由地赞同印象所产生的信念”。② 因此，灵魂/心灵不是柏拉图和学园派所认为的承受者，斯多亚主义认为它是积极主动的。灵魂/心灵的积极主动不是近代哲学例如康德所说的构成性的先验理性，不是霸道的主体性，不是人类学本体论，古典时期还没有

---

① Aetius，4.12.1－5（SVF 2.54，part），see in A. A. Long and D. N. Sedley（eds.），*The Hellenistic Philosophers*，Vol. I，39B3.

② Williams L. Davidson，*The Stoic Creed*，p. 68，Edinburgh：T & T Clark，1907.

这样的思想观念，它讲的是自然理性，是将事物显示出来以及使事物构成它所是之观念的光照。

在承认印象之为“光”的自然理性的原则下，斯多亚主义注意到印象所具有的内容是客观存在的。它区分了印象与施印象者（phantaston）、想象（phantastikon）与虚构（hohantasma）的理论。印象与施印象者的分别是因和果的分别，例如某事物是白的、冷的或者其他属性的，它作用于灵魂时形成了白、冷或者其他的属性。想象则是虚无的吸引所致，想象这种灵魂的属性不是从施印象者所生，就如某个人与假想敌对打或者对空气出拳。这是因为每个印象都有施印象者作为对象，想象则没有任何对象。虚构则是建立在想象的虚空的吸引之上，那些忧郁和疯狂的人身上容易产生虚构。[①] 斯多亚主义区分印象、想象和虚构，都是以它们与施印象者之间的关系作标准。首先，斯多亚主义肯定施印象者在印象形成过程中的主动作用，它认为印象是关于某事物的印象，因而某事物不仅作用于心灵/灵魂，而且在灵魂/心灵本身中形成“其所是”。斯多亚主义指出这种灵魂/心灵、印象与施印象者的关系属于“相互是”的关系，而不是“相互不是”，后者会导致物自体的观念和不可知论。印象既是灵魂/心灵的自然理性之所是，也就是物体本身之所是。这就呈现出斯多亚主义认识论的核心内容：灵魂与自然的一致性。其次，“想象”所获得的施印象者与印象的关系有所不同。在想象里面，已经有虚无的“成分”，或者说想象所制造的印象具有“所不是者”的成分，这个“所不是者”是施印象者的“所不是”。虚构就更如是，它是在想象的“所不是”之上的“不是”，甚至没有施印象者在内，

---

① Aetius，4.12.1 − 5（SVF 2.54，part），see in A. A. Long and D. N. Sedley（eds.），*The Hellenistic Philosophers*，Vol. I，39B4−6.

或者说是根本不存在的施印象者。这既解释了印象缘何既有真也有假，也解释了错误认识的成因。

因此，认识和思想始于印象，这是斯多亚主义的基本观点。“首先产生了印象，后才有思想。思想是话语的力量，它用语言表达由印象的能动作用所产生的经验。”① 斯多亚主义的“印象”不是近代经验论的“内印象”，不是贝克莱和休谟所认为的感觉观念，乃是能动的精神所引起的呈现。近代哲学把观念或者印象所依存的心灵，看作是根据一定的规则或确定的方法所引起的感觉观念，并称它为自然法则。② 然而，斯多亚主义的印象论是以自然法为基础的，它的自然法不是先主体后客体，也不是先客体后主体的自然法，而是主体和客体根本就是一致的自然法，斯多亚主义的印象论还建立在它的宇宙论或者自然观基础之上。斯多亚主义的认识论虽然具有某种现代的形式，然而本质上是古典的，它保持着古典时代的乐观精神。斯多亚主义深信“印象”来自于外在的事物，由于印象和外在的事物都是“物体”，由于物体与物体之间是完全混合的关系，由感觉、记忆以及据此建立的印象与外在事物本身不会有什么分别。进而言之，斯多亚主义深信印象是在心灵里面的，不是如伊壁鸠鲁学派所认为的仅只于感觉，“那些属于我们所描述的事物的特征，是被感觉所认识的，它等同于那些不是由感觉直接认识到而是借着在某些方面里面的感觉特征，例如，‘那是白的，这是甜的，那是悦耳的，那是充

---

① Diogenes Laertius，7.49 — 51（*SVF* 2.52，55，61），see in A. A. Long and D. N. Sedley（eds.），*The Hellenistic Philosophers*，Vol. I，39A2.

② 陈修斋主编：《欧洲哲学史上的经验主义和理性主义》，人民出版社 1997 年版，第 176 页。

满芳香的，这是苦的。’对这些事物的认识是出于我们的心灵，而不是出于感觉。”[①] 感觉的器官和心灵的器官之间的距离不会造成物体所是的错位，所谓“借着在某些方面里面的”，指的就是“在心灵里面的”。由此，斯多亚主义认为印象是刻在心灵之中的，而不是如现代早期的认识论所认为的是悬浮在心灵与感觉对象之间的；它也不是要在意识的内在性和物体存在的外在性之间制造什么间距或者陌生感，从而认为意识和对象之间存在需要弥合的一致性，倒更像是现代语言分析学派或者分析哲学所讨论的命题和表象理论。斯多亚主义从柏拉图的现象性和本体性、内在性和外在性的二元对立的哲学中走了出来，阐释了自然与心灵乃是合乎一致的，阐释了身体存在的实体性与思想所本有的实体性的高度同一性，总言之，就是阐释了印象是心灵的光照的观点。印象是在光照中呈现事物确实性的个体性实存的观念方式，然而它本身也是实体性的存在方式。斯多亚主义这样说道：“从这个层次（即一般的心灵知觉），关于事物的观念就被印在我们里面，没有这一点，就不可能有对任何事物的领会、研究或者讨论。”[②] 斯多亚主义特别强调心灵中的印象乃是事物的实体性印象。所谓实体性印象不是说事物作为个体进入人的心灵里面，而是物体作为它的所是进入心灵里面，并且心灵的综合也偏离事物之所是。这就是斯多亚主义的认识论的自然法则。

斯多亚主义还深入阐释了印象的形成与灵魂及感觉器官之间的关系。首先，灵魂是印象的处所；其次，印象不是先天地在灵魂里面，灵魂的自然功能是构成性的，天赋观念是自然性的构

---

① Cicero, *Academica* 2. 21, see in A. A. Long and D. N. Sedley (eds.), *The Hellenistic Philosophers*, Vol. I, 39C1.

② Ibid., Vol. I, 39C4.

成，而所谓的观念的自然性就是印象的最初感受性，借助于感觉，灵魂形成诸如白和黑、粗糙和光滑等印象。

斯多亚主义解释了观念和印象之间的形成关系。它认为观念得以形成，或者是通过与印象的直接接触，或者通过两者之间的相似性，或者通过类比，或者通过转换，或者通过复合，或者通过对立。直接接触产生了我们关于可感觉事物的观念；通过相似性我们形成了那些根源于我们面前的某事物的观念，例如从苏格拉底的半身像中获得“苏格拉底”的观念；类比则有扩展和缩小两种途径，例如第提俄斯（Tityos）和塞克洛普（Cyclopes）是透过扩展形成的观念，侏儒则是透过缩减形成的观念；“胸前长眼的动物”则是透过转换获得的观念，“半人半马”是透过复合获得的观念；“死亡”是透过对立获得的观念，[①] 它是透过我们对于“生”的了解，然后通过了解“生”的对立面是什么来确立“死”是什么。从印象和观念的类比、相似性、直接接触和复合等形式中，也就可以了解到印象必然会有真和假。当这些方法运用不当的时候，错误的观念和印象就会产生。

二

斯多亚主义认为印象是心灵的天然形式，诸如观念这样的存在形式也是建立在印象之上，以印象为内容。然而，斯多亚主义又说，观念的属性直接来自于心灵，这个说法与天赋观念论有些类似。中期柏拉图主义者普罗塔克早就认识到这一点，他说：“斯多亚主义认为，一个人降生后就拥有主导性灵魂的部分，它

---

① Diogenes Laertius，7.53（SVF 2.87，part），see in A. A. Long and D. N. Sedley（eds.），*The Hellenistic Philosophers*，Vol. I，39D. 参看第欧根尼·拉尔修著，马永翔等译《名哲言行录》（下卷），第 243 页。

像一张等待着被书写的纸。在心灵里面，它把每一个都印在观念上。因为借着感知某事物，例如白色，它们就拥有它所留下的事物的记忆。当许多类似的记忆发生后，我们就说我们拥有了经验。某些观念自然地非预设地以前述的方式产生，某些观念则借着我们自己的指示和注意形成。后者只被称为观念，前者还被称为前观念。理性……在我们七岁前就从我们的前观念中形成。”[①] 普罗塔克认为斯多亚主义的观念形成可分为如下几个阶段：(1) 人降生后所拥有的主导性灵魂部分中有一部分是自然地非预设地产生的；(2) 理性的形成与这一部分的观念是相联系的；(3) 这部分的观念又被称为前观念，可以称为观念 I；(4) 印象与观念的关系是直接书写的关系。普罗塔克对此没有作进一步解释，由于这个问题非常重要，这里略作些推论。所谓前观念的观念，依照文本看来，它说的是印象在没有任何心灵主体例如判断参与的情况下完全地接纳事物实体存在的结果，因此所获得的前观念是事物本身的印象的全然呈现，是事物之所是本身，因为我们感知到的白色以及诸如此类的印象完全没有经过任何过滤地印到观念之中，它们就像是天生的观念。从这个角度看，斯多亚主义的天赋观念并不是笛卡尔的天赋观念。近代的天赋观念认为在理智中存在着某些基本的观念、共同的思想和记号，它们像是印在人的心灵中那样。灵魂在它存在之初就已经获得了它们，并且随同它们被带到世界中来。[②] 这个天赋观念论与柏拉图和学园派有关系，与斯多亚主义没有关系。

斯多亚主义反对柏拉图和学园派，它的天赋观念其实是前概

---

① Aetius, 4.11.1 — 4 (*SVF*2.83), see in A.A.Long and D.N.Sedley (eds.), *The Hellenistic Philosophers*, Vol.I, 39E.

② 陈修斋主编：《欧洲哲学史上的经验主义和理性主义》，第 260 页。

念/前观念，是自然，是纯然自然的印象。柏拉图和近代哲学在讲天赋观念时，是要把印象的确据归结为理智的先天印记，确立演绎的原则，斯多亚主义却不这样看。在斯多亚主义看来："观念是一种印象，而印象是印在灵魂之中的……他们（斯多亚主义）把观念定义为一种被贮存起来的思想，而记忆则是永久的和静态的印记。"[①] 斯多亚主义没有区分印象和观念的先与后、也没有区分两者的显与隐，它指明两者只是存在方式的不同。

不同于柏拉图和学园派的地方还表现在，斯多亚主义把它们看作是"自然的"，天赋观念其实只是前观念，它构成人的自然性，是一切时代和一切技艺所共有的，是出自于那隐藏的导师（神），是神所形成的功能。[②] 斯多亚主义认为没有必要如柏拉图和学园派那样把观念看得高于印象，它们在物体性上是一致的；也没有必要把观念看成实在本身或把印象只是看作观念的影子，应该从它们都是自然的这个观念上进行理解。因此，斯多亚主义认为还存在主导性灵魂的第二部分，就是借着我们的注意和指示形成的观念，我们可以称为观念 II。观念 II 与观念 I（前观念）的不同是它形成于人们有了理性判断能力之后，斯多亚主义似乎认为这部分的观念的真实性低于观念 I。

由此可以明白斯多亚主义为何经常说前观念性与自然性是直接相通的，前观念就是自然。前观念的形成是在没有任何干扰下物理世界的印象直接、纯然进入心灵的结果，也就是个体实体按照它本身将自己呈现为印象，它是理性的自然，因此理性的自然

---

① Plutarch，*On common conceptions* 1084F － 1085A（SVF2.847，part），see in A. A. Long and D. N. Sedley（eds.），*The Hellenistic Philosophers*，Vol. I，39F.

② Seneca，*De Beneficiis*，IV. 6.

或者说 logos 和 physis 直接契合。斯多亚主义经常提到前观念，这是它批判伊壁鸠鲁学派、柏拉图的学园派、亚里士多德和前苏格拉底哲学的思想武器，也是它批判习惯和习俗的思想武器。在斯多亚主义者看来，这些都遮蔽了印象本身。从前观念看，印象和观念本身没有区别，因为逻各斯和自然没有区别。如果我们对于世界的认识以这种自然和理性/逻各斯的统一性方式来论说，那么我们就能够做一个真正的斯多亚主义者，而不会陷入各种先在的认识教条。

三

澄清了斯多亚主义的印象观念之后，接下来要讨论印象的真假之分。什么是斯多亚主义对于真和假的定义呢？“真”是指可能形成真的断言的真实命题，例如我们断定当前的状态是“白天或者黑夜”，这是“真”的断定。假则指可能形成假的断言的命题，例如“水中的桨是弯曲的”、或者“两旁的柱廊变得更窄了”，它们就是假的命题。既真又假的命题是这样的印象，例如俄瑞斯忒斯（Orestes）疯狂状态中所产生的伊莱克特拉（Electra）的印象，就他对现存事物的印象而言这是真的，因为伊莱克特拉存在；但就是否真的有复仇三女神的形象而言是假的，因为不存在复仇女神，相当于在印象之上“想象”出来的印象。既非真又非假的印象则是指虚构的印象。① 斯多亚主义认为印象必然有真和假之分，也就必然存在真印象的标准。斯多亚主义的把握性印象就是判定真印象的标准。

---

① Sextus Empiricus, *Against the professors* 7.242—246 (SVF 2.65, part), see in A. A. Long and D. N. Sedley (eds.), *The Hellenistic Philosophers*, Vol. I, 39G7—10.

斯多亚主义的把握性印象相当复杂。把握性印象在斯多亚主义认识论学说中占有重要地位，由于它涉及印象真假的判定问题，因此如果挑战把握性印象成功，就可以否定斯多亚主义的认识论。为了深入地讨论把握性印象，我们先要讨论斯多亚主义的四种印象，然后再分析印象的真假问题。斯多亚主义说："有些印象是令人信服的，有些则是不令人信服的，有些是既令人信服又令人不信服的，有些则是既不令人信服又不令人不信服。"① 斯多亚主义依据信服的程度提到了四种印象，把信服作为真假的标准。第一种印象（也就是令人信服的印象）是指产生在灵魂里面的那些印象，这种印象是真的。例如我所拥有的"某天某个时刻我正在谈话"的印象，它是自明性的印象。② 第二种印象（也就是不令人信服的印象）是假的印象。这种印象显现为如此这般的情况导致我们不赞同，例如"如果是白天，太阳落在地平面之下，"或者"如果天是黑的，那么它是白天。"③ 这两类印象虽然或真或假，它们都是自明的。第三种印象是既令人信服又不令人信服的印象，这类印象有它的相对性，这缘于事物本身的变化。根据它们的"相对排列"，它有时候会成为这样的印象，有时候会成为那样的印象。斯多亚主义认为，有些难以解答的论证就属于这类印象。④ 换个角度来说，这类印象不是自明的，它有其条件性。关于这种印象是真还是假，必须要联系其条件来指证。第四类印象是既不令人信服又不令人不信服的印象。斯多亚主义列

---

① Sextus Empiricus, *Against the professors* 7.242－6 (SVF 2.65, part), see in A. A. Long and D. N. Sedley (eds.), *The Hellenistic Philosophers*, Vol. I, 39G1.

② Ibid., Vol. I, 39G2.

③ Ibid., Vol. I, 39G3.

④ Ibid., Vol. I, 39G4.

举了部分这样的印象，例如“星辰的数目是奇数的”以及“星辰的数目是偶数的”。[①] 为什么把它们列入第四类印象？斯多亚主义可能认为这些命题既无法证明又无法否证，它是可能的，然而只能是抽象的可能性。

斯多亚主义认为，第三类印象和第四类印象的区别在于前者指印象本身所存在的种类的变化，它就其本身而言具有相对性，只要条件清楚是可以判断的；后者指无法判断其真假的印象，它确实可以知却无法确实地知，或者说在逻辑上它有被知道的可能性。由此，可以说斯多亚主义是从经验论和自然哲学的角度看到“真假”在认识论中的运用；也可以说斯多亚主义是从逻辑的真假值的角度确定印象必然是具有真假的判断；还可以说，当斯多亚主义确定印象是在灵魂中的存在物时，也就是确认它是理性的时候，它认为这就确认了印象的真假值。从这个角度来说，第四类印象其实已经不能够算是印象，因为它不能还原为某种实在的具体存在物，是纯粹抽象的概念形式。第三类印象就并非如此，它是可以还原为真和假的，“在令人信服的或者不令人信服的印象中，有些是真的，有些是假的，有些是既真又假的，有些则是既不真又不假的”，[②] 因此，它也被归为印象的范围。

以上关于斯多亚主义印象学说的讨论，在于说明什么样的印象才是认识的真正基础。斯多亚主义认为前观念属于这种印象，它其实就是把握性印象。前观念是从观念的形成阶段说的，把握

---

① Sextus Empiricus, *Against the professors* 7.242－6 (SVF 2.65, part), see in A. A. Long and D. N. Sedley (eds.), *The Hellenistic Philosophers*, Vol. I, 39G5.

② Ibid., Vol. I, 39G6.

性印象是从印象的确实性呈现说的。通过区分诸种印象形式，斯多亚主义试图说明在生活的诸阶段如何来达到把握性印象。这就涉及如何运用把握性印象，使它成为判定其他印象的认识论标准。

斯多亚主义的印象学说是探讨把握性印象的预备。就是前观念显示了逻各斯与自然（logos 和 physis）的同一性，显示了认识论和宇宙论的统一性。斯多亚主义关于把握性印象的进一步讨论，则把这种统一性表述在形而上学的主题之下，统摄在 Ti 的本体学说的视野之中。

第二节　把握性印象和真理的标准

印象既然是认识的前提，也是真的标准。斯多亚主义的认识论与近代经验论有相似之处，例如休谟就认为印象是观念的来源，由于印象来自于外部事物而人属于接受器，印象只真不假。然而，斯多亚主义所谓印象与真理的关系与近代经验论有所不同。第一，斯多亚主义的印象可以反推到个体的实存，也就是说印象的摹本是确实存在并且要把如其所是的实存者确定为最终的标准，然而洛克的经验论是唯名论的，他把性质和各种属性所形成的载体看成是假设的存在，主张实体只是假设性的，发展到休谟就成了不可知论，真理成了因果链所呈现的心理现象的恒常汇合，只是习惯而已。现代经验哲学进一步分析了因果呈现的确实性与逻辑句法的意义关系，引出真值问题的逻辑分析方法以及意义、表达和真理的关系。第二，斯多亚主义与经验论都把印象和观念作为同等级别的认识范畴，然而斯多亚主义认为自然理性在整个认识中起着关键作用。所谓的自然理性是指合乎自然的理性，合乎 physis 的 logos。正是在这个层面上，斯多亚主义由自然合理性导出了自然的实存性，由观念的直接性导出了“印象本身就是观念”，因为印象是最合乎自然性的，也是最合乎理性的。

一

斯多亚主义认识论的核心是把握性印象，它是判定真理的标准。“他们（斯多亚主义）说把握性印象就是真理的标准，即，印象出自于所是者（what is）。这就是克律西坡在他的《物理学》第二卷所说的，也是安提珀特和阿波罗多洛所认同的……克律西坡……在他的《论理性》的著作中指出感知觉和前观念都是真理的标准；前观念就是关于普遍性的自然观念。有些老斯多亚学派成员把正确的理性作为标准，这是波西多纽在他的著作《论标准》中所说的。”[①] 如果这个记载是准确的，那么波西多纽认为斯多亚主义对把握性印象有不同的提法。斯多亚主义者对把握性印象的共同看法是，都称其为正确的理性和前观念，就是自然作为自然本身所具有的先存普遍性。在理解把握性印象的具体内涵时斯多亚学派似乎又有分歧。克律西坡认为把握性印象既包括了感知觉，也包括了理性；波西多纽则认为把握性印象只指正确的理性，斯多亚主义者波爱修则认为把握性印象可以是理智、感知觉、欲望和科学知识。[②] 虽然存在诸如此类的差别，他们之间的相同性似乎更重要，即都把理性纳入为把握性印象的要素，称理性是把握性印象的主导性官能。至于有些斯多亚主义者认为感

---

① Diogenes Laertius, 7.54 (including SVF 2.105, Posidonius fr. 42), see in A. A. Long and D. N. Sedley (eds.), *The Hellenistic Philosophers*, Vol. I, 40A.

② Ibid., Vol. I, 40A2.

知觉也是把握性印象的内容，这并不奇怪，因为就印象本身而言，它本来就是感知觉的。并且我们也指出过，斯多亚主义是一个本身就包含着差别性的思想传统。只是在理解斯多亚主义的某些差别时，不要按照现代的对“理性”作过度的读解。斯多亚主义的理性是自然理性，是基于经验的理性，它从来没有把理性与经验分别为两个外在部分。

在斯多亚主义的把握性印象的观察中，最关键的还不是以上表述中的某些差别，而是它所提到的把握性印象与“所是者”的关系。斯多亚主义对把握性印象与真理的标准作了两方面的讨论：一是它出自“所是者”，是来自于个体的存在者。斯多亚主义认为这个“所是者”实体就是个体性物体；二是斯多亚主义认为它肯定与印象对于事物的再现有密切关系，理智和感知觉都是这种再现的构成，在它们所把握的都是事物本身的完全准确的再现上，理性和经验不存在区分。如果问什么是理性，斯多亚主义会说理性是使个体在其存在中完全呈现其自身的光照。由于这个准确的再现不是抽象的再现，不是仅仅正确的理性形式，这个再现本身就不可能从感知觉中抽离出来，它是物体原本的肖像。从这个角度说，理性本身就是经验本身。因此，斯多亚主义所谓的自然理性不是近代的批判式的自然理性，它是印象得以准确地再现的自然。

据此，把握性印象所讲论的对象就得以清楚地呈现出来，它所探讨的就是事情本身被准确地再现在印象之中，反过来也可以根据这种准确再现的印象来判断类似的或者其他的印象是否是该印象，或者关于该印象的陈述是否真的是该印象的所是。无论把握性印象的主导部分是理智、感知觉、印象还是正确的理性或者其他什么，它们都需在这个所是者中统一起来并且必须统一为所是者。芝诺是把印象规定为“一种从所是的事物而来的重现的印记，它完全是它之所是”。[①] 真正的印象，或者说：“把握性印象就是产生于它之所是的印象，就是与所是者完全一致的被模制者或者被烙印者，它不能够产生自它所不是者。由于他们（斯多亚主义）坚持这种印象必须是能够准确地把握对象的，那么它就必是以工匠的方式把一切的特殊性都模制出来，他们说它把这些事物的每方面都作为它的属性。”[②] 斯多亚主义讲的把握性印象，所谓的事物本身之所是，或者说事物本身，必须是完全准确的再现。它既不是近代唯理论者所说的抓住了事物本身之所是的抽象的理性规定，也不是经验论所讲的那种产生自内知觉的印象。斯多亚主义所讲的印象与维特根斯坦的图像论有相近之处：“维特根斯坦试图从语言和世界之间的严格对应关系或图像关系，来论证符合的真理论。在他看来，命题的真假取决于命题与它所描述的事实之间是否存在着符合关系，或者说取决于命题是否成为它所描述的事实的图像。如果一个命题符合于它所描述的事实，成为这个事实的图像，那么这个命题便是真的，否则就是假的。可以说，他用‘符合’这个概念给真理下了定义，并规定了命题的真和假之间的界限。”[③] 就表象的呈现是事物本身的构成，并把这种构成的细节看作是所是者的全部内涵从而就是事实而论，斯多亚主义与维特根斯坦对于印象或者事实的表述是相似的。然而，他们也有对立的方面。在阐释上述观点时，维特根斯坦还提

---

① Cicero, *Academica* 2.77－8 (following 68O), see in A. A. Long and D. N. Sedley (eds.), *The Hellenistic Philosophers*, Vol. I, 40D1－2.

② Sextus Empiricus, *Against the professors* 7.247－52 (SVF2.65, part), see in A. A. Long and D. N. Sedley (eds.), *The Hellenistic Philosophers*, Vol. I, 40E3.

③ 涂纪亮：《现代西方语言哲学比较研究》，中国社会科学出版社1996年版，第487页。

出逻辑结构是这些事实得以构成的特殊关系，逻辑结构被作为先在的原则，是柏拉图主义的形式实在论的现代表达。然而，斯多亚主义反对任何形式的柏拉图主义，它的侧重点在于印象与事实之间的完全一致性，形式要符合这种事实之间的一致性，否则逻辑就不能成为事实的逻辑。

斯多亚主义讲的“所是者”与柏拉图和学园派所讲的“所是者”是对立的，正如他们讲的“实体”是对立的一样。斯多亚主义所讨论的“所是者”不是“形式”的“所是”，它讲的“所是”是事物存在的具体性，就是那个“个体性”。只有清楚准确地把那个“个体性”完全准确地再现出来，才能够区分事物的“所是”与“非所是”，或者说把“非所是”从事物所呈现出来的印象中排除出去。“首先，它（印象）出自所是者；因为许多印象在非所是者中都可以发现其根源，例如精神错乱就是如此，这些都不是把握性的印象。其次，它既来自于所是者又与完全之所是者相一致；就某些印象而言，尽管它们完全来自于所是者，然而它们并不完全代表所是者，例如疯狂的俄瑞斯忒斯就是如此。而且，他被模制和完全被打上烙印，因此所有施印象者的特殊性都以工匠的方式被模制……就如戒指上的印记总是把它们所有的标记都完全地印在蜡上，因此那些把握了对象的人必须注意到它们所有的特殊性。”① 斯多亚主义给出了把握性印象的三个环节：第一，它出自所是者；第二，它完全反映所是者；第三，所是者的一切特殊性都作为印记呈现为印象的所是。印象出自“所是者”，是说印象所出自的对象是真实存在的，是物体，不是虚构

① Sextus Empiricus, *Against the professors* 7.247－52 (SVF2.65, part), see in A. A. Long and D. N. Sedley (eds.), *The Hellenistic Philosophers*, Vol. I, 40E4－6.

的和想象的，精神错乱者的印象就属于想象的、虚构的对象，关于它的印象也就不是把握性印象。至于有些印象者虽然完全代表并反映所是者却不代表所是者，是因为出自于所是者的并不意味着按照所是者被再现，在再现过程中有扩大、缩小和复合等因素。这样，第三个标准就很重要，把握性印象是实体作为个体呈现为知觉的印象，它必在印象中完全构成为一个印象性的个体，是知觉中的个殊性本身，是知觉地个殊存在着的所是者。

二

如果某个印象能够满足斯多亚主义关于把握性印象的三条说明，那么印象作为事实存在的准确再现就能得到肯定并成为其他印象是否是该事物的印象的判断标准，印象作为真理的标准也就能够确立起来。斯多亚主义所谓的把握性印象颇相当于维特根斯坦《哲学研究》所说的“字条”。维特根斯坦是这样说的：“我委派某人去买东西。我给他一张上面写着‘五个苹果’的字条。他把字条带给售货员，售货员打开标有‘苹果’字样的橱柜，然后在一张表上寻找‘红’这个词，并在其相应的位置上找出一个色样；接着他数出一系列基数数字——假定他能默背这些数字——从‘一’数到‘五’。他每数一个数字便从橱柜里取出一个与色样颜色相同的苹果——人们就是以这种或者类似的方式来使用词的。”[①] 维特根斯坦的这段话针对的是他的前期哲学著作《逻辑哲学论》，也就是针对他前期的柏拉图主义的形式实在论，斯多亚主义提出的印象论旨在反对柏拉图和学园派的形式所是论。塞克斯都·恩披里柯的论述可引为证据：“斯多亚学派加上‘这样

---

① 维特根斯坦：《哲学研究》第一部分第1节，见于涂纪亮主编《维特根斯坦全集》第八卷，河北教育出版社2003年版。

一种印象不可能出自所不是者'，是由于学园派不同意他们的如下看法：发现一个完全难以分辨（却是假的）印象是不可能的。斯多亚主义认为那些具有把握性印象的人能够以工匠的方式抓住事物的客观性差别，这是由于这种印象具有将它与其他印象区别开来的特殊性，就如有角的蛇不同于其他的蛇一样。"[①] 斯多亚主义认为存在一种判断该印象是否是该事物的标准印象，它还认为某些人可以握有此标准印象。用维特根斯坦的"字条论"作比照，我们可以把恩披里柯所谈到的学园派和斯多亚主义的争论说得更清楚些。斯多亚主义认为存在某种标准印象，它就好比维特根斯坦所说的"字条"标出的印象，认识就是照方抓药。学园派则批评说这样的"字条"并不存在，因为完全相似不能分辨的印象是存在的。由于存在完全相似却又是不同的印象，那么斯多亚主义所谓的可以用某个印象作为判断其他印象的标准印象就是无稽之谈。

这就引出了斯多亚主义认识论中备受争论的问题：把握性印象是否真的存在？

毫无疑问，斯多亚主义认为把握性印象是存在的。斯多亚主义认为不是所有人都握有把握性印象，能够握有这种印象的人必是"贤人"，把握性印象与贤人是一体的，就像前者是后者的记号一样。贤人本身已经达到了事物完全之所是本身，他不会为外界事物所心动，对于整个世界表达出"漠然"的情感，这使他的印象不受外在环境影响而事物本身在他之内的呈现也不会出现任何的歪曲，他的印象如同事物本身之所是那样具有稳定性。"他

---

① Sextus Empiricus, *Against the professors* 7.247－52 (SVF2.65, part), see in A. A. Long and D. N. Sedley (eds.), *The Hellenistic Philosophers*, Vol. I, 40E7.

（芝诺）没有把可靠性建立在全部表象上，而只是建立在那些具有显明它们的对象的特殊能力的人上。由于这种印象本身是能够分辨的，他称之为‘把握的’（katakepton）……但是一旦它被接纳并领受，就被称为‘把握’，就如手紧紧地抓住了一个事物。”[①]“把握”这个词表明判断的确定无疑，表明确信。斯多亚主义在区分印象的四种类型时，以可信性为真理的信念标准，与这里所讨论的“把握”是一致的。斯多亚主义用拳头来形象地比喻把握的确定性信念。当我们把一个事物紧紧地抓于手中时，就是用五指紧握在手中的时候，我们就确信我们已经抓住事物之全部或者说事物之完全所是，它再也不会从我们的手中溜走。这种对于事物的把握是对于事物之真正所是的把握，是真正地获得了事物本身。这种印象必然是唯一的，正因为是唯一的，就不可能有可以乱真的印象，尽管它们有时候看起来非常相似，然而贤人运用把握性印象仍然可以清楚地区分这些相似的印象。据此，斯多亚主义反驳了学园派所谓的存在两个完全相似的印象的可能性。

尽管斯多亚主义信誓旦旦地说存在把握性印象，尽管它说贤人能够依据把握性印象分辨出印象的真和假，然而无论是在实践中还是在理论上这都要冒一定的风险，无法排除意外的情况。学园派和怀疑论对把握性印象的真实性提出了猛烈的批评。经常被怀疑论提出来讨论的实例是斯多亚主义者斯弗伊鲁（Sphaerus）的故事。由于听闻斯多亚主义者都有立判真假的能力，托勒密王斐洛帕特（Ptolemy Philopator）很有兴趣验证此传言，他设计

---

① Cicero, *Academica* 1.40－1（SVF 1.55, 61, 60, part）, see in A. A. Long and D. N. Sedley（eds.）, *The Hellenistic Philosophers*, Vol. I, 40B3.

了一个试验。国王斐洛帕特把一个仿真的蜡制的石榴放在桌子上，斯弗伊鲁被假象所骗，断定这是真的石榴。国王大笑他认同的其实是一个假印象。这场类似考试性质的辩论是要揭示斯多亚主义所谓的贤人能够明辨印象的把握性印象只是理论的虚构，以此证明斯多亚主义的真理标准是不成立的，贤人所持的也只是某种意见，而不是真理。这个故事还接着说，斯弗伊鲁马上机敏地回应道，他所同意的不是它们是石榴这个印象，而是“它们是石榴”是合理的印象。这可以看作是斯多亚主义的辩护，斯弗伊鲁指出把握性印象不同于合理性印象，把握性表象不可能产生欺骗性，合理性表象则会导致欺骗。[①] 尽管斯弗伊鲁的回答很机敏，在区分把握性表象和合理性表象上对人也很有启发，然而它仍然说明斯多亚主义的把握性印象理论并不如它所宣扬的那样可信。如果斯多亚主义要使它可信的话，需要作进一步的论证。

塞克斯都·恩披里柯则指出了斯多亚主义的把握性印象理论的不足。他认为斯多亚主义过分强调把握性印象乃是事物完全之所是，可事实上把握性印象也可能出自事物之所不是。“(关于把握性印象)，卡耐亚德认为他在其他方面都赞成斯多亚主义，然而不能赞同这个分句‘这种印象不可能出自所不是者’。因为印象出自所不是者就如同出自所是者。事实是，它们被认为是同样自明的和突出的，这表明它们是无法分辨的，它们是同样自明的和突出的，它所导致的事实作为结果发生的活动与（两种印象）都联系在一起。就如在清醒的状态下干渴的人从饮水中获得快乐，以及人们从逃避野兽和恐怖的尖叫声中获得快乐一样，从噩

① Diogenes Laertius, 7. 177 (SVF1. 625) and Athenaeus 354E (SVF 1. 642, part), see in A. A. Long and D. N. Sedley (eds.), *The Hellenistic Philosophers*, Vol. I, 40F.

梦中逃避恐惧的人获得的也是同样的快乐……就如在正常状态下我们也相信和赞同非常清楚的表象，例如Dion对Dion行动，如Theon对Theon行动，因此在疯癫的状态下人们也有类似的经验。当赫拉克勒斯（Heracles）精神错乱时，他关于他自己孩子的印象就仿佛他们是尤勒斯图斯（Eurysthus）的孩子，他把作为结果发生的活动看作是这种印象所致，这印象就是如他所做的杀死他的敌人的孩子。就这些印象诱使我们赞同或附着于这些结果的活动而言，它们也是把握性的，因为假的印象显然也是如此，我们得说非把握性印象与把握性印象是没有分别。”[①] 塞克斯都·恩披里柯认为把握性印象完全可能来自于事物之所不是，他还认为把握性印象完全可能被应用在所不是的事物上。恩坡里柯用梦中的印象不能够区分来否定把握性印象乃是来自于事物之所是，用赫拉克勒斯不能分辨自己的孩子和尤勒斯图斯的孩子来证明人们不能够准确地把把握性印象运用到它所呈现的事物之上。恩披里柯的结论是，斯多亚主义所谓的把握性印象和一般印象并不存在所谓的区别，这就否定了把握性印象的存在。

斯多亚主义是如何辩护的呢？中期斯多亚主义或者说主流斯多亚主义都坚持自己的看法，认为贤人确实具有洞悉印象真假的能力。虽然把握性印象的观点遭到一定程度的质疑，他们也作了某些修正，然而他们坚持把握性印象确实存在。中期斯多亚主义的重要修正是，他们把专业知识和把握性印象两者作了区分。他们从专业知识装备的角度阐释把握性印象所根据的条件，提出应该对把握性印象的伦理意义作一定的区别。“[说话者：安提阿人

① Sextus Empiricus, *Against the professors* 7.402 — 10, see in A. A. Long and D. N. Sedley (eds.), *The Hellenistic Philosophers*, Vol. I, 40H.

路库洛斯（Lucullus)］我甚至承认贤人本身是真的，他是整个讨论的对象，当他经历某种他不能区别的类似的事情时，他就保留他的赞同……但是正因为他有一种特殊的专业知识能够使他在别的问题中把真的印象从假的印象中分别出来，因此他就能够把实践运用到你所举出的相似性中。就如一个母亲凭着她的双眼就能分辨出她的孪生的儿女，如果你实践，你也能够做到这一点。"① 路库洛斯强调说把握性印象以专业知识作为基础，是一种来自于实践中的辨析能力和确定性印象，它不是神秘的。如果具有这种能力的各个方面的内容，那么贤人就像双胞胎的母亲能够分辨儿女一样清楚明了。因此，关于善的伦理来自于这样一种坚实的知识论基础，而不是相反。在这一点上，斯多亚主义表现出对于柏拉图和学园派哲学的部分回归，在受到批评的情况下作出理论上的某些调整，即接受柏拉图的某些知识论表述，与学园派呈现出合流的趋势。

中期斯多亚主义对于把握性印象理论的第二个修正是，他们除了指出把握性印象有三大标准［（1）它出自于所是者（what it is)；（2）它必须能够准确地再现所是者（what it is)；（3）它被印记在感官系统之中］，又增加了一个说明。塞克斯都·恩披里柯作了记载。他说："当老斯多亚主义说把握性印象就是真理的标准时，后来的斯多亚主义加上了'那是没有障碍'的语词。因为把握性印象的发生需要时间，它的不可轻信归因于外在环境。因此，当赫拉克勒斯在阿德摩图斯（Admetus）面前使阿尔赛斯提斯（Alcestis）死里复生后，阿德摩图斯接受阿尔赛斯提斯的把握性印象，却不相信……因为他的推理是，既然阿尔赛斯

① Cicero, *Academica* 2.57, see in A. A. Long and D. N. Sedley (eds.), *The Hellenistic Philosophers*, Vol. I, 40I.

提斯已死，已死的人就不会复活，尽管曾有某些精灵确实有过漫游……因此把握性印象并不是无条件地就是真理的标准，而是当它没有障碍时。这样一种印象是自明的、突出的，它仅凭发生就能够抓住我们，他们说，引我们赞同，不借助于任何别的来达到这个结果或者建立与其他印象的差别。当某人专注地准确地抓住某种事物时，他就会发现他是在追逐与他自身一致的对象。就可见事物的形象而言，它获得了关于对象的模糊印象。他于是睁大眼睛趋近这个可见对象不至于弄错；他使劲地擦亮眼睛以及做相应的事情，直到对他正在判断的事情获得突出的清楚的印象。而且陈述相反的论点是不可能的；他们不可能隐瞒印象是标准的宣称，这是由于因着第二印象的存在他处在这样的状态中，就是必然地证实印象是标准的事实。因为自然赋予感觉的功能和作为我们的亮光而产生的印象，使我们能够认识真理。可以说，取消这个伟大的功能和消除我们自己的光，那是非常荒谬的。”[①]在这段关于把握性的讨论中，斯多亚主义增加了“那是没有障碍”的补充说明。以阿德摩图斯为例，他在阿尔赛斯提斯死后不敢轻信她又复生了，也就是说他并没有当即接受把握性印象，或者说没有当即依据把握性印象并把它运用在阿尔赛提斯身上，就是因为这里面有“障碍”出现。这个“障碍”就是人死后不能有复生的观念，因此它需要反复的辨别才能够肯定这个印象是把握性印象。

斯多亚主义对于把握性印象的修正显示出它新的理论意识：第一，斯多亚主义意识到印象或者说把握性印象的形成是一件较他们之想象远为复杂的事情，它受到许多外部条件的限制，需要反复检验。第二，斯多亚主义意识到把握性印象的自明性非常重

---

① Sextus Empiricus, *Against the professors* 7.253—60, see in A. A. Long and D. N. Sedley (eds.), *The Hellenistic Philosophers*, Vol. I, 40K1—6.

要，然而它没有因着这些反对意见而否定把握性印象的自明性，而是对自明性提出更严格的要求。正是针对这两点，他们提出了“那是没有障碍”的说明，用许多描写来确定这个短语的意思，例如“睁大眼睛趋近这个可见对象”和“使劲地擦亮眼睛以及做相应的事情”，等等。在怀疑论和学园派的穷追猛打之下，斯多亚主义作了进一步退缩，最后他们认为，“把握性印象不是无条件的真理标准，而是当没有条件对印象形成障碍的时候。在这后一种意义上讲，它才是显明的和令人注目的……从而引导我们赞同”。[①] 因此，斯多亚主义愈近晚期，就愈是较少强调把握性印象的自明性，转而强调合理性。当斯多亚主义在真理的标准后退到只有“合理性”，其实是“相对性”的更好听的表述时，它其实最后是与怀疑学派同流了。[②] 斯多亚主义在认识论标准上的倒退，反映了中期斯多亚主义的认识论和早期斯多亚主义的差别。

三

斯多亚主义称把握性印象为“前观念”状态。它认为前观念是一种自然状态，是人所共有的状态。然而，人们被太多的自然主观意愿占领，以至于看不到并且不能回到他的自我存在的原初性里面，失去了他的前观念状态。斯多亚主义所谓把握性印象是真理的标准，或者真实的事物本身，正是要回到前观念的“自然”之中。在“前观念”里面，那种真的有限性的可能与假的“冲突”状态被消除了。“前观念是所有人共有的，一种前观念并

---

① Sextus Empiricus，*Adversus Mathematicos* VII. 257.

② R. J. Hankinson，“*Stoic Epistemology*”， see in Brad Inwood（ed.），*The Cambridge Companion to the Stoics*，p. 74.

不与另一种相冲突。难道我们不是认为善是适宜的和值得选择的，在任何环境下我们都应该追寻他们吗？……因此何时会产生冲突呢？就是使前观念适合于特殊的实在，就是当人说，‘他的行为很高贵，他很勇敢’。而另一人说，‘不，他疯了’。这是人们之间不一致的源头……什么是教育？就是学习合乎自然地使前概念适合于特殊的实在，而且区别什么是在我们能力范围什么不是在我们能力范围之内”。[①]“前观念”帮助我们确立“在我们能力范围”的意识。当我们把认识确立在能力范围之内时，我们关于同一事物的印象不会形成冲突。因为所谓能力范围就是在理性的范围内，而在理性的范围内或者说在理性之内就是合理地运用理性或者说使理性合乎自然。这样，在前观念状态下，人们的理性运用能力所得到的印象就会是一致的。当然，对于“在我们能力范围”这个概念，早期和晚期斯多亚主义有理解的差别，[②] 但它始终都确认它是正确地运用把握性表象的方式。更重要的是，在这段论述里面，斯多亚主义确认了“前观念”的准确含义，认为它不包含冲突。不仅“前观念”内部不包含冲突，“前观念”之间也不包含冲突。由此而论，“前观念”就是把握性印象所达到的真理状态，是与自然完全一致的状态。

据上引文本看，斯多亚主义从三个方面阐释了前观念、印象和自然的关系。首先，斯多亚主义认为前观念是合乎自然的状态，是自然本身。可以说把握性印象当它是真观念时，它就与自

---

① Epictetus, Discourses 1.22.1－3，9－10，see in A. A. Long and D. N. Sedley (eds.)，*The Hellenistic Philosophers*，Vol. I，40S.

② 参看吴欲波的博士论文《自由的守望：爱比克泰德自由观的一个理论解析》“第一章”（未刊印）。吴欲波认为早期斯多亚主义所谓的“在我们能力范围”或者“在我们的控制之下”指的是“某项特定事件”，爱比克泰德强调是“类的实体”。

然一致了。其次，教育旨在消除偏见，教育不是偏见的温床或者堡垒，教育应该接近自然的状态，应该使教育合乎自然。什么是合乎自然的教育呢？斯多亚主义指出，就是使它能够适合特定的实在。这个特定的实在，就是要使我们形成关于事物之所是的印象，建立事物本身之所是与我们之所是间的关系，以此确定什么是在我们能力范围之内，什么不是在我们能力范围之内的事情。因此，第三，如把握性印象是出自事物的所是，就是事物的特定实在，教育也当以这种特定的实在为其核心。由此，斯多亚主义指出前观念是在先的，当我们回到前观念的在先状态，而不是停留在偏见中时，自然的存在本性就得到了恢复。“众所同意的是，一种前观念或者概念必须在先于任何研究对象。因为人们如何可能不具有研究对象的观念（概念）而研究呢？我们同意这一点，我们不否认我们具有研究对象的观念，相反，我们具有许多关于它的观念和前观念，我们同意悬搁判断和迟疑不决，这是由于我们的能力不足而不能在这些事物和它们里面的最具权威性的一者之间作出区别。”① 前观念恰恰是中止了判断的偏见，因为导致判断之偏见的，正是因为所有这些判断在他们的能力范围之外。斯多亚主义强调观念在先，是为了肯定观念的自然性在先，而不是判断性在先。斯多亚主义采取的是与自然合一的理性状态来看待理性判断的后发状态。从这些论断中，我们可以看到中晚期斯多亚主义怀疑论化的倾向，即前观念乃是对判断/“式”的悬搁。然而斯多亚主义并不就是怀疑论，它也没有变成怀疑论。它认为仍然有一些判断所得到的观念在我们能力范围之内，是真印象。

---

① Sextus Empiricus, *Against the professors* 8.331a－332a, see in A. A. Long and D. N. Sedley (eds.), *The Hellenistic Philosophers*, Vol. I, 40T.

斯多亚主义接受怀疑论的影响使他们进一步限定理性的自然能力，而不是把自然看作是另外一个拯救进路的主宰。

斯多亚主义之所以认为前观念具有把握的自然性，原因在于他们认为观念或者所谓的赞同来自于心灵本身，源自于他们对"赞同"的理解。斯多亚主义认为赞同是一种心灵的判断活动，它支配着感觉器官。当我们更多地体会到心灵这种活动所形成的功效，而不是把赞同活动归于感知觉时，这种作为理性自然的心灵的赞同使我们趋向于前观念活动。"(说话者：安提阿人路库洛斯）心灵本身，也就是感觉的源泉甚至与感觉同一，它具有一种自然力量，就是借着它的被激活而应用事物之中。因为，为了直接使用它们，它就直接抓住某些印象，而其他的就是所谓的记忆之源则可以说被储备起来，因此根据他们的形象它把所有其余的作了排列。事物的概念由此而形成，希腊人有时候称之为 ennoiai，有时候称之为 prolepseis。随着理性的加强，就是逻辑的证据和无数的众多事实，关于所有这些事物的把握就显明了它自身和理性，它在这些阶段中得到完善并最终达到智慧。由于人的知识完全地合乎关于事物的科学知识并且保持了生活的一致性，它就具有从上而来的把握，它就既因着它自身的缘故也因着它的用处……热爱你自己的 katalepsis。因此，它就使用感觉和创造专业技术作为第二感觉，通过强化哲学本身而达到产生美德本身的目的，就是整个生命所依赖的事情。"① 这清楚地说出了"赞同"的本性。"赞同"因为是心灵的力量，也就是合乎理性的力量，它是概念之间的一致性联系的建立者。斯多亚主义把这种一致性称之为"前观念"，因为它们之间没有冲突。从理性层面而

① Cicero，*Academica* 2.30－1，see in A. A. Long and D. N. Sedley (eds.)，*The Hellenistic Philosophers*，Vol. I，40N1－4.

言，这种一致性就是逻辑，就是为逻辑提供证据的事实，就是要能服从理性，不在错误的时间与地点或违反其他类似的规则的情况下进行选择与拒绝。赞同就是检查在我们控制之下的印象，就像苏格拉底过去常常告诉我们的：不要过未经检验的生活；同样的，我们也不应该接受未经检验的感觉印象。[①] 赞同使我们专注于那些包含歧义的前提的论证、通过询问导出的三段论、包含假言前提的论证以及说谎者诡辩，等等。[②] 通过诸如此类的逻辑检验，我们的知识可以完全地与合乎事物的科学知识，保持生活的一致性。

就斯多亚主义而言，理性虽然是后发的，却又是在先的。斯多亚主义所谓的观念指的是来自于自然理性的把握能力，也就是心灵的逻各斯/理性与存在的自然状态/physis 的一致。当这种状态达成时，它就成了美德本身。我们也可以认为强化哲学本身就是美德的生活态度，它是观念性的，又是自然性的。两者互为内在地生长在一起，而不是静态的。理性和逻辑力量的加强帮助我们所彰显的自然性的言说成为把握性的言说，而不是随着流变而最终归于无有的言说。这就是前观念状态的知识论与美德生活的一致性在自然概念里面获得的关联性，因为“前观念是关于共相的自然的观念”。[③] 理性所获得的一致性或者说理性所基于的一致性，就是趋向于并且引导为共相的赞同。

斯多亚主义关于把握性印象、理性和赞同的论证似乎刚好完成了一个循环：认识者本来是处在前观念状态的，也就是处在与

---

① 爱比克泰德著，吴欲波、郝富强译：《哲学谈话录》，中国社会科学出版社 2004 年版，3.12。

② 同上书，3.2。

③ Diogenes Laertius，V. 2. 7.

自然合一并按照自然的天赋运用前观念的，后来前观念被遮蔽，反过来又必须运用把握性印象把前观念发展出来以回到前观念之中，达到前观念在伦理生活中的运用。在斯多亚主义看来，道德的冲突正如印象的真假一样，前者是没有达到前观念，后者是因为没有到达把握性印象。“对所有人来说，‘把握性观念’都是相同的，此‘把握性观念’不会同彼‘把握性概念’相矛盾。因为我们中间有谁不认为好是有益的，是某种应该被选择的事物，是在每种情况下都应该寻求和追求的东西？我们中间有谁不认为正义是美且相宜的？那矛盾会在什么时候出现呢？在我们把‘把握性观念’运用到特殊事例的时候。当有人说：‘他行为高贵，勇敢’时，另一个人却说：‘不，他不过是没脑子而已。’因此就出现了矛盾。犹太人、叙利亚人、埃及人和罗马人彼此之间的矛盾，不是圣洁（holiness）是否应该被置于其他任何事情之前，并在不论什么情况下都应该对其进行追求的问题所引起的矛盾，而是吃猪肉的特殊行为是圣洁还是不圣洁的问题所引起的矛盾。你会发现这也是引发阿伽门农（Agamemnon）和阿基琉斯之间矛盾的原因。嗯，召他们到我们面前来吧。阿伽门农，你认为做事不应当正当和高贵吗？‘当然应该。’阿基琉斯呢？难道你不赞同应该去做那高贵的事吗？‘我吗？我可是特别赞同这个原则的。’那好，就请把你们的把握性观念运用到特殊事例上去吧。于是矛盾就开始了。一个说：‘我不该把克里西斯（Chryseis）送还给她父亲。’而另一个却说：‘你当然应该。’毫无疑问，他们中间有一个人错误地运用了‘一个人应该做什么’的把握性观念。接着，其中的一个人又说道：‘那好，如果我送还克里西斯确属应该，那我从你们当中某个人那儿拿走他所赢得的奖品，自然也应该是理所当然的。’而另一个却说道：‘那你是想带走我所心爱的女人喽？’‘是的，是你心爱的女人，’第一个人答道。‘为什么我应该是唯一的那个——?'‘那我又为什么该是唯一的那个什么也没有的人?'于是，矛盾就起来了。”[①] 斯多亚主义这里所设计的运用把握性印象的例子非常有意思，可以用来作进一步讨论。阿伽门农和阿基琉斯似乎都肯定他们知道关于高贵的把握性印象，然而他们在运用把握性印象于实际的例子中出现了冲突，这就是说其中一者或者二者在运用把握性印象中出了错误。斯多亚主义由此得出这样一个论证过程：最先是我们都处在高贵的前观念里面，接着是我们要运用这种前观念状态达到这种共识，然而这种运用不能够真的帮助我们到达这个观念，就是说我们虽然拥有前观念状态，可我们失去了把握性印象，那么就要通过教育恢复把握性印象，使得我们可以通过运用理性基于赞同而恢复前观念。这看起来是一个循环，其实并不是。这是从原先的无判断中止自然状态出发来论证一个中止自然状态的现实的存在，从而引入把握性印象使理性回到合乎自然的赞同之中，就是回到前观念，也就是回到这种认识论和伦理学的原点，重新获得关于把握性印象和前观念的正确运用，就是所谓的“赞同地”达成共识的运用。

斯多亚主义使用赞同来讨论把握性印象和前观念的关系，除了说明伦理学和认识论是都合乎自然之外，还指明了自然理性与感知觉在认识中是共同发生并共同发挥作用的，把握性印象是感知觉和心灵一致的认识结果。“(说话者：安提阿人路库洛斯)当我们解释那存在于感觉的能力时，最清楚不过的事实是许多事物都是由感觉把握和认识的，然而，没有赞同就不能够发生。而且，由于动物和非动物之间的根本差别在于动物是活动的 being

① 爱比克泰德著，吴欲波、郝富强译：《哲学谈话录》，中国社会科学出版社2004年版，1.22。

(完全不活动的运动是不可思议的)，一种动物必须或者有移动自己的感知觉或者必须承认它有我们那种赞同的能力。但是，拒绝感知觉和赞同的那些人主要都是些丧失心智的人，正如只有天平砝码下沉才能够保持重量的平衡，因此心灵也必须让那些自明的事物显明出来。对于一个生物来说，比起不去追求那显现为适合于本性的事物而言，它不允许自己去赞同某种自明的事物就更不可能。”[①] 因此感觉和理性是合作的关系，于彼此都是不可缺少的。一方面感觉是事物认识的起点，认识必须以感觉起始；另一方面，没有赞同所伴随的感觉行为不可能是真正的认识行为。赞同不能替代感知觉活动，反过来也是如此。值得注意的还有，斯多亚主义并不认为两者是一种由具体向抽象发展的认识关系，它并不认为存在着一种本质性的认识方式，如学园派和柏拉图所认为的，而认为两者是印象被显明为把握性印象的关系。因为感知觉所获得的只是事物的印象，而赞同使印象成为把握性印象。在把握性印象里面，已经有赞同的内容了。感知觉和赞同的关系是并行的交互性关系，“借着感知觉，他们（斯多亚主义）认为，我们能够认识白和黑、粗糙和光滑，但是借着理性我们可以认知通过论证所达到的结论，例如诸神的存在和他们的神意”。[②] 这两者并不矛盾，也不是提升和被提升的关系，而是把握性印象被多方面呈现出来的关系。

由此，斯多亚主义的认识论一改古典希腊轻视感觉认识的倾向，尤其是柏拉图的认识论立场。罗素在评论柏拉图的知识论时

---

① Cicero, *Academica* 2. 37 − 8, see in A. A. Long and D. N. Sedley (eds.), *The Hellenistic Philosophers*, Vol. I, 40O.

② Diogenes Laertius, 7. 52, see in A. A. Long and D. N. Sedley (eds.), *The Hellenistic Philosophers*, Vol. I, 40P.

指出:“绝大多数的近代人都认为经验的知识之必须依靠于,或者得自于知觉,乃是理所当然的。然而,在柏拉图以及其他某些学派的哲学家那里,却有着一种迥然不同的学说,大意是说没有任何一种配称为‘知识’的东西是从感官得来的,唯一真实的知识必须是有关于概念的。按照这种观点,‘2+2=4’是真正的知识,但是像‘雪是白的’这样一种陈述则充满了含混与不确切,以至于不能在哲学家的真理体系中占有一席地位。”[①] 普罗塔哥拉虽以感知觉为起点似乎又不能构成对于柏拉图学说的挑战,尽管它确实是一种新的认识论方式,然而,它导致知识的不确定性,这反倒在解构认识。到斯多亚主义的时期,希腊哲学才真正地确立了以感知觉为起始又以“赞同”为感知觉之确定性把握的认识论典范。至少在哲学论证和知识体系上,它与柏拉图和学园派的知识论典范具有同等的力量,能够与古典希腊的认识论抗衡。

在与柏拉图和学园派的认识论典范对抗中发展出来的斯多亚主义的认识论,具有某种复杂的内涵。它既不同于近代经验论,因为它对于感知觉源头的经验基础持实在论的看法,也因为它不停留在内在印象的习惯之链中,又不同于近代的唯理论,因为它不是持本质主义的看法却持自然理性的观点。从这个方面来说,斯多亚主义的认识论保持着它古典认识论的特征。它认为把握性印象和前观念都是被运用在个体实例中的真理之光,是真理的标准。在感知觉领域,这体现为赞同对于初始印象的把握。当斯多亚主义从辞源学的角度把印象理解为“光”的时候,它不是从感知觉的角度来说的,而是以自然理性为背景的赞同来说的。这不

① 罗素著,何兆武、李约瑟译:《西方哲学史》(上卷),商务印书馆1996年版,第196页。

是说感知觉的印象是无意义的，因为在感知觉印象里面才有事物的自身之所是，事物自身之所是不是来自于赞同，而是来自于实存的事物本身。总而言之，从把握性印象的角度，斯多亚主义肯定了赞同和印象的实在性都是以实存的个体事物为基础，它们都不是抽象的存在，而是汇聚在并且汇聚为个体的事物。

第三节　知识和把握性印象

本节讨论知识和把握性印象的区别。斯多亚主义认为印象和观念位于同一层次，从而也就把知识和印象放在同一层次。这也是它与柏拉图的不同，后者把知识放在印象之上。这样，斯多亚主义在阐释印象和知识的关系上就有相当大的难度，因为它认为知识和把握性印象都属于真的宣称或者说赞同。事实上，在现存的斯多亚主义残篇中，有关两者区分的论述也不多见。本节依据有限的资料，试图对斯多亚主义的知识观念作详细的阐释。

一

借助于把握性印象，斯多亚主义进一步讨论了知识的主题。然而，这个问题的探讨有相当难度，当然也有重要意义。其难度在于斯多亚主义从未对两者的区别有过清晰的表述，其意义在于斯多亚主义借此建立不同于古典希腊哲学的认识论范式，认为除了知识和意见之外还存在把握性印象，把握性印象是介于知识和意见之间的第三种认识形态，三者之间存在某种重要的关联。“斯多亚主义认为存在着三件相互联系的事物，科学知识（episteme)、意见（doxa）和位于它们之间的把握（katalepsis)。科学知识是这样的一种把握：因着理性是可靠的、严格的和不变的。意见是脆弱的、虚假的赞同。把握位于这两者之间，它是属于把握性印象的一种赞同，他们宣称这种赞同是真的，他们不可能转变为假的东西。这三者之中，他们认为科学知识只为贤人所有，意见只存在于低级的人中，但是把握为两者所共有，它是真理的标准。”① 斯多亚主义认为贤人和一般人都可能拥有把握性印象，把握性印象宣称一种赞同，并且这种赞同必然是真的宣称，从而它是真理的标准。现在的问题是，如果这种赞同必然是真的赞同，就是赞同“真理”，那么把握性印象与知识有什么区别?

斯多亚主义使用的另一种形象的比喻性说法可能更有助于理解。芝诺把印象、赞同、把握性印象和知识比喻为手的四种姿势。“芝诺常用姿势来确定贤人对于科学知识的独特拥有。他伸出五指展示为手掌，说‘印象类似于此’。接着他稍微攥紧他的手指说，‘赞同类似于此’。然后他完全地攥紧五指成为一个拳头，说这就是把握（从这样的阐释中，他创造出一个以前所没有的表示心灵状态的语词 katalepsis)。再然后他拿出左手抵着右手的拳头，把两者紧紧地有力地抓住在一起，说科学知识就是如此，它只为贤人所拥有。”② 芝诺用手掌姿态的变化来说明印象、赞同、把握和知识的关系，类似于从认知的变化过程来说明知识的形成。这个比喻与前述的意见、把握性印象和知识之间的说明有某种可类比性。首先，两者都强调知识只为贤人所有；其次，

---

① Sextus Empiricus, *Against the professors* 7.151 — 7, see in A. A. Long and D. N. Sedley (eds.), *The Hellenistic Philosophers*, Vol. I, 40C.

② Cicero, *Academica* 2.154 (SVF 1.66), see in A. A. Long and D. N. Sedley (eds.), *The Hellenistic Philosophers*, Vol. I, 40A.

芝诺用比喻说明知识的严格性、可靠性和稳定性；第三，最重要的是，芝诺认为把握性印象只是关于某个特殊事物的印象，因为它是对于某个事物的“紧握”，就是这个事物已经在他的能力范围之内，在他的控制之下。在芝诺看来，知识似乎是贤人所具有的对于事物的某种特殊的控制能力，它不是单个事物的某个侧面构成，也不是对某个事物的构成，而是对于事物整体的把握。把握性印象和把握所谈论的是某种或者某个印象，是指“单个”印象的确定性，知识则是以形而上学为基础的全面把握。芝诺的姿态比喻充分说明了这一点。因此，知识是把握性的或者总是赞同为真的，然而它并不就是把握性印象。

现存的某些残篇可以引证来解释知识和把握性印象之间的这种关系。一方面，“把握”这个语词确为斯多亚主义所独创，它旨在说明某个命题对于某物的确定性呈现；另一方面，科学知识或知识，就是芝诺所谓的用左手抵着右手的拳头，说明知识是众多呈现为把握性印象的命题所构成的体系，也就是前面所谈到的不同的把握性印象是独立的，却不相互冲突。现在，斯多亚主义以“知识”来说明种种把握性印象之间的不相冲突的或者说一致性所在。它认为科学知识是这样的一种把握：因着理性，第一，它是可靠的、严格的和不变的。第二，它是这样的一种知识体系，类似于对存在于富有德性的人中的特殊命题的把握。第三，它（这里指科学知识=科学）是一种专门知识的体系，它有着一种内在的稳定性，就是有德性的人的行事方式。第四，它是这样一种接受印象的状态，就是因着理性而是不变的。因此，科学知识的严格性以及由此而来的稳定性不只是人们对于个体事物有确定性的把握，也是对于所有事物具有稳定性的把握，是整体的稳定性掌握。这种稳定性根源于各种特殊命题之间所构成的相互支撑的关系，就如紧握的拳头，它本身已经具有超过半屈状态的手指的稳定性。它又抵着右手用以构成稳定的体系，这表示多个如拳头的特殊命题构成的体系有可靠的形而上学基础。

这种严格不变的稳定性所构成的是贤人的状态。“他们（斯多亚主义）说贤人决不会发表错误的见解，他根本就不可能赞同无把握的事物，这是由于他不发表意见也由于他不可能不知道什么事物。因为无知是变化的和脆弱的赞同。但是贤人不发表任何脆弱的见解，而是稳定的和可靠的，因此他也不发表意见。因为有两类意见，对于无把握事物的赞同和脆弱的假想，这些都是与贤人的秉性格格不入的。因此尚不具备把握的草率和赞同都是草率的低级的人的属性，它们不会落到有着良善的本性、完美的德性的人身上。”[①] 贤人不可能有无把握的事情，他能够洞悉一切因为他已经了解了宇宙的生灭变化和命定法则；贤人所发表的一切必是稳定和可靠的，是可信赖的；贤人不发表意见是由于一些无把握事物的赞同和脆弱的假想与其秉性格格不入。由这样的知识论，我们可以看到斯多亚主义的德性论，至少这代表了早期斯多亚主义在德性论和知识论之间所建立的某种重要关系。在某种程度上，它继承了柏拉图和学园派所谓的知识即德性的观点，因为斯多亚主义、柏拉图和学园派都认为德性不是某个孤立的命题，它们之间是相互支持的各种德性之间的联结，是一种依据中道而得到的知识性判断。不然的话，勇敢就会成为鲁莽，谨慎就会成为胆怯。知识为提供这种判断和把握提供了系统的表述，唯有在整全把握的基础上，我们才能够说有真理的严格性。然而，它不是基于形式/理念的知识和德性，而是基于对经验的把握和掌控，强调在人

① Stobaeus 2. 111，18－112，8（SVF 3. 548，part），see in A. A. Long and D. N. Sedley（eds.），*The Hellenistic Philosophers*，Vol. I，40G.

的能力范围内的德性实践；其实，就斯多亚主义而言，一切德性的实践必然是在人的能力范围之内的。

二

斯多亚主义关于印象、知识和意见的讨论涉及方法论问题，它帮助我们确定某种印象何以是把握性印象？以及何以只是把握性印象而不是知识？早期斯多亚主义认为有四种类型的专门技艺（techne）和知识（episteme）：医药、占卜、辩证法和德性。这四种专门技艺和知识都依赖于把握的体系，准确地说依赖于定理系统、讨论的方法以及实践结果所显示的益处。

斯多亚主义认为知识与单纯的专门技艺有所不同。知识就其结果而言是绝对稳定的，它有一种特性（diathesis），就是不容许程度的差别，技艺则有着程度差别的性质（hexis）。举例来说，在医术上，医生的技艺有技艺程度的差别，有的医疗技术很高明，被称为神医；有的医疗技术很低级，被称为庸医。知识却不是这样。对于有德性的人来说，我们不能说富有德性的人之间有德性的差别。因为德性是一种知识，是一种理智的完美状态。[①]“斯多亚主义的教义是在德性和邪恶之间不存在任何其他事物，尽管漫步学派说两者之间存在过渡。因为他们说一根木棍要么是曲的要么是直的，因此一个人要么是公正的要么是不公正的，然而不存在要么更加公正要么更加不公正，其他的德性也是如此。”[②] 既然德性不存在混合状态和混合阶段，与德性属于一

---

① A. A. Long and D. N. Sedley（eds.），*The Hellenistic Philosophers*，Vol. I，pp. 263－264.

② Diogenes Laertius 7.127，see in A. A. Long and D. N. Sedley（eds.），*The Hellenistic Philosophers*，Vol. I，61I1.

体的知识也就如此：不存在真实性程度更高的知识，也不存在真实性程度稍低的知识。因此，在知识和技艺的关系上，斯多亚主义与亚里士多德有所不同：斯多亚主义不承认存在着善与恶的中间状态，亚里士多德和漫步学派则承认它的存在。就斯多亚主义而言，如果公正的人有一点点的不公正，那么他就是不公正的，不存在诸如比较公正之类的说法。斯多亚主义与亚里士多德也有相同之处：他们都主张将 episteme 和 techne 分开，亚里士多德阐释了知识和技艺分别的哲学本体论原因，斯多亚主义则阐释了它们具有分别的标记。亚里士多德认为，知识的不变性和内在一致性是由它的对象决定的：（1）它的对象是不能变动的，不能不是不如此的；如果它不是如此，我们就不能知道它究竟“是”还是“不是”；（2）它的对象是必然的永恒的，是既不会生成也不会消灭的，[①] 这样的知识是理论的、思辨的、证明的知识即科学的知识。[②] 技艺的对象是变动的、可以“是”也可以“不是”的事物，技艺就是制造这些事物使它们生成的，是实践的。[③] 因此，技艺是机遇，有偶然性，产品差异很大，有好有坏，没有必然的把握。[④] 斯多亚主义认为把握性印象不属于技艺，而是一种以事物的“所是”也就是事物的所是或者所不是为对象的，其对象由此而论是不变的，从这个角度来说把握性印象接近于知识。然而，把握性印象还不是知识，因为它是对于印象的把握，是归纳的，不是理论的、思辨的、证明的知识。知识是在诸把握性印

---

① 汪子嵩、范明生、陈村富、姚介厚：《希腊哲学史》第三卷（下），人民出版社 2003 年版，第 996 页。

② 同上书，第 997 页。

③ 同上。

④ 同上书，第 998 页。

象之间寻找到严格的一致性关系，它有着内在的稳定性，是体系。这种体系不是先验的，它是具体的，是只有在不同的把握性印象里面才实存的。这不同于亚里士多德所讲的知识必定是从第一原理得来的，即是从始基而来的。在斯多亚主义看来，知识只是提供了对于事物之所是的整全的"看"，看到可能影响判断的某些尚未显明的因素，不至于导致判断的草率或者鲁莽，保证它的赞同是"真的"赞同。因此，知识并不增加事物所是的实在性，也不增加把握性印象的实在性，它使把握性印象真正地成为可以直观的前观念状态的原初性理解。

我们不妨这样来看"知识"与把握性的关系。知识是"赞同"把握性印象成为可能的方法，这是说尽管不同层次的人，无论贤人或是愚人都可能拥有把握性印象，然而，并不总是每一个人将此种印象赞同为把握性印象，因为许多人可能把假印象看作是把握性印象。因此，在把握性印象"被赞同为"把握性印象之先，存在着判断和证明的方法，或者说存在着这样的一种形成"赞同"的智慧。所谓的知识就是这种赞同方法，或者确保赞同的方法。克律西坡说知识是根据印象有条理地提出的性质，芝诺则说专门的知识是指为着有益于生活的目标而使把握性印象一致的系统性汇集。[①] 克律西坡倾向于从一种心理状态来描述知识，芝诺则倾向于从知识体系的角度来描述知识，然而，他们在强调系统地客观地把握印象的方法这一点上是相同的。可以说，知识是把握性印象的赞同的元方法。

然而，斯多亚主义不认为通过归纳可以得出知识，不应该在知识与归纳法之间进行联系。这表明斯多亚主义的经验原则与经

---

① Olympiodorus, *On Plato's Gorgias* 12.1, see in A. A. Long and D. N. Sedley (eds.), *The Hellenistic Philosophers*, Vol. I, 42A3－4.

验主义的经验原则的区分。斯多亚主义对于归纳法的确定性和正确性持怀疑的态度，对存在正确性的普遍记号的观点表示质疑："当有人说如此这样一个人是善的是因为他富有时，我们说他使用的是不正确的普遍记号，因为可以找到许多可怕的富有的人，就如存在同样多的善良的富人。因此，特殊的记号，如果它是可信的，除非它与我们说的必然隶属于它的事物即非显明的记号联系在一起，它就不可能存在……这可以透过记号推断的淘汰法得出来。这也同样适用于我们所熟悉的独特的例子，这种类似的方法也不具有说服力……我们如何不能说这样的一种人，他们非常独特，即使利矛穿过心脏而不至于死。因此并不存在这样一种必然的推论，就是从我们所熟悉的心脏被刺穿必致于死得出所有人都必然如此。"[①] 斯多亚主义注意到归纳法所包含的偶然性它具有不可控制的被隐藏的或然性，就是他们所说的"非显明的记号"。由于归纳法不能够排除种种"非显明的记号"，它也就不能够达到知识的稳定性和严格性的要求，因为知识既然是出于对把握性印象的赞同，它就能够将一切非显明的东西排除在外，而达到全然的包含。

斯多亚主义批评记号推论法或者归纳法，所针对的是伊壁鸠鲁学派的知识论。伊壁鸠鲁的记号推论法建立在类似推论基础上，下面这段话是伊壁鸠鲁学派对于类似推论或者记号推论的看法。"假如我们同意'如果第一，就有第二'是真的，那么无论何时'如果不是第二，就不是第一'是真的，因此结论是并不只有淘汰法才具有说服力。如果'不是第二，就不是第一'有时候也是真的话，那么假如第二被排除的话，因着它的排除第一也被

---

① Philodemus, *On Signs* 1.2－4.13, see in A. A. Long and D. N. Sedley (eds.), *The Hellenistic Philosophers*, Vol. I, 42G1－2.

排除——例如在‘如果存在运动，就存在虚空’的命题里面，如果虚空被排除，因着这个虚空被排除，那么运动也会被排除。这类情况适用于排除类型。但是有时候不是以这种方式……例如，‘如果苏格拉底是男人，那么柏拉图也是男人。’假如这是真的，那么‘如果苏格拉底不是男人，柏拉图也不是男人’也必然是真的，这不是因着排除了苏格拉底，柏拉图也同时被排除，而是因为我们不可能去想象如果苏格拉底不是男人而柏拉图却是男人。这就属于类似方法。”① 然而斯多亚主义认为类似方法即归纳方法不能够保证真和假的分别。② “根据相似性的记号推论，我们能否用于那些难以分辨的事物？或者用于那些相似的事物？或者有着何种相似性程度的事物？所谓难以分辨是荒谬的。为什么显明的比不显明的更是记号，反之亦然？如果难以分辨性已经获得，我们就不再有显明的事物和未显明的事物的分别。如果他们说相似，那么由于它所具有的差别性，我们如何能够讨论它没有偏离我们所制定的记号推论的显明属性？”③ 斯多亚主义认为伊壁鸠鲁学派的类似推论法或者记号推论法选择某些记号作为类推的方法，不选择另外一些记号是不正确的，这种选择方法是主观的；选择显明的记号而不选择未显明的记号也是不正确的，因为同是记号就不存在哪一个更能是记号的差别；再进而言之，选择相似性就意味着差别性的存在，那么这对于记号的确认也是可怀疑的，因为它没有考虑差异性在记号的类推之间所造成的可能否

① Philodemus，*On Signs* 11.32 — 12.31，see in A. A. Long and D. N. Sedley (eds.)，*The Hellenistic Philosophers*，Vol. I，18 F.

② Philodemus，*On Signs* 1.2 — 4.13，see in A. A. Long and D. N. Sedley (eds.)，*The Hellenistic Philosophers*，Vol. I，42G1－2.

③ Philodemus，*On signs* 6.1－14，see in A. A. Long and D. N. Sedley (eds.)，*The Hellenistic Philosophers*，Vol. I，42H.

定结论的推论。

斯多亚主义由此认定，即使是看似归纳性知识的占卜和医药知识或者说把握性印象，也不是使用归纳法得到的知识。首先，占卜虽然是察看记号的知识，然而，它不是归纳的知识，也不属于纯粹演绎所得到的知识。其次，占卜的确定性又是确实存在的，它并不如今人那样认为是迷信。“斯多亚主义用下面一系列论证推论占卜真实存在。‘如果诸神存在，但是他们并不预先向人类暗示未来事件，或者他们甚至不热爱人类，或者他们不知道将来要发生什么，或者他们认为人类没有兴趣了解将来的事件，或者诸神甚至没有能力给予他们记号。然而诸神既不会不爱我们(因为他们对于人类是仁爱的和友爱的)；他们也不会自己不可能确立或颁布秩序；也不是认为人类没有兴趣了解将来的事件（因为如果我们能的话，我们会更谨慎)；也不会认为这有失他们的尊严（因为没有比仁慈更可敬的)；他们也不可能不预知将来的事件。因为实际情况是不可能存在诸神然而他们却不给人类未来事件的记号。既然存在诸神，因此他们就必然给予未来事件记号。然而情况又不是这样的，即他们给予了记号，他们就给予了我们知识的记号推论的途径（因为在这种情况下，他们给予的记号就会是没有目的的)。如果他们给予我们途径，就不是存在着这样的情况即占卜不存在。因此占卜存在。“克律西坡、（巴比伦）的第欧根尼和安提珀特都使用这样的论证。”[①] 这里，斯多亚主义以占卜为例否证记号推论法：首先诸神存在并且给予未来事件记号；其次占卜又不是伊壁鸠鲁学派所说的知识的记号推论。因此，占卜不是通过类推法得出的，也不是通过演绎法得出

① Cicero，*On divination* 1.82－3（SVF2.1192)，see in A.A.Long and D.N.Sedley（eds.)，*The Hellenistic Philosophers*，Vol.I，42d1－4.

的。那么占卜是神秘的启示吗？同样的问题也适用于知识：知识如果不是归纳的也不是演绎的，那么它的根源是什么？

斯多亚主义认为占卜不是神秘的启示，它属于知识。它所使用的方法既不是归纳方法，也不是演绎方法，而是显示的方法。西塞罗曾经为斯多亚主义的占卜理论作过辩护，他指出："如果我们接受神圣的神意——并且如果我没有看到它是如何被反驳的——那么实际的情况是诸神给予了人未来事件的记号。但是，显然我们必须明确说明如何的问题，因为斯多亚主义的教义不是说诸神只以一种在肝脏中的裂缝和聆听鸟语的方式关注他们自己……他们的观点是世界太初之时就以某种方式确立起来，即借着某种记号，某些事物是在内脏中，某些事物是在鸟类中，某些事物是在闪电中，某些事物是在奇观中，某些事物是在星辰中，某些事物是在梦兆中，有些事物是在谵语中预先被安排。那些知道这些事物的人很少会被欺骗。错误的推测和不好的解释应归于这个世界的任何错误，不能归于解释者的知识。"① 从西塞罗的记载看，斯多亚主义把占卜和记号分开。占卜是以某些特殊的记号为对象的，这些特殊的记号包含着特殊的神意，它预知事物的未来。从这个角度来说，这些被占卜的记号类似于启示，就是诸神把某种关于某些事和某些人的未来的信息显示在现存的事物之中。占卜则在于试图去了解这些事物显示了什么，属于一种认识方式。占卜本身不是启示，它是解释者的知识。西塞罗说："那些缺乏专门知识的人就是不能借着理性预言未来或者不能借着对记号的经验观察进行推测的人，而是借着冲动或者放纵心灵，就

① Cicero，*On divination* 1. 117－18（SVF 2. 1210），see in A. A. Long and D. N. Sedley（eds.），*The Hellenistic Philosophers*，Vol. I，42E.

如发生在梦魇状态和有时候如迷狂状态中的预言那样。”[①] 西塞罗认为占卜属于专门的知识，也是以理性来把握经验呈现出来的记号所形成的把握性印象。这后一句话解释了前一段引文中的“错误的推测和不好的解释应归于这个世界的任何错误”。从斯多亚主义而言，占卜作为把握性印象必然是真的断言，那么为什么会出现占卜的错误呢？斯多亚主义的观点是应归于这个世界的错误。什么是这个世界的错误？就是“借着冲动或者放纵心灵，就如发生在梦魇状态和有时候如迷狂状态中的预言那样”。这就把占卜的本性讲得很清楚了：占卜是依据理性的观察使我们的印象与前观念状态统一起来，并进入到那些包含着神意的自然现象的自然性之中。

从现存的资料残篇看，斯多亚主义关于知识和把握性印象的讨论是不完整的，也很难再作系统的复原。然而，两者的主要差别还是清楚的。斯多亚主义虽然从经验的原则出发讲论知识和印象，然而，它认为从经验出发并不意味着知识和印象就是不确定的。同时，知识的确定性也不是依赖于演绎的方法。这使得斯多亚主义既区别于伊壁鸠鲁学派，又区别于柏拉图和学园派，也不同于怀疑论，还与近代的经验论哲学保持了距离。因此，以经验为思想来源的印象是知识的确定性的出发点，然而它不是依据归纳法所形成的确定知识。

斯多亚主义没有从方法论上具体说明这种把握性印象和科学知识的真理性是如何形成的。它只是通过占卜说明科学知识是显示出来的，有一种心灵状态作为基础，那就是前观念的状态，就是无成见的心灵哲学。从这个角度来说，把握性印象和科学知识

---

① Cicero, *On divination* 1.34, see in A. A. Long and D. N. Sedley (eds.), *The Hellenistic Philosophers*, Vol. I, 42C.

乃是减法运算中的自然状态，或者说是在心灵的减法中或者单纯中所获得的自然本身的丰富。

斯多亚主义还指出知识和把握性印象之间的差别。把握性印象可能为许多人所具有，例如母亲可以识别孪生姐妹和兄弟，医生可以识别某疾病，等等。有这种种把握性印象不等于他们就具有其他的把握性知识，例如医生可能没有这个母亲的识能别力，这个母亲可能没有识别不同种类的鱼的能力。因此，一般人的把握性印象只是对单个或多个事物的把握，贤人却有把握所有事物的能力，因为他们具有对于宏观宇宙法则的整体洞悉，有对于具体事物的 Ti 的属性的充分认识。贤人的科学知识不仅超越了人们日常生活中的某些把握性印象，还超越了专门的知识。他们所拥有的是整体的知识，是德性的知识，是审慎和智慧。

第五章

逻辑和哲学

本章讨论斯多亚主义的逻辑学。逻辑学是斯多亚主义哲学的重要组成部分，斯多亚主义把它比喻为哲学的骨骼，并且做了持续的研究。在斯多亚主义哲学家中，对逻辑学研究最有贡献的是克律西坡，他曾经写下大量的著作，可惜没有完整地保存下来。本章只能依据所剩的一些残篇尽可能地做些还原，勾略其逻辑学的大致思想。

斯多亚主义的逻辑学主要是从与麦加拉学派和学园派的辩论中发展起来的，回应了当时所流传的各种悖论和逻辑命题。本章描述了斯多亚主义逻辑学发展的这种思想背景，指出它所发展的逻辑学是不同于亚里士多德的直言三段论的命题逻辑。据此，本章力图指出斯多亚主义在逻辑学上的独特的开创性贡献。

斯多亚主义的逻辑学还与它的哲学学说紧密相连。这些古典哲学家没有单纯地把逻辑作为思维形式来研究，他们的思维形式研究以哲学为基本视野。本章努力把斯多亚主义的逻辑学和哲学糅合起来，指出其逻辑学所依据的形而上学和认识论基础。

第一节　辩证法和修辞学

本节讨论斯多亚主义逻辑学的构成，指出其逻辑学的广义意蕴，即包括辩证法和修辞学。斯多亚主义认为严格的表述贯穿于辩证法和修辞学中，它使得人的言说成为真理的言说和真理的呈现，成为有说服力的言说。当斯多亚主义广义地使用逻辑学时，它扩展了逻辑学的内涵。当斯多亚主义把逻辑学用为辩证法时，它是指一种真理的呈现以及真理的表述，带有认识论的意味，也就是说在逻辑的层面呈现出物理事实的自然实体性；而当斯多亚主义把逻辑学用为修辞学时，除了指任何演说和言谈需要严格地合乎形式逻辑的严谨性外，还包含着论题的选择以及展开论题的结构形式的研究等。广义的逻辑学肯定包含着狭义的逻辑学，因为它们都研究逻辑的表达形式。

一

斯多亚主义的逻辑学有一个发展过程。基提翁的芝诺可能对逻辑学的发展没有特别的贡献，“芝诺与更早一点的学派一样，在这个领域没有什么作为；在某些部分，他的工作并没有超过他先辈们的水平，而另一些部分他完全一无所知”。[①] 芝诺的贡献主要在物理学和伦理学方面，这可能是他缺乏逻辑学研究的天赋。然而芝诺又很重视逻辑学的研究，他本人极为关注逻辑学的发展，热衷于学习新的逻辑学知识。第欧根尼曾有这样的记载：

① 西塞罗著，石敏敏译：《论至善和至恶》，中国社会科学出版社 2005 年版，4.4。

“一个辩证法家有一次向芝诺展示刈草论证的七种辩证形式，芝诺就问需要多少钱才能够学到。在得知需要一百德拉马克后，芝诺说他愿意付两百德拉马克。”① 芝诺虽然不擅长逻辑学，但却把逻辑学作为斯多亚主义哲学的核心部门。这表明芝诺的学说可能受了麦加拉学派的影响，也说明亚里士多德对于哲学体系的分类对于希腊化哲学的影响。希腊化时期的哲学家重视方法论的研究，斯多亚主义把科学方法落实在逻辑学上。当然，在早期斯多亚主义者中，也有不重视逻辑学研究的，阿里斯通就是典型，“他（阿里斯通）想抛弃物理学和逻辑学，说前者是我们能和所不及的，后者则不是我们所关心的；我们唯一关心的是伦理学。他把辩证论证比作蜘蛛网：看起来好像是某种专业知识（技艺），然而毫无用处。”② 斯多亚学派内部在哲学认识上存在张力，这种张力出现在古典希腊向希腊化哲学转变期间实属经常，反映出以知识论为主导的古典希腊哲学向以实践为主导的希腊化哲学的转化痕迹。由此可以看到斯多亚主义的实践哲学经历了相当复杂的较长的演变过程，希腊化哲学对于古典希腊哲学的激进变革包含渐变的部分，这使得希腊的哲学精神和形式在希腊化早期得到延续。

克律西坡是对于逻辑学研究贡献最大的斯多亚主义者，他是斯多亚学派的“亚里士多德”，是斯多亚主义逻辑学规则的制定者。“逻辑学和自然科学……难道不是他们最先制定了规则才有

① Diogenes Laertius，7.41－4，see in A. A. Long and D. N. Sedley (eds.)，*The Hellenistic Philosophers*，Vol. I，31M.

② Diogenes Laertius，7.160－1，see in A. A. Long and D. N. Sedley (eds.)，*The Hellenistic Philosophers*，Vol. I，31N. 参看第欧根尼·拉尔修著，马永翔等译《名哲言行录》（下卷），第468页。

今天的逻辑学专家们惯用的手法？毫无疑问，克律西坡使逻辑得到了充分发现……它们之间覆盖整个推论以及演讲领域的两大学科中，一个是论题科学，另一个是逻辑学。”[①] 克律西坡拓展了逻辑学的研究范围，使逻辑学既研究论题科学（修辞学），又研究形式逻辑。在谈到克律西坡在逻辑学上的贡献时，第欧根尼·拉尔修说：“他（克律西坡）在辩证法方面闻名遐迩，大多数人的观点是，如果诸神也使用辩证法的话，那么也只会是克律西坡的辩证法。”[②] 文中所提到的辩证法就是逻辑学，克律西坡用辩证法包含上述两个方面：狭义的形式逻辑和探究真理作为知识之呈现的科学方法的逻辑哲学，两者在斯多亚主义的辩证法概念里面不可分离。“克律西坡的辩证法有着广泛的内涵。它的目标是真理的知识和它们的组织，它的质料由意指和被意指的事物构成。前者是正确的含义，后者是这些含义的意指，是在含义之外的实体和外在的实存对象。我们所检视的这些被意指的事物主要是命题和论证。”[③] 克律西坡认为辩证法包含着真理与呈现、命题与论证和外在对象这三重关系，从这三重关系出发可以把真理、逻辑学和印象扭织起来。

斯多亚主义经常把逻辑学和辩证法混用，仿佛二者是相同的概念。在某些残篇里面确实是这样，在另一些残篇里面逻辑学则要大于辩证法，在有些残篇里面又相反。较经常的情况是斯多亚

---

① 西塞罗著，石敏敏译：《论至善和至恶》，中国社会科学出版社2005年版，4.4。

② Diogenes Laertius，7.41－4，see in A. A. Long and D. N. Sedley (eds.)，*The Hellenistic Philosophers*，Vol. I，31Q. 参看第欧根尼·拉尔修著，马永翔等译《名哲言行录》(下卷)，第483页。

③ Josiah B. Gould，*The Philosophy of Chrisippus*，p. 90，The State University of New York Press，1970.

主义把逻辑学分为辩证法和修辞学。[①] 它对于辩证法的理解既不是柏拉图—黑格尔意义上的，也不是亚里士多德意义上的。黑格尔反对把形式逻辑当作逻辑学，逻辑学就是辩证法。黑格尔说："从前，康德称赞过逻辑，即规定和命题的汇集，通常意义所称的逻辑，说它在其他科学之前早就达到了完满的地步，在这一点上很幸运；自亚里士多德以来，它既未后退一步，但也未前进一步，其所以从未前进，是因为从各方面来看，它似乎都已经完成和圆满了。"[②] 这是批评亚里士多德把辩证法等同于逻辑学。在黑格尔看来，这种逻辑学从亚里士多德以来就没有任何发展。至于黑格尔自己所说的逻辑学，则是展示真理使真理成为无蔽的反思方式，据此他称逻辑学/辩证法为纯科学，"纯科学便以摆脱意识的对立为前提……作为科学，真理便是自身发展的纯粹自我意识，具有自身的形态，即：自在为之有者就是被意识到的概念，而这样的概念也就是自在自为之有者"。[③] 这里讲的逻辑学是真理自我发展和呈现的历史，是真理的概念史和精神史。斯多亚主义之不同于黑格尔对逻辑学的看法，在于它把逻辑只当作是呈现真理的科学方法。然而，它强调逻辑学的科学方法论性质，却没有限于对逻辑作逻辑学的了解，它还作了辩证法的了解，即作为真理之呈现的方法。这个真理之自我呈现的逻辑学或者辩证法，不是黑格尔的概念史的方法，而是回到单纯的自然状态直指心灵的方法。因此，斯多亚主义对于辩证法和逻辑学关系的了解与柏

---

① Diogenes Laertius，7.41－4，see in A. A. Long and D. N. Sedley (eds.)，*The Hellenistic Philosophers*，Vol. I，31A1. 参看第欧根尼·拉尔修著，马永翔等译《名哲言行录》(下卷)，第 418 页。

② 黑格尔著，杨一之译：《逻辑学》(上卷)，商务印书馆 1991 年版，第 33 页。

③ 同上书，第 31 页。

拉图—黑格尔都有所不同。

斯多亚主义对于辩证法和逻辑学关系的了解也不同于亚里士多德。亚里士多德对于逻辑学的了解比较复杂，西方学者近年来多有争论。传统的看法是亚里士多德把逻辑学只看作是各门科学知识用以澄清和锤炼思想的一种预备性技术，即只是看作一种工具。现代学者则注意到亚里士多德的逻辑学与“是/存在”本体的关系，注意到亚里士多德的逻辑学与其范畴论的关系。[①] 尽管学者们矫正了对亚里士多德的逻辑学/辩证法的研究的偏见，然而斯多亚主义并没有接受亚里士多德的观点，没有把辩证法看作是工具。斯多亚主义者对此有充分清醒的意识，他们指出：“我们事先已经很好意识到并不是所有哲学家都在同样的意义上使用‘辩证法’：斯多亚主义，他们把辩证法定义为说话的科学，认为把话说好就在于言说何谓真以及何谓合适，并把它作为哲学家的与众不同的特征，视它为哲学的最高部分。出于这个原因，他们认为只有贤人是辩证法家。”[②] 亚里士多德和其他希腊哲学家如柏拉图和巴门尼德都把探究思和在的同一看作是辩证法的使命。而斯多亚主义则一方面把辩证法作为独立的科学，不认为它是如亚里士多德所说的那种科学探究的工具；另一方面它绝不认可人类的理性结构和世界的结构和要素具有同心圆的结构。斯多亚主义所说的辩证法更像是一门修辞学，是一门语言的学问，是研究语言对于真理的呈现关系。“斯多亚主义的信念是：人类的理智

---

① 参看姚介厚撰写的亚里士多德的“逻辑和哲学”，见于汪子嵩、范明生、陈村富、姚介厚《希腊哲学史》第三卷（上），第 192—198 页。

② Alexander, *On Aristotle's Topics* 1, 8－14 (SVF 2.124), see in A. A. Long and D. N. Sedley (eds.), *The Hellenistic Philosophers*, Vol. I, 31D.

是（也自然地）与宇宙的理智联系在一起。这种细致、一致性思考的结果从不与实在矛盾，知识可以无限地扩展，由于人不是神它就不能与实在有着结构上的同一。”[①]因此，一方面，逻辑确实如同亚里士多德所说是呈现物体之所是的，另一方面它只是呈现物体之所是，而不是规定物体之所是。思并不具有是的优先性，逻辑学也没有这种是的优先性，相反，辩证法所探究的是并且自始至终把自然本身言说之是放在优先的位置，这就是言说之真的优先性。

二

斯多亚主义的逻辑学有广义和狭义之分。广义的逻辑学包括辩证法和修辞学，芝诺对两者作了区分。“当芝诺被问到如何区分辩证法和修辞学时，他攥紧拳头然而又松开，说‘就是如此’——他用攥紧把严密和简洁描述为辩证法的特征，用展示和手指的伸展表示修辞学能力的宽度。”[②] 修辞学就其本质而言是扩张性的、参与性的和说服性的。古希腊的修辞学是一种研究演说的技艺，亚里士多德则将它归入创制性的知识，对修辞学作了重大革新，融合了他对众多学科的研究成果，特别是在修辞学中注入较大分量的逻辑论证，使修辞学真正成为一种合逻辑的说明。[③] 斯多亚主义接受亚里士多德关于逻辑学的说服性论证的观

---

① Johnny Christensen, *An Essay on the Unity of Stoic Philosophy*, p. 40, Munksgarrd, 1962.

② Sextus Empiricus, *Against the professors* 2.7 (SVF 1.75, part) see in A. A. Long and D. N. Sedley (eds.), *The Hellenistic Philosophers*, Vol. I, 31E.

③ 参看姚介厚撰写的亚里士多德的“逻辑和哲学”，见于汪子嵩、范明生、陈村富、姚介厚《希腊哲学史》第三卷（上），第316—317页。

点，把修辞学归为逻辑学的一种。斯多亚主义又把修辞学分为三类：商讨性的、法庭辩论的和颂文。[①] 它似乎特别强调逻辑在这三种类型的修辞学中的作用，因此与西塞罗有相当大的分别。西塞罗认为修辞的本质在于"辩才"，[②] 他认为知识并不属于修辞的本质，[③] 修辞的整体性在某种程度上受限于当代文化的实际需要。[④] 然而，斯多亚主义似乎更强调修辞的知识本质，相较于西塞罗，斯多亚主义似乎较多地继承了亚里士多德的修辞学思想。亚里士多德也是把修辞学看作是辩证法的对应部分，认为"两者都是在论辩中运用逻辑论证以形成正确的认识……亚里士多德批评以往的修辞学总是大论特论敌意、怜悯、愤怒之类的激情，而且热衷于研究诉讼法庭的演说，力图以激情和感人的演说技巧影响陪审员的判断。其实这些只涉及修辞学这门技艺的一个小的附属部分，说服论证才是修辞学的主要内容，即研究在演说中以逻辑论证说服人。它的主干是修辞的推理和论证，其希腊文专用术语可音译为'恩梯墨玛'（enthymema），专指用于演说的、有或然性论题的修辞三段论。"[⑤] 据西塞罗的记载，斯多亚主义也从类似的角度来讨论修辞学。"关于论证的完全说明包含两个部分，一是与发明/虚构有关，另一是与判断有关，就我（西塞罗）的

① Diogenes Laertius, 7.41－4, see in A. A. Long and D. N. Sedley (eds.), *The Hellenistic Philosophers*, Vol. I, 31A6. 参看第欧根尼·拉尔修著，马永翔等译《名哲言行录》（下卷），第 419 页。

② 杨克勤：《古修辞学：希罗文化与圣经诠释》，香港道风书社 2002 年版，第 79 页。

③ 同上书，第 80 页。

④ 同上书，第 82 页。

⑤ 姚介厚撰写的亚里士多德的"逻辑和哲学"，见于汪子嵩、范明生、陈村富、姚介厚《希腊哲学史》第三卷（上），第 318 页。

看法而言，亚里士多德是它们的创立者。然而，斯多亚主义发挥了其中之一，就是他们称之为辩证法的科学，彻底地去探究判断的方法，但是他们忽视了被称为论题的发明/虚构艺术，尽管这也是既有益又在自然的秩序上在先的。”[①] 普罗塔克的记载佐证了西塞罗对斯多亚主义修辞学的认识，“他（克律西坡）把修辞学定义为一种处理连贯地说话和话语排列的技艺（专门的知识)。而且，在第一卷中，他甚至如此写道：‘我认为一个人说话不应只是按照直率的无变化的秩序，而且除话语之外，合适的讲演风格应该与合适的语调、面部表情和姿势联系在一起。’”[②] 与西塞罗不同，据普罗塔克的记载，克律西坡也强调逻辑与演说活动的结合关系，当然可能没有西塞罗所要求的创制性甚至虚构性的发挥。从斯多亚主义把修辞学往论说性方向角度强调，修辞学确实可以名副其实地归在逻辑学名下，成为逻辑学的一个部分。

然而，修辞学不是逻辑学的本质部分，辩证法才是逻辑的本质构成。辩证法之不同于修辞学，在于它要作出真假判断。[③] 斯多亚主义认为辩证法由两个主题构成：意义和话语。意义这个主题可以分为印象、意指/莱克顿（sayable/lekta)，例如命题、充分的意指/莱克顿（sayable)、述谓、主动语态和被动语态、种

---

① Cicero, *Topics* 6, see in A. A. Long and D. N. Sedley (eds.), *The Hellenistic Philosophers*, Vol. I, 31F.

② Plutarch, *On Stoic self-contradictions* 1047A－B (SVF 2.297－8), see in A. A. Long and D. N. Sedley (eds.), *The Hellenistic Philosophers*, Vol. I, 31H.

③ Cicero, *On the orator* 2.157－8, see in A. A. Long and D. N. Sedley (eds.), *The Hellenistic Philosophers*, Vol. I, 31G.

和属，还有论证、论证方式和三段论以及诡辩术。[①] 辩证法还包括真实言说的独特主题，探讨书写语言例如文理不通、诗、含糊性、谐音和音乐的各种因素，还讨论定义、划分和表达。[②] 斯多亚主义认为逻辑学教导人们如何可以更好地言说、正确地言说，揭露对方言说的矛盾之处。在他们看来，唯有懂得正确言说的人（辩证法家）才是真正的贤人，因为他们借助于逻辑研究来分辨一切事物，告诉我们法则如何规范各种行为。[③]辩证法主要研究“命题”，通过命题的研究，斯多亚主义试图建立“意指/莱克顿”和“意指对象”的关系，探究“真理”，为知识论确立科学的方法论。

克律西坡认为理性的功能必须用于发现真理和为真理组织语言，而不是用于相反的目标，他承认许多人确实是按照后者的用途来理解辩证法的。[④] 辩证法可能会导致类似怀疑论的悬而不决，克律西坡的辩证法却正是要摧毁这种悬而不决。克律西坡的如下说法正是批评怀疑论而阐释斯多亚主义把辩证法看作是对于真理的探究的宣言，他认为论证的实践正是要达到反对如下问题的目的，这就是“有些人倡导要对所有的主题悬而不决……但是也有人希望在我们里面形成知识，它与我们的生存一致……即教导我们基本原理，指导初学者如何从开始到目标进行论证。在这种情况下它也会适时地提到相反的论证，这是合适的，它要在公

---

① Diogenes Laertius, 7. 41 — 4, see in A. A. Long and D. N. Sedley (eds.), *The Hellenistic Philosophers*, Vol. I, 31A7.

② Ibid. , 31A9.

③ Diogenes Laertius, 7. 83 (SVF 2. 130), see in A. A. Long and D. N. Sedley (eds.), *The Hellenistic Philosophers*, Vol. I, 31C. 参看第欧根尼·拉尔修著，马永翔等译《名哲言行录》（下卷），第 436 页。

④ SVF II. 129.

正的法庭上摧毁它们的貌似有理”。[①] 因此，对于克律西坡来说，辩证法是一种论证性的理性，它探讨自然中事物的联结关系，也就是用来意指的事物（senainonta）与被意指的事物（semainomena）的关系，这就是所谓的命题。克律西坡说，在命题中“有三件事物被联系在一起：被意指的事物，用来意指的事物和外部的实在。准确的表达是，例如，Dion 是用来意指的；这个实体本身，就是（这个准确的声音）所揭示的和我们理解为与我们思想紧密联系的事物，就是那被意指的事物；陌生人并不能理解那被意指的事物，尽管他们听到了准确的声音；外部实存的对象，例如 Dion 本人就是外部的实在”。[②] 简单地说，斯多亚主义认为存在着用来意指的例如 Dion 这个语词，被意指的外部对象例如 Dion 本人的个体以及联结这两者的被意指的事物就是“准确的声音”。克律西坡感兴趣的正是准确的声音和这个准确的声音所意指的事物之间的关系，他认为不能够把后者与外部的实存对象相混淆。他认为这就是辩证法所关联的内容，还认为命题就是被意指事物的样本。[③] 这种意指/指示关系居于语言图像/记号＋心理图像与实在之间，或者可以这样说，语言图像/记号以心理图像或者思想的方式意指实体。这种意指关系意味着我们在心灵中可以拥有与实在存在的实体的同一关系。由此，斯多亚主义提出了记号关系中的三重因素：（1）语言图像/记号＝声音＝用来意指的指示者；（2）含义/莱克顿（to lekton）＝the significatum（to sthmanomenon/被意指的事物）。这个含义与实在有某种关系：它是“关于”某事物的，我们讨论的是它对某事物的

---

① SVF II. 127.

② SVF II. 166.

③ Josiah B. Gould，*The Philosophy of Chrisippus*，p. 69.

指称。因此这个含义是“指称”的意思，含义所指称的是：(3)事件（to tugchanon）＝外部对象（to ektos hypokeimenon）＝对象（somata）[①]

由于斯多亚主义认为指称的对象不是个体的实体，即不是某个词项，而是事件，其逻辑学研究对象就发生了变化。斯多亚主义与亚里士多德的指称理论说明他们所思考的是两种不同的本体论，“对亚里士多德来说，一个指称最初是一个实体，因为这个世界是由实体构成的。据此，形式逻辑检验（抽象）实体的可能关系就是合理的。斯多亚主义则认为世界是由运动的物体构成的，因此我们的经验要素最初是事件。因此，指称的一般术语就是‘所发生的事物’（to tugchanon），由于正在发生的事物是有形体的，我们也就同样可以使用‘对象’。这种语言图像/记号是‘关于’一个事件的，它是一个陈述（logos），这个关于陈述的含义就是命题（aksima）。因此，斯多亚主义从命题逻辑中发展出形式逻辑是合理的”。至于命题，用现代术语来说，斯多亚主义又分出原子命题和分子命题。原子命题就是非复合的单一的命题，例如“现在是白天”，分子命题可以由同样的两个原子命题构成，例如“如果现在是白天，那么现在就是白天”，也可以由两个不同的原子命题构成，例如“如果现在是白天，那么天是亮的。”[②] 斯多亚主义关于三段论的讨论是以命题为单位的，称之为“命题三段论”，不同于亚里士多德的直言三段论，后者借助于一个共同概念把两个直言判断联结起来形成推理。斯多亚主义的命题三段论的真正价值在逻辑学史上很长时间内没有得到合适的评价。事实上，

① Johnny Christensen, *An Essay on the Unity of Stoic Philosophy*, p. 45.

② Josiah B. Gould, *The Philosophy of Chrisippus*, p. 71.

斯多亚主义“所研究的命题逻辑，比起亚里士多德所研究的一般词项逻辑更为基本，这倒并不是说命题逻辑包含了一般词项逻辑，而是说一般词项逻辑是以命题逻辑为先决条件的”。[1]

由此，斯多亚主义研究逻辑学所取的进攻刚好与亚里士多德相反。就斯多亚主义而言，首先是外部世界有一个事件发生，接着，当我们观察它时它就向着我们发生，于是我们说出一个陈述，这个陈述被断言为一个命题，这个命题用来指称上述的事件。因此，一个命题完全没有必要被分析为它的构成的意义，完全可以只这样来说：“现在是白天。”只是由于我们平常总想要准确地了解这些语词的意思，就分出专名以及联结词等，其实专名属于复杂运动的区域，对述谓的指称就是一个区域或者说时空里面事物的联结关系而不只是某个事物，它被认为是“在某种状态里面”。[2] 因此知识来自于经验，但很难说知识完全地来自于经验，可能在斯多亚主义那里也有一个统摄性的“命令”，然而，毫无疑问，斯多亚主义肯定知识的材料来自于经验，或者具形式本身的材料来自于经验。灵魂的功能即感觉构成人收集外部世界的信息，它们与灵魂所收集的其他材料相互比较，灵魂对它们进行分类拣选，把确定性的呈现与不确定性的呈现分开，从而建立稳定的内感觉即所谓的把握性印象甚至知识，达到对于事物的预知和预期。

正是由于逻辑学与知识论之间的这种关系，即在灵魂里面所建立的这种稳定关系，辩证法具有了伦理学的意义，被视为一种

---

① 威廉·涅尔、玛莎·涅尔著，张家龙、洪汉鼎译：《逻辑学的发展》，商务印书馆1995年版，第277页。

② Johnny Christensen, *An Essay on the Unity of Stoic Philosophy*, p. 49.

德性。这在某种程度上是受了柏拉图的影响。辩证法被称为德性，是由逻辑学而知识论再进展到伦理学，因为有了稳定的知识，辩证法帮助人们避免陷入独断的状态而达到明智。这是从功能的角度来看辩证法的知识论本质以及它与德性教化心灵的实在性和健全性的关系，当逻辑学成为理性的规则，进而成为判定把握性印象的尺度时，伦理学的性质就呈现出来。“他们（斯多亚主义者）把辩证法本身看作是必要的，它是一种整合了各种特殊德性的德性。毋要急躁是一个赞同和不赞同的科学。谨慎是反对似是而非的理性原理，使人不至于陷入其中。无可辩驳是论证中的力量，这样不至于使论证陷入自相矛盾之中。非任意性是指这样一种状态，它把印象关联于正确的理性原理。如果不研究辩证法，贤人在论证中也不会永远正确，这是由于辩证法把正确的从谬误的里面区别出来，澄清了似是而非和含糊的陈述。没有辩证法，就不能有条理地提问和回答问题。草率的判断就会掩盖事情的真相，不具有印象的人就会转为无序和草率的状态。只有以这种方式，贤人才能够显出他自己的目光敏锐、睿智，以及在论证中显出其令人惊畏的能力。因为正确讨论和论证的人就是能够针对向他提出问题的人进行讨论和回应的人；这些都是有着娴熟辩证法经验的人的能力。”[①] 斯多亚主义肯定命题逻辑的真与知识论/伦理学的真理之间的隐在联系，完整地阐释了它们之间所存在的内在关联。因此，斯多亚主义所理解的理性原理，不是狭义逻辑学的理性原理。它首先指的是一种具有澄清概念并且能够客观地倾听不同方面意见和把握不同层面的印象的辩证能力。出于这个原因，它是“真”的断言，“真”是非质料的，它是命题的

① Diogenes Laertius，7. 46 — 8，see in A. A. Long and D. N. Sedley (eds.)，*The Hellenistic Philosophers*，Vol. I，31B.

性质。因着这种命题的“真”，它塑造心灵的真理状态，真理指称的是处在拥有知识的某种复杂状态的心灵。这种心灵状态与所有真命题和秩序本身所定的秩序系列相一致，构成复杂知识的真实要素的体系。这样的人就拥有完全的真理，他能够做到不草率、不任意、不鲁莽，获得回答问题的把握性能力。由此，斯多亚主义回答了柏拉图对话中深层的问题，勾勒出柏拉图对话始终蕴藏的两个似乎不相关又总是纠结在一起的对象。在柏拉图的对话中，辩证法以对话的审察能力展示德性的需要整合的维度，两者是通过知识的阶梯展示并完成的。然而，柏拉图并没有斯多亚主义的命题逻辑的向度，使得辩证法、知识论和德性论之间处于有张力的状态。而斯多亚主义通过命题逻辑这个环节将这三者关联在命题逻辑的真与心灵的德性之间，使得“知识”的救赎通过外部对象和内在稳定性的紧密关联得到了准确阐释。

无论是从逻辑学/辩证法的角度讲，或是从知识论的角度讲，还是从德性的角度讲，斯多亚主义将它的哲学深深地扎根在逻各斯之中，这个逻各斯就是陈述/命题，使希腊化时代的人们对于理性有更广泛的理解。理性正是哲学的本质，它构成辩证法、知识和德性统一的基础，它不是抽象的，它通过命题逻辑的显示、意指、指称得到呈现。爱比克泰德说：“哲学家的实质是什么呢？是破披风？不是，是理性。哲学家的目的是什么呢？是穿上破披风吗？不是，是保持理性。哲学家的原则是什么呢？他们考虑蓄胡子或养长头发吗？他们不为这些费心。按芝诺的说法，哲学家要理解理性元素及其特性，理性元素之间的关系，还有理性结果。”① 命题逻辑是思想的最初的逻

① 爱比克泰德著，吴欲波等译：《哲学谈话录》，中国社会科学出版社 2004 年版，4.8。

各斯，也是最终的逻各斯，它是逻各斯的自我呈现并冲破任何悬置状态，使得哲学家把事物的表象牢牢地把握成为与存在合一的原理，是真理的表述成为可能的基础。“因为推理公开宣称的目标是什么？是表述真理，消除错误，对有疑问的情况悬置判断。那只学习这个是不是就够了呢？——够了，有人说——那对于一个不想在花钱上犯错误的人来说，是不是告诉他为什么应该接受真币和拒绝假币的原因就够了呢？——不够——那还必须加点什么？哦，除了检验和辨别真假货币的能力之外，还能是什么？因此，在进行推理的时候，仅仅语词是不够的，难道不是吗？相反，难道不应该发展检验和辨别什么是真、什么是假以及什么是不确定的能力吗？——应该——那除此之外，在推理方面，还可以推荐些什么？接受你所正确地假设的东西中推出的结论。”① 斯多亚主义的逻辑学从形式逻辑开始而终于辩证法（真理的呈现/知识论），从命题逻辑的“真”而成全于心灵的“真理”（德性伦理）。斯多亚主义在使形式逻辑与辩证法得到统一并成为整体的时候，也使知识论、德性论和辩证法成为整体。古典希腊哲学的逻辑学没有能够整合其形而上学承诺中的张力，斯多亚主义却实现了这个思想的任务。

第二节　定义和划分

本节讨论斯多亚主义对“定义”的定义和对“划分”的理解。定义和划分是逻辑学的最基本方法，斯多亚主义在继承亚里

① 爱比克泰德著，吴欲波等译：《哲学谈话录》，中国社会科学出版社 2004 年版，1.7。

士多德属加种差的定义法的基础上，还发展了其他的定义方法。除此之外，斯多亚主义还把划分作为确定范畴的基本方法，运用到定义之中。值得注意的是，斯多亚主义的定义法和划分法与它的哲学紧密联系在一起，不能单纯地把它看作是逻辑学的概念，它也属于哲学的概念，被运用在认识论或者说是与认识论联系在一起。据此，本节分析了斯多亚主义所赋予的定义与划分的哲学内涵。

一

逻辑学/辩证法是探讨概念、判断和推理的思维形式，“定义”是使概念得到明确的基本方法。下定义有许多方法，例如属加种差的定义法、通过直接列举事物的本质下定义，等等。根据定义对象的不同需要，有不同的定义方法。在古代这些方法就已经被采纳，而不是单纯地使用属加种差的定义方法。亚里士多德创立和使用的属加种差的方法主要与他的哲学有关，即通过确立范畴和“是”的研究来给出定义的谓项。希腊化时期的思想家拓宽了定义的方法，例如“纲要解释”也被视为定义的一种。“纲要解释”是一种评论性的解释，它虽然也来自于亚里士多德，然而主要为伊壁鸠鲁和斯多亚主义所使用。伊壁鸠鲁写过许多纲要，如《致希罗多德信》（论自然纲要）、《致皮索克勒信》（天文学纲要）和《致梅瑙凯信》（伦理学纲要）。这些著作提供的是纲领性的东西，例如原子的一般性原理、属性和世界的构成，等等，有些类似于性质定义法，又包含着其他的定义方法，例如通过列举事物的外延下定义以及枚举法，等等，混合地使用其他定义。斯多亚主义要比伊壁鸠鲁学派严格，它只把“纲要解释”作为进一步定义的预备，“纲要解释是这样一种陈述，它引导我们形成对于事物的概观，以一种较定义简单的方式传达定义的约束力”。[①] 斯多亚主义认为纲要解释只起着确定对象范围的作用，或者说确定外延的作用，把事物的主要属性呈现出来，作为进一步确定该事物的标志，为确定事物的严格特性预备前提。

纲要解释常使用举例方法。在对“欲求”下定义时，斯多亚主义就以此种方式作了纲要解释。“‘欲求’不同于‘科学’，它是他们（斯多亚主义）给予爱音乐、爱文学、爱骑马、爱狩猎的名称，如他们所谓它们既是一般的又是与‘课程’的技艺/专门知识相关。斯多亚主义把它们包括在德性的状态里面，因此认为只有贤人才是音乐和文学等等的热爱者。这就是他们对于欲求的纲要解释：这种方法借助于技艺或者技艺的部分而传导到德性的主要领域。”[②] 斯多亚主义对欲求作纲要解释时列举了欲求的种类，例如爱音乐、爱文学、爱骑马，等等。接着指出它是与德性的课程相对的，列举出这些体现欲求的课程属于一般的技艺性课程。借助于纲要解释，斯多亚主义确立了欲求的基本范围或者说外延，认为它被分割在具体的课程里面，是对于某个具体事物的热爱。

在使用了举例方法后，斯多亚主义给出了关于“定义”的定义。“克律西坡说定义就是对于一个特殊特征的陈述，即它阐释了特殊的特征。斯多亚主义者安提珀特说：‘一个定义就是以一种必然的力量所表达出的陈述’，即一种相等的力量。因为定义意味着相等。”[③] 斯多亚主义关于定义不断被引述的另一句话是，

① Diogenes Laertius，7.60－2，see in A. A. Long and D. N. Sedley (eds.)，*The Hellenistic Philosophers*，Vol. I，32C.

② Stobaeus，2.67，5－12（SVF 3.294），see in A. A. Long and D. N. Sedley（eds.），*The Hellenistic Philosophers*，Vol. I，26H.

③ *Scholia on Dionysius Thrax*，107，5－7（SVF 2.226，part），see in A. A. Long and D. N. Sedley（eds.），*The Hellenistic Philosophers*，Vol. I，26B.

安提珀特"在《论定义》第一卷中说，定义是有着一致性表达的分析性陈述"。[①] 安提珀特这个有关"定义"的定义在许多作家的著作里面都有记载，说明它有广泛的影响。伽伦说："某些人（即斯多亚主义）给出的定义有：'定义是有着一致性表达的分析性陈述'，或者'定义就是一个简洁的提示，它引导我们达到事物的观念……'"[②] 亚里士多德著作的注释者亚历山大（Alexander）也提到过这个定义。"那些人（即斯多亚主义）说定义是有着一致性表达的分析性陈述（'分析'是指因着被下定义的事物而充满，采用一种简洁的风格，'一致'是指既不夸大也不缩小），这就是说定义在陈述特殊特性的时候没有任何不同。"[③] 什么是"特殊的特性"呢？它不完全指事物的独特性，也指事物的本质。[④] 克律西坡和安提珀特的"定义"显示出他们的哲学意识，就是强调事物的独特性与印象的准确关系，通过定义把确定性印象确立为特殊的知识表述，使得逻辑学成为严格的科学方法，因为它是联系把握性印象和科学知识的方法论基础。

斯多亚主义对于"特殊的特性"有过不少的说明，由此我们可以看到它是如何把认识论作为其逻辑学的哲学内容，又是如何把逻辑学作为哲学认识论的基本功方法的。在谈到何谓热和善

---

① Diogenes Laertius, 7. 60－2, see in A. A. Long and D. N. Sedley (eds.), *The Hellenistic Philosophers*, Vol. I, 32C1.

② Galen, *Medical definitions* 19. 348, 17－349, 4, see in A. A. Long and D. N. Sedley (eds.), *The Hellenistic Philosophers*, Vol. I, 32D.

③ Alexander, *On Aristotle's topics* 42, 27－43, 2 (SVF 2. 228, part), see in A. A. Long and D. N. Sedley (eds.), *The Hellenistic Philosophers*, Vol. I, 32E.

④ A. A. Long and D. N. Sedley (eds.), *The Hellenistic Philosophers*, Vol. I, p. 194.

时，斯多亚主义指出所谓的特殊的特性主要是就本质特征说的，不是根据事物的特殊性说的。“烫，而不是哆嗦，是所谓的热的特殊特性。同样有益而不是有害的，是所谓善的特殊特性。但是，财富和健康既不是有益的，也不是有害的。因此财富和健康都不是善的事物。”[①] 斯多亚主义主要区分了三类事物：一种是恶的事物，一种是善的事物，一种是既非善又非恶的事物。它把财富和健康看作是既非善又非恶的第三种事物，也依此来定义善，等等，就是抓住事物的本质来讲“特殊的特性”。善的特殊性就是“有益”，并且只是“有益的”。这可以说明早期斯多亚主义为何不把财富和健康列为善，因为财富不只是有益的，它也可能是有害的，例如可能用财富来作恶。塞涅卡关于人的定义，也是从本质的角度来讲特殊的特性的，而不是依据人所具有的独特生理现象。柏拉图说：“人是两足无毛的动物。”塞涅卡说：“什么是人里面最好的？理性：因为有理性，它优于动物而在诸神之后。因此，完善的理性就是人特殊的善，其余的是他从动物和植物那里所得的分有……什么是人的特殊特性？理性——是健全和完善造就人全部的福祉。因此，当事物完善了它自身的善，那么它就是值得赞颂的，因为它达到了它自身本性的目的，而人自身的善就是理性，如果他完善了理性，那么他就是值得赞颂的，并且已经达到它本性的目的。这种完善的理性被称为德性，它与操行端正同一。”[②] 塞涅卡从逻各斯作为特殊的善的角度来论述理性，指出理性是指向善这种目的本身，而人就是以理性自身为目

---

① Diogenes Laertius，7. 101－3，see in A. A. Long and D. N. Sedley (eds.)，*The Hellenistic Philosophers*，Vol. I，58A5.

② Seneca，*Letters* 76. 9－10（SVF 3. 200a)，see in A. A. Long and D. N. Sedley (eds.)，*The Hellenistic Philosophers*，Vol. I，63D.

的的动物。塞涅卡认为这就是人的特殊的特性，其实他所讲的这个特性是人的本质，是作为存在的特殊性，而不是作为存在者的特殊性。因此本质的定义法或者说性质的定义法，也是要实现把握性印象向着逻辑表述知识的转化。

斯多亚主义关于定义的讨论包含如下三个方面：(1) 在形式上定义必须是用简洁的语言揭示事物特性的逻辑方法；(2) 它是必然性的、本质性的描述，它关于特殊的特性的表述正是从本质的角度来说明的。据此而论，斯多亚主义与亚里士多德的相关表述是相同的，亚里士多德也指出属加种差乃是对属的特殊本质的确切、完整的规定，它必须表达一类事物特有的本质，指出使用含混语词或隐喻的表述，论断中加入不必要的赘语，用特性代替本质，或使用某种普遍适用的属性都不能得出定义。[①] 我们看到斯多亚主义竭力主张“特殊的特性就是本质”，并从这个角度归纳了亚里士多德的定义方法。(3) 斯多亚主义的“定义”的重要观点还在于它指出“既不夸大也不缩小”，也就是它所谓的“一致”。由此斯多亚主义明确了定义的“外延相称”的要求，就是说被定义概念的外延与下定义概念的外延应该相等，不至于定义过窄或者定义过宽。在希腊化时期，斯多亚主义已经看到定义的这个要素，这是相当了不起的。

二

斯多亚主义对于“定义”的定义，还采用了亚里士多德的属加种差的方法。斯多亚主义指出属加种差的方法要基于“划分”，把划分运用在“定义”的方法中。在逻辑学中，划分是确定定义

① 姚介厚撰写的亚里士多德的“逻辑和哲学”，见于汪子嵩、范明生、陈村富、姚介厚《希腊哲学史》第三卷（上），第218页。

外延的基本方法。“划分就是把属分解成最接近的种：例如，‘有些动物是理性的，有些动物是非理性的’。反分（contradivision）则是依据对立的关系把属分为种，例如存在的事物中有些是好的，有些是不好的，有些是坏的，有些是无差别的。再分是划分后再划分（subdivision），例如‘存在的事物中有些是好的，有些是不好的，不好的事物中，有些是坏的，有些是无差别的’。分割（partition）则是把种分类为数个主题，如克利尼斯（Crinis）所说：例如‘在好的事物中，有些属于灵魂，有些属于身体’。”[①] 斯多亚主义已经能够列出划分的种种形式，就是把属概念划分为若干个种概念。斯多亚主义所谓的“反分”其实是逻辑学方法中的“子项排斥”的划分原则，划分后子项的外延必须相互排斥，不至于导致子项的重叠，造成定义的错误。这样，斯多亚主义就从明确划分来保证定义中的外延的相称性，确定定义作为属加种差的准确含义，发展了亚里士多德的定义法。

斯多亚主义的划分法经常采用二分法，与辩证法有明确的关联，因为辩证法也是以二分法为概念辩证的基础的。克律西坡的著作目录充分体现了二分法的特征，他安排伦理概念的整体系统时所根据的正是二分法。例如，第一组安排《理性的纲要：致塞奥波洛（Theoporus）》（一卷），《伦理学主题》（一卷），《伦理学说的必然前提：致斐洛玛塞（Philomathes）》（三卷），《贤人的定义：致玛勒多洛（Metrodorus）》（两卷），《恶人的定义：致玛勒多洛》（两卷）诸如此类，等等。[②] 西塞罗也曾以斯多亚主

① Diogenes Laertius, 7.60－2, see in A. A. Long and D. N. Sedley (eds.), *The Hellenistic Philosophers*, Vol. I, 32C4－8.

② Diogenes Laertius, 7.199－200, see in A. A. Long and D. N. Sedley (eds.), *The Hellenistic Philosophers*, Vol. I, 32I1. 参见第欧根尼·拉尔修著，马永翔等译《名哲言行录》（下卷），第494页。

义对勇敢的定义为例来说明二分法与定义的关系。"我们能否说疯狂是有益的？研究一下勇敢的定义，你就会懂得坏脾气是要不得的。勇敢是'这样一种灵魂的性质，它出于忍耐而顺服最高的法律。或者它是在忍受或者避开那些可怕的事物中坚持可靠的判断'，'或者是无视可怕的事物或者可怕的对立面的科学知识，坚持对这些事物的可靠判断。'或者按照克律西坡的简洁的公式(……在短小这一点上定义都是相似的，但是较传达我们的常识观念而论，他要更加成功)。那么，克律西坡如何定义它呢？他说，'勇敢是一种需要坚持的科学知识。或者在忍耐和坚持中顺服于法律的无畏的灵魂状态'。无论我们如何攻击这个学派（斯多亚主义）……我都认为他们可能是最真的哲学家。"[①] 斯多亚主义从勇敢与疯狂的二分入手，指出勇敢与疯狂在各个方面的对立性，分辨二者在义理上的区别，达到定义勇敢的目的。这种定义方式颇接近于辩证思辨的原意，因为，"多义性分析是辩证法的主要手段"。[②] 斯多亚主义的逻辑分析方法与辩证思考是结成一体的，它的形式逻辑的建立和论证是辩证思考的有机内容，以辩证地思考为言说的基础。这非常有意思，因为我们通常把形式逻辑作为一个部分，辩证法作为另一个部分，尤其是黑格尔哲学更是造成了一种误解：似乎两者不相容。然而，斯多亚主义使二者共生。这不是说可以用对立的、多义的分析方法取代形式逻辑的规律，而是说形式逻辑与辩证性思考存在重要的关联。斯多亚主义的逻辑学支持两者相互内存，没有把二者彻底分离。

---

① Cicero，*Tusculan disputations* 4.53，see in A. A. Long and D. N. Sedley（eds.），*The Hellenistic Philosophers*，Vol. I，32H1－8.

② 姚介厚撰写的亚里士多德的"逻辑和哲学"，见于汪子嵩、范明生、陈村富、姚介厚《希腊哲学史》第三卷（上），第230页。

第三节　Lekta

研究了“定义”和“划分”后，斯多亚主义探讨了 lekta（莱克顿）。希腊文 lekta 没有对应的准确的英文翻译，有学者译为 sayables，是说话和表达的意思。斯多亚主义在说到 lekta（莱克顿）时这样表达：“他们（斯多亚主义）说一个‘lekta’（莱克顿）就是与理性印象相一致的独立实存（subsist），而理性印象是其内容，即印象的内容可以用语言所展示的。”[①] 如果说印象是当下和直接的，那么莱克顿则是理性可以表达的，可以展示为语言的一致性的，这就相当于命题。斯多亚主义认为先有印象，后有 lekta（莱克顿），印象是莱克顿的基础。“印象首先产生，然后跟着是思想，它具有交谈的力量，是用语言所表达的以印象为载体的经验。”[②] lekta（莱克顿）以印象为表达的内容，是合乎理性的。就其表达的内容而言莱克顿是经验的，就其运用的形式而言却是理性的。莱克顿/lekta 和理性/logos 同出于词根 lek，说明它们之间所存在的这种关联，都指向理性表达和论证性的语言。lekta（莱克顿）与陈述（logos）和论证（logoi）也拥有同样的词根，这说明 lekta 是逻辑的基本要素，就是理性的表达。由此，哲学就是逻辑学，因为逻辑学是理性的自我表达，

---

① Sextus Empiricus, *Against the professors* 8.70 (SVF 2.187, part), see in A. A. Long and D. N. Sedley (eds.), *The Hellenistic Philosophers*, Vol. I, 33C.

② Diogenes Laertius, 7.49 (SVF 2.52, part; = 39A2), see in A. A. Long and D. N. Sedley (eds.), *The Hellenistic Philosophers*, Vol. I, 33D.

是 lekta（莱克顿），也是逻各斯。据此而论，斯多亚主义研究的是逻各斯。这个逻各斯在逻辑学中是 lekta，在自然哲学中是作为宇宙要素的尺度的逻各斯，在知识论中是作为真理之标准的把握性印象，就是所谓的前观念和合乎自然的理性。由此，斯多亚主义把哲学研究统一在逻各斯基础上。这大概是因为它认为 lekta/莱克顿作为理性的表达可以在讲话里面被传达和转达，[①] 而 lekta/莱克顿作为理性动物的人的理性表象，它是人的实存的构成。[②]

斯多亚主义的 lekta/莱克顿是逻辑学研究的特殊对象，此前的希腊哲学都没有做过研究。斯多亚主义认为 lekta 居于语言图像/记号+心理图像与实在之间，语言图像/记号以心理图像或者思想的方式意指（lekta）实体。也就是说，斯多亚主义认为存在着一个独立的语言图像，它既不是意指者/指示者如某个名词 Dion，也不是外部对象例如 Dion 本人。这就与亚里士多德的逻辑学有了分别。亚里士多德认为思想与对象是形式同一的，斯多亚主义的 lekta（莱克顿）指的则是与 Lekta 的自然/物理表达即声音的形式同一，声音是外显为语言图像的 lekta（莱克顿）。从这个角度来说，斯多亚主义认为 lekta（莱克顿）有其直观性，是相应于印象之看的直观性的语言的直观性，因为任何语词都包含印象，也就是图像的声音形式。斯多亚主义可能认为对于同一事物所表达的所有声音都是共同的，对于说话者和聆听者都是共同的。塞涅卡在用拉丁语翻译 lekta 时，显然是注意到了这一点的：

（斯多亚主义所说的）物体性实体有：例如，这是一个

① Sextus Empiricus，*Adversus Mathematicos* VIII. 11.

② Diogenes Laertius，7. 51；7. 63.

> 人和这是一匹马。这些都有阐释物体的思想活动相随。这些活动都有与他们一致的专门属性，从而能够把诸物体区分开来。例如，我看见加图（Cato）散步：感知觉向我揭示了我这一点，我的心灵于是就相信了它。我所看见的是一个物体，我引导我的眼睛和心灵去看的也正是这个物体。然后我说，“加图在散步。”我现在所说的（他所说的）不是一个物体，而是关于物体的阐释，有人称之为命题，有人称之为表述，还有人说它是言词。因此，当我们说“智慧”时，我们所理解的是一个有形体的事物；当我们说“他有智慧”时，我们说的是一个物体。在对它的命名和关于它的言说之间存在着很大的差别。①

塞涅卡所谓的命题（enuntiatum）、表述（effatum）和言词（dictum）是对同一个语词 lekta/莱克顿的翻译。② 斯多亚主义对声音（utterance）、语词（speach）和 lekta 的关系的理解是，“声音和话语是不同的，因为声音（vocal sound）还只是一种发音，只有分节的声音（articulated sound）才是语词。语词又不同于语言，因为语言总是有意义的，而语词可能缺乏意义即 bli-turi，而语言根本不是如此。而且说话（saying）又不同于说话声（voicing）。声音（utterance）是被说出来的（voiced），但是被言说事情的状态——它们实际上就是 Lekta（莱克顿）。”③ 斯

---

① Seneca，*Letters* 117.13，see in A. A. Long and D. N. Sedley（eds.），*The Hellenistic Philosophers*，Vol. I，33E.

② 参看威廉·涅尔、玛莎·涅尔著，张家龙、洪汉鼎译：《逻辑学的发展》，第 182 页。

③ Diogenes Laertius，7.57（SVF 3 Diogenes 20，part），see in A. A. Long and D. N. Sedley（eds.），*The Hellenistic Philosophers*，Vol. I，33A.

多亚主义的表达颇为晦涩。它的核心意思是 lekta 是有意义的语言，或者 lekta 是分节的声音即运用语词所表达的声音形式，因此存在着一种 lekta（莱克顿）本身。斯多亚主义还指出 lekta（莱克顿）与声音、语词的区别。声音不一定是语词，因为发音有时候含糊其辞，有时候根本只是噪音，除了一堆声音之外根本听不出它是什么。语词则是指音节清楚的声音，是能够被明确地捕捉为某种印象的。只有印象清楚的声音才能够成为语词，语词是语言和 lekta（莱克顿）的前提。然而，语词仍然不一定就是 lekta（莱克顿），例如 blituri，这个单词有清楚的音节，然而它没有意义。从这个方面来说，lekta（莱克顿）作为声音的表达或者声音的自然/物理形式，它有一致性原理贯穿其中，这就是理性。

斯多亚主义借此所阐明的是 lekta（莱克顿）与声音和语词在物理形式上的关系以及意义关联。尽管声音和语词在 lekta（莱克顿）之先，然而，使声音和语词成为有意义的却是 lekta（莱克顿），因此 lekta（莱克顿）才是语言的基本单位。斯多亚主义进一步论述了 lekta（莱克顿）与命题的关系，阐释了 lekta（莱克顿）在逻辑学/辩证法中的基础地位。斯多亚主义指出存在完全的 lekta（莱克顿）和不完全的 lekta（莱克顿）之分。“讨论事情状态和意义的主题包括了两类 lekta（莱克顿），就是完全的 lekta（莱克顿）、命题和三段论，以及那些不完全的、主动和被动的陈述。他们说 lekta（莱克顿）就是与理性印象一致的独立实存。斯多亚主义认为 lekta（莱克顿）可以分为完全的和不完全的，后一种 lekta（莱克顿）它的表达方式还没有完成，例如‘（某人）写作’，因为我们问‘谁?’在完全的 lekta（莱克顿）中，语言表达已经是完成了的，例如‘苏格拉底写作’。因此，不完全的 lekta（莱克顿）包括了述谓，而完全的 lekta（莱克顿）包括了命题、三段论、提问和回答。”[①] 斯多亚主义区分了 lekta（莱克顿）和命题（aksioma），aksioma 来自于动词 aksioun，意为“正确地思考”。aksioma 的意思就是正确地思考“接受”或者“拒斥”。当某人说“现在是白天”，他似乎在判断“现在是白天”这个思想/观念接受起来是正确的。因此命题必定是有真假的，当命题与相应的事实一致时它就是真的，不相一致时就是假的。[②] 斯多亚主义关于命题的这种理解使得 aksioma 与 lekta（莱克顿）的区分显得更加清晰。首先，只有完全的 lekta（莱克顿）才可能是命题，因为一个命题必须有完全的意指（lekton autoteles）。其次，lekta（莱克顿）是有意义的，然而它不等于有真假，然而命题是必然有真和假的。因此不完全的 lekta（莱克顿）可能只有述谓例如“写作”，而完全的 lekta 包括了命题和三段论，等等。

斯多亚主义认为 lekta（莱克顿）包含有谓词。“谓词就是对某事物的表述，或者是对某事物或者某些事物的状态的表述，如阿波罗多洛所说，或者是包含着主格的不完全 lekta（莱克顿）所产生的命题。”[③] 这里，斯多亚主义讲了两种谓词与前面已经提到的完全的 lekta（莱克顿）和不完全的 lekta（莱克顿）的关系，这是两种关于谓词的定义。第一种定义认为谓词是与一个或者多个主词相联系的东西，从完全的 lekta（莱克顿）的角度看，谓词就是述说某物的东西或者与某物结合的东西。第二种定义认

---

① Diogenes Laertius，7.63，see in A. A. Long and D. N. Sedley (eds.)，*The Hellenistic Philosophers*，Vol. I，33F.

② Josiah B. Gould，*The Philosophy of Chrisippus*，p. 70.

③ Diogenes Laertius，7.64（SVF2.183，part），see in A. A. Long and D. N. Sedley（eds.），*The Hellenistic Philosophers*，Vol. I，33G.

为谓词是与主格的结合，这是一种有缺陷的谓词，是不完全的lekta（莱克顿）所产生的命题。[①] 学者们指出，第欧根尼对于谓词的分析并不清晰，他的区分似乎相应于那种在及物动词、被动动词、不及物动词和反身动词之间的区分。[②] 斯多亚主义的如下探讨可能有助于使问题稍微清楚一些。“他们（斯多亚主义）说选择和被选择的差别也适用于欲求与被欲求、盼望和被盼望、接受和被接受之间的差别。诸善是选择、欲求、盼望和接受的，善行是应该被选择、应该被欲求、应该被盼望、应该被接受的，这是由于它们是谓词和诸善相关的事物。我们选择我们被欲求、应该被盼望、应该被接受的事物。因为选择、欲求和盼望就如冲动那样都是谓词的内容。然而，我们选择、盼望和同样欲求拥有诸善，因此诸善都是值得选择、值得欲求和值得盼望的。因为我们选择拥有审慎和谦逊，然而并不能够审慎地行事和谦逊地待人接物，后者是无形体的和谓词。”[③]斯多亚主义用列举说明lekta（莱克顿）的谓词的不同性质。例如欲求、盼望和选择属于及物动词，属于直接谓词，与从格直接联结可以产生完全的谓词，例如“我选择教师的职业”等。这就形成了一个完全的lekta（莱克顿）。然而，许多情况下会出现有缺陷的谓词，例如，被动语态的谓词和中性状态的谓词，它们直接与主格结合，例如“我被听见”和“我被看到”，等等。再例如，反身状态的谓词也是如此，

① Diogenes Laertius，7. 64.

② 参看威廉·涅尔、玛莎·涅尔著，张家龙、洪汉鼎译：《逻辑学的发展》，第187页。

③ Stobaeus，2. 97，15—98，6（SVF 3. 91），see in A. A. Long and D. N. Sedley（eds.），*The Hellenistic Philosophers*，Vol. I，33J.

因为施动者把他自身包含在他的行动范围之内，这就形成了不完全的 lekta（莱克顿）。[①] 斯多亚主义想以此说明的是，完全的 llekta（莱克顿）和不完全的 lekta（莱克顿）与谓词的完全性是很有关系的，以及为何完全的 lekta（莱克顿）才可以分为命题、问题、陈述和假设，等等，因为它们可以被应用在一件事物或者一个判断，而一个判断先是用语词来说出，成为一个断言，从而也就有了真或假之分。[②]

斯多亚主义的莱克顿/lekta 学说相当复杂，它的谈论方式则相当奇怪。为什么斯多亚主义会在逻辑学中加入奇怪的莱克顿/lekta 学说呢？可能还是与斯多亚主义的印象理论有关，引入莱克顿/lekta 学说作为印象的直观性与知识的表达式之间的桥梁。首先，斯多亚主义指出只有清楚的音节才可能有莱克顿/lekta，这是因为在清楚的音节里面已经具有语词的构成，因此语词本身就已经具有了印象。这是将语词与实在直接对应起来，而这个对应是通过语词的印象与直观的印象的对应，以及直观的印象与自然物体的实存的对应构建起一致性的。其次，斯多亚主义指出莱克顿/lekta 学说与命题联系在一起，或者说莱克顿/lekta 是命题的前提，命题必须是莱克顿/lekta。再次，斯多亚主义认为完全的莱克顿/lekta 才能够构成判断和推论。从这个角度看，斯多亚主义引入莱克顿/lekta 学说主要不是要建构逻辑学，而是要指出逻辑学的认识论基础。

---

① Diogenes Laertius，7. 64－66.

② Diogenes Laertius，7. 66.

第四节 简单判断

本节分析了斯多亚主义所提出的三类简单判断：不确定判断、中间判断和确定判断。斯多亚主义在关于简单判断的讨论中指出简单判断是以 lekta（莱克顿）为基础的，然而，它也指出唯有作为陈述和断言的 lekta（莱克顿）才会是一个判断。斯多亚主义着重研究了中间判断，指出中间判断包含着深刻的专名和通名之辩，以及逻辑学需要把判断的主词确立为专名才会导致真假值的判断。由此，本节指出斯多亚主义的简单判断理论是以 Ti 的形而上学为基础的。

一

简单判断是以完全的 lekta（莱克顿）作为基础的。判断这个语词的希腊文是 aksioma，是完全的 lekta（莱克顿）的意思。aksioma 这个语词的翻译也有歧义，可以译为命题，也可以译为判断，也有学者直接按希腊文英译为“阿克西奥麦”,[①] 为了方便理解，本书还是译为简单判断。有简单判断，也就有复合判断。简单判断只由一个判断构成，复合判断则由多个简单判断构成，简单判断是复合判断的肢判断，复合判断包括有联结词，例如“如果……那么……”不同的联结词就形成了不同种类的复合判断。对于判断，斯多亚主义提出如下数个方面的规定：(1)

---

① 参看威廉·涅尔、玛莎·涅尔著，张家龙、洪汉鼎译：《逻辑学的发展》，第 188 页。

"命题必须具有真或假，或者它必须是自身完全的事物。"[①] 这是说判断必须是完全的 lekta（莱克顿），aksioma 是完全的 lekta（莱克顿），然而它不又只是 lekta（莱克顿），还包含其他的规定，这就是：（2）aksioma 是一个陈述/断言。[②] 根据斯多亚主义的看法，lekta（莱克顿）有很多种，例如命令、提问等等。"今天天气如何?"是一个 lekta（莱克顿），却不是一个判断，因为它不是一个断言。既然是断言，真或假就必然是判断的属性，就是"如克律西坡在《辩证的定义》中所说，它自身必须是能被断定的真或假"，"lekta（莱克顿）之间存在相当大的差别，斯多亚主义指出就真或假的事物而言，它必须首先是 lekta（莱克顿），而且其次必须是完全的 lekta（莱克顿）。这样，它就不只是一个 lekta（莱克顿）而是判断了。因为正如我已经说过的，只有当我们说一个 lekta 时，我们才能真的或假的去说。"[③] lekta（莱克顿）是就着含义来说的，是就着有意义来说的，而不是就着真假来说的，判断则是就真假说的。

斯多亚主义的 aksioma 和 lekta（莱克顿）的最主要区分就是在"真假"和"意义"之间的区分上。有"意义"但不一定有"真假"的就不是 aksioma，唯有当"意义"落实为"真假"时，我们才能说有它是 aksioma。"命题如何可能既不是真的又不是假的呢？或者如何可能既不是假的又不是真的呢？我们坚决支持

---

① Diogenes Laertius，7.65（SVF 2.193，part），see in A. A. Long and D. N. Sedley（eds.），*The Hellenistic Philosophers*，Vol. I，34A.

② Diogenes Laertius，7.66.

③ Sextus Empeiricus，*Against the professors* 8.74（SVF 2.187，part），see in A. A. Long and D. N. Sedley（eds.），*The Hellenistic Philosophers*，Vol. I，34B.

克律西坡所辩护的那个立场，就是一切命题要么是真的要么是假的。”[①] 根据判断的真假值的不同关系，斯多亚主义区分了各种简单判断。第欧根尼指出有六种简单判断：否定判断（apophatika)、否决判断（arnetika)、反义判断（stertika)、确定判断（kategorika/kategureutika）和不确定判断（aorista)；[②] 塞克斯都则列出了三种简单判断：确定判断（horismena)、不确定判断（aorismta）和中间判断（mesa)。[③] 学者们认为塞克斯都所记载的三种简单判断要早于第欧根尼，并且两者是可以转换的。他们常采用塞克斯都的记载来阐释斯多亚主义的三种简单判断。[④]

斯多亚主义关于三种简单判断的讨论并不简单，我们只择要做些介绍。我们从介绍中间判断入手，斯多亚主义认为它介于确定判断和不确定判断之间，既不是确定判断也不是不确定判断。例如“苏格拉底正坐着”和“一个人正在走路”都属于中间判断。[⑤] 学者们注意到这两个判断的主格是不同的，斯多亚主义为何都把它们作为中间判断呢？第一个判断中的主格“苏格拉底”是专名，第二个判断的主格“人”是通名，然而没有定冠词。在通

---

① Cicero，*On fate* 38，see in A. A. Long and D. N. Sedley（eds.），*The Hellenistic Philosophers*，Vol. I，34C.

② Diogenes Laertius，7. 69—70，参看第欧根尼·拉尔修著，马永翔等译《名哲言行录》(下卷)，第 419 页。

③ Sextus Empiricus，*Adversus Mathematicos* VIII. 96—100.

④ 参看 Keimpe Algra，Jonathan Barnes，Jaap Mansfeld and Malcolm Schofield，*The Cambridge History of Hellenistic Philosophy*，p. 97；Jacques Brunschwig，“*Remarks on the Stoic theory of the proper noun*”，see in Jacques Brunschwig，*Papers in Hellenistic Philosophy*，p. 47.

⑤ Sextus Empiricus，*Adversus Mathematicos* VIII. 97.

常情况下，我们会把第一个判断看作是确定的判断，而把后一个判断看作是不确定的判断。确定判断是指伴有指向手势的判断，例如“这个人在走路”。在这个判断中，不仅有“定冠词”outos，而且有指向手势 deixis。我们不去讨论这个指向的 deixis 会不会导致类似于维特根斯坦所谓的“私人语言”，而只是指出确定判断的性质。至于不确定的判断，斯多亚主义指出这是由于这些判断里面有“不定冠词”tis（某个或者某些）。例如“某人坐在那里”。它的真值条件是，“如果这个人坐在那里”为真，“那么某个人坐在那里”也为真。[①] 显然与这两种判断相比，中间判断既没有定冠词以及伴随的指向动作，也没有加在某个通名之上的不定冠词。斯多亚主义把“苏格拉底正坐着”和“一个人正在走路”都作为中间判断包含着以上的理由。那么，这是否是全部理由呢？

斯多亚主义还从“苏格拉底”和“人”的归属作了进一步分析。首先，作为中间判断，斯多亚主义认为这两个判断都不是不确定的，因为它们确实确定了“属”，就是说主格已经被归属于“属”，“苏格拉底”和“一个人”都已经有指向。然而，它们又不能够被称为确定的，因为在指向它们时并没有伴随指向的手势。具体地讲，“一个人正在走路”与不确定的命题的区别在于不确定性的程度，或者可以说它没有达到完全的不确定，例如完全的不确定命题会用“某个人/某些人”等。“苏格拉底正坐着”被视为中间判断也有类似的情况，它与“这个人正坐着”还是有所不同。当我们说“这个人”时，我们通常还有指向的手势，然而，“苏格拉底正坐着”显然不属于这个类型，也不能够被归入

① Sextus Empiricus，*Adversus Mathematicos* VIII. 98.

这个确定的类型。[①] 这两个判断不能被归入确定判断和不确定判断，它属于中间判断。由此可以看到斯多亚主义的逻辑学的本体论基础，它是建立在对于专名的严格界定上。从斯多亚主义而言，“专名”不完全等同于在一个确定的判断中被给出，或者说在一个确定的判断中给出的“专名”还不等于“专名”，“专名”是严格的“这个”（Ti），它要求一种严格在场的性质或者毫不含糊的指称，“因为对于斯多亚主义来说，这个专名的根本性质就是它给以指向（deixis)”。[②]

这也就是说中间判断包含有指称的某种含糊性。它的主格已经有某种归属，然而还不是专名。斯多亚主义把判断的确定性与实际存在的事物对应起来，把判断的真假与意指和外部对象严格关联起来。斯多亚主义已经研究了现代语言哲学中的语言表达式的指称的“严格性”，就是这个命题是否毫不含糊地清楚地规定了“专名”作为“这个”的意指。现代语言哲学注意到在指称和对象之间并不总存在相称的对应关系，这导致一个判断有意义却没有真假。他们透过修正外延和内涵的关系来达到判断的指称所表达的“亲知”或者“专名”的性质，因此现代指称理论的中心问题就是通过处理含义和指称的关系来确定指称对象，就是确定“逻辑专名”，真正的逻辑专名是“这”和“那”，“他们认为不但专名，而且自然种类的通名（甚至所有的通名）都不是由含义确定指称对象，而是由一种直接关系将名称和指称对象联系起

① Jacques Brunschwig, “*The theory of proper noun*”, see in Jacques Brunschwig, “*Papers in Hellenistic Philosophy*”, pp. 48－49, Cambridge University Press, 1994.

② Ibid., p. 50.

来”。[①] 斯多亚主义认为确定的判断需伴随有动作的指向，指的正是现代语言哲学的这个意思。

二

“专名”问题关系到斯多亚主义对于“是”的理解。“他们（斯多亚主义）说一个真判断就是所是者和与某事物矛盾的所是者，那真判断就是那所非是者和与某事物矛盾的所是者。但是，当他们被问到那所是的是什么时，他们说就是使把握性印象起作用的那者。而当检验有关把握性的印象时，他们又退回到‘那所是者’（那就等于不可知），就一种把握性印象在所是者中有其源头，与那所是的事物相一致。”[②] 因此，“专名”的问题就是严格的“是”和“不是”，因为严格的“是”和“不是”就是严格的“这个”和“那个”的被确定。真判断把真值确立在所是者之上，假判断的假值则把其所指称的严格确立在所非是者之上。一个真判断必是与它所指称的世界上实际存在的项相一致的。“如有人说现在是白天，他是在提议现在是白天。如果现在是白天，那么这个提出的命题就是真的，但是如果不是，那么它就是假的。”[③] 一个判断的真假之所以肯定存在，是因为现实世界中所对应的项的确实存在，是因为确实存在那个判断所指称的“所是”和“所不是”，由此命题中的那个“专名”就成为真正的“专名”，就是它的指称成为真正的“这个”，或者说它的 lexta 成了 deixis。在

---

① 徐友渔：《“哥白尼式”的革命：哲学中的语言转向》，上海三联书店 1994 年版，第 144—145 页。

② Sextus Empiricus, *Against the professors* 8.85－6, see in A. A. Long and D. N. Sedley (eds.), *The Hellenistic Philosophers*, Vol. I, 34D.

③ Diogenes Laertius, 7.65 (SVF 2.193, part), see in A. A. Long and D. N. Sedley (eds.), *The Hellenistic Philosophers*, Vol. I, 34E.

认识论上，对应项之“这个”所以能够构成绝对真假的判断标准又在于它是借着把握性印象的绝对无误达到的，一个判断就在于准确无误地描述了这种把握性表象中所呈现出来的证据。这里所提到的“所是者”和“所不是者”，所使用的希腊文动词是 huparchi 和 ouch huparchei，斯多亚主义用它们来区分真判断和假判断、存在命题和非存在命题。塞克斯都·恩披里柯指出，“那所是者”应该被解释为是指出真判断和它描述的事物之间的必然一致性。这里用到两个“是”，它们如何“是”是由无形体的判断和实际存在事物的本体论差别决定的：真判断的“是”并不是指它的存在（exixtence）而是指它的“是”，它“是如此”，即“被限定为表述中的这个”；但是，在谈到把握性印象的源头时，这个“是”是指这样的事物存在（exist），是“存在为这个”。[①] 第欧根尼在论述斯多亚主义的专名和通名时已经注意到这一点，“一个称号（prosegoria）是判断的一部分，它意指一种普遍的性质（semainon koinen poioteta），例如‘人’和‘马’；一个名字（onoma）是判断的一部分，它所指的是特殊的性质（deloun idian poioteta），例如‘第欧根尼’和‘苏格拉底’”。[②] 这里第欧根尼在谈到“第欧根尼”和“苏格拉底”时没有加上“定冠词”，学者们认为这在描述斯多亚主义的专名理论时是不够准确的，相反，塞克斯都在谈到 Dio 的指称时就注意到这一点，在前面加了定冠词。[③] 学者们认为第欧根尼对专名的定义只注意到了它有着一种独特的关联，是一种特殊的属性，然而，这不等于或者同一

① A. A. Long and D. N. Sedley (eds.), *The Hellenistic Philosophers*, Vol. I, p. 206.

② Diogenes Laertius, 7.58.

③ SVF II. 166.

于专名应该指向事物所应符合的特殊个体。[①]

斯多亚主义对简单判断的了解已经颇类似于伯特兰·罗素所指出的逻辑专名。通常而言，一个名称意味着有一个相应被命名的东西，然而，实际的情况并非总是如此，如“龙”的观念就没有实际的对应物。因此，罗素认为应该把实际的存在物和不存在物分别开来，摹状词理论就是为了解决类似的问题。所谓摹状词就是那些看似与对象相关的专名，其实却是乔装打扮的指称，它与指称对象的关系是间接的而非直接的。[②] 由此，罗素放弃摹状词和名称是一回事的主张，指出摹状词本身没有独立的意义。他用数理逻辑的命题函项的形式把摹状词分析为一种“不完全符号”，证明它本身没有意义，有意义的是包含它作为组成部分的命题。[③] 斯多亚主义也提出过相似的解决办法，它把简单判断区分为三种形式，以确定哪一种简单判断才是真正地指出了把握性印象，才真正对应于外部事物。“辩证法家们说，判断之间的首要差别是简单判断和复合判断的差别……简单判断……不是由被陈述两次的简单判断构成，也不是由一次或者多次的联结而形成的不同判断构成，例如‘现在是白天’、‘现在是晚上’、‘苏格拉底正在走路’和一切类似形式的任何判断……某些简单判断是确定的，某些是不确定的，某些是中间的。那些确定的简单判断是透过指示性的指称得到表达的，例如‘这个人正在走路’、‘这个人正坐着’。因为我正指示性地指称某个特殊的人。那些不确定的命题是，他们宣称，一开始就包含了不确定的构成部分，例如

① Jacques Brunschwig, “*The theory of proper noun*”, see in Jacques Brunschwig, “*Papers in Hellenistic Philosophy*”, p. 45.

② 徐友渔：《“哥白尼式”的革命：哲学中的语言转向》，上海三联书店1994年版，第144页。

③ 同上书，第147页。

‘某人正坐着。’中间的判断形式是‘一个人正坐着’或者‘苏格拉底正走着’。‘某人正在走路’是不确定的，因为它没有标示出任何特殊的个人在走路。但是‘这个人正坐着’是确定的，因为它把那个所指的人标示了出来。‘苏格拉底坐着’是中间的，因为它既不是不确定的（因为它没有用特定的个人来表达）也不是确定的（因为它不是由指示性的指称来表达），而是介于不确定和确定两者之间。他们认为不确定的命题‘某人正在走路’或者‘某人正坐着’被宣称为是真的，而确定的命题例如‘这个人正坐着’或者‘这个人正走着’被认为是真的。如果没有任何特殊的个人坐着这种不确定命题，‘某人正坐着’不可能是真的。”① 斯多亚主义肯定地指出“确定的命题诸如‘这个人正坐着’或者‘这个人正走着’都是真的，无论谓词是‘坐着’或者‘走着’，因为它们都归在指示性的指称下面。”② 斯多亚主义对这三类命题的分析我们前面已经有详细的讨论。这里只是要指出所谓的“指示性的指称”就是伴随着判断的“指向姿势”，就是用判断来确定“这个”的意思。在斯多亚主义，它应有两个较清楚的含义：一是“这个”是由判断本身的上下文来确定的，例如用定冠词来确定，或者用谓词或者其他的修饰语来确定；二是“指称”的“这个”是由肢体语言的“指向性”来确定。因此，当实现了判断之间的这种转换关系后，判断的真假值才能够得到

① Sextus Empericus, *Against the professors* 8.93—8 (SVF 2.205), see in A. A. Long and D. N. Sedley (eds.), *The Hellenistic Philosophers*, Vol. I, 34H.

② Sextus Empiricus, *Against the professors* 8.100 (SVF 2.205, part), see in A. A. Long and D. N. Sedley (eds.), *The Hellenistic Philosophers*, Vol. I, 34I.

保证。

三

斯多亚主义是用判断之间的转换来确定不确定判断和中间判断的指示性指称，从而达到由有意义的 lekton 转化为有真假值的判断的目标。这种判断之间的转化关系的目的是为了保证专名和外在对象的关系。斯多亚主义非常肯定地指出唯有确定专名和外在对象的关系，才能够确认判断具有真假值。中间判断之所以可以被宣称为具有真值，是说在我们能够把中间命题的主词确定下来。至于不确定命题，也是需要这种转化关系，在确立了其专名之后，我们才能够说它有真假。例如对于“那么某个人坐在那里”的简单判断，如果我们要确定它的真假，就必须有其他判断来转化，例如“如果这个人坐在那里”。这样一来，“如果这个人坐在那里”为真，“那么某个人坐在那里”也就为真。这里不确定的判断显然需要借助于一个确定的判断来转化。斯多亚主义认为，其他的两类判断都需要转化为确定的判断。这种分析方法与现代语言哲学的分析方法是近似的。罗素会认为斯多亚主义所谓的中间判断不确定命题还没有具备专名的性质，是有待分析的摹状词。在罗素看来，摹状词并非一定要有被命名的对象。由于意义来自于指称或者专名，那么当我们无法确定命题主词时，摹状词也就没有独立的意义。因此必须对摹状词作出翻译，以确定命题主词。例如对于“司各特是《威弗利》的作者”，我们就应该翻译成“有一个 X，那个 X 写了《威弗利》，对于一切 Y，如果 Y 写了《威弗利》，则 Y 与 X 等同，并且 X 就是司各特。”这里引入“如果有任何 Y，则 Y 等同于 X”这项内容，是因为罗素认为确定摹状词“……的作者”表示了唯一性。总之，罗素把“司各特是《威弗利》的作者”分析为“有一个且仅有一个实体写了《威弗利》，并且这个实体就是司各特”。[①] 这个摹状词的关键之处在于原来的“《威弗利》的作者”处在命题主词的位置上，而在翻译后“写了《威弗利》”和“是司各特”同时处在谓词的位置上。它们需要由某个或某些主目来满足，或者没有任何主目可以满足上述谓词。这种只有谓词而主目虚位以待的表达形式即是命题函项，罗素将其称为不完全符号，弗雷格则称为不饱和符号。它们之所以是不完全的，就在于它们没有独立的意义，只有填上主目，变成命题，才具有意义。[②] 斯多亚主义虽然没有作如此精细的分析，然而，它所分析的三种命题形式已经确认了命题主词的确定性在命题中的首要地位，预示了某种更重要的语言学分析。

判断中的“专名”理论还依赖于命题主词的本体论分析，就是个体性本体的观念。就逻辑分析的命题主词而言，斯多亚主义已经反复指出殊相/或者特定个体在单称命题中的重要性。因着这种逻辑学的本体观念，斯多亚主义坚持唯有指示性的指称才真正地使一个句式具有命题的意义，真正的本体就是“这个”或者“那个”。唯有“这个”或者“那个”，本体的单纯性才能够真正被确定下来。[③] 罗素

---

① 徐友渔：《“哥白尼式”的革命：哲学中的语言转向》，上海三联书店 1994 年版，第 148 页。

② 同上。

③ 后期维特根斯坦对此有明确的反驳，这导向另外一种形式的语言本体。维特根斯坦说，“名称与被命名的事物之间是什么关系?”(《哲学研究》(涂纪亮译) 第 37 节，见于涂纪亮主编《维特根斯坦全集》第 8 卷。)“比方说，第 8 节语言中的‘这个’(dieses) 一词是什么的名称？或者指物解释里的‘那叫做……’中的‘那’(das) 一词又是什么的名称？——如果你不想制造混乱，你最好根本不要说这些词给事物命名。——然而奇怪的是，有人曾经把‘这个’称为唯一真正的名称，因而所有其他被我们称为名称的词仅仅在不精确的和近似的意义上才是名称。”(同上书，第 38 节)

在谈论摹状词和专名时也指出专名是为人们的感官经验当下亲知的对象命名的，按照这个标准，真正的专名只有“这个”和“那个”。它们只是指称当下经验，并不代表一个固定的、单个的物理客体（按照经验主义观点，一个物理对象已经是一套经验的客体），后者具有感觉经验不可避免的模糊性和变动性。出于这个原因，罗素把“这”和“那”称为真正的逻辑专名。[①] 既然逻辑专名只能是当下的特殊的存在，那么如斯多亚主义所说的，也只存在具体的有形体的物体，那些具有普遍共性的存在物只能够被称为“半被规定”的存在物。

由此就导向斯多亚主义关于判断的第三个方面，即把握性表象和亲知的关系分析。在斯多亚主义而言，把握性印象是确立这种“专名”的标准，也就是说把握性印象在“专名”与外部物体之间的建立中扮演着最重要的关系，必须是当外在对象呈现为某种印象，按照斯多亚主义的看法，就是要在外部对象呈现为全部的自我关系时，这种呈现为概念的把握性印象才是物体之所是，才是那个个体本身。罗素也是这样来看印象和知识的关系的。他把知识区分为亲知的知识和描述的知识。假如我们是直接知道某对象的，我们就具有该对象的亲知的知识。最明显的情况是感觉材料：我能够直接知道我正在感受某个感觉材料，由此则必然得出我也是直接知道那个产生这种感受的“我”及其心理状态的。罗素认为，心理状态、我们的自我以及感觉材料就是我们直接知道的仅有的殊相。[②] 就斯多亚主义和罗素而言，把握性印象（亲

---

① 徐友渔：《“哥白尼式”的革命：哲学中的语言转向》，上海三联书店1994年版，第150页。

② 约翰·巴斯摩尔著，洪汉鼎、陈波、孙祖培译：《哲学百年 新近哲学家》，商务印书馆1996年版，第260页。

知）作为专名和外部事物之间建立起来的能指关系都有直接的重要作用，它是两者之间的中介，借助于这个中介，这两者之间的关系的客观性得以建立。[①] 这就是“格”（主词/谓词）的无形体性和物体的形体性之间所产生的牢不可破的客观性关系之源。“格被认为是无形体的；因此著名的诡辩术就以如下的方式得到了解决：‘你所说的从你嘴里经过。’这是真的。‘但是你说：一幢房子。因此一幢房子从你嘴里经过。’这是错的。因为我们所说的不是作为一个物体的房子，而是这个格，它是无形体的是房子的载体。”[②] 我们也可以说，对于房子的把握性印象是一种亲知，是一种心理表象，在逻辑上是一个命题的主词。

斯多亚主义的简单判断理论包含着一系列复杂的内容。首先，它阐明了简单判断与完全的 lekton 的关系，指出了简单判断的特殊性所在。其次，它指出了简单判断的种类，由简单判断

---

① 后期维特根斯坦对于这种建立在心理图像基础上的专名和外在对象的指称理论有强烈的批评。下面这节论述就是一个相当完整且深刻的批评。“让我们设想一张仅仅存在于我们的想象之中的图表，某种像字典那样的东西。人们可以借助于字典确证把‘X’一词翻译为‘Y’一词是否正确。可是，如果我们仅仅在想象中查阅这张图表，我们是否也称之为确证？——‘唔，是的，在那种情况下，它是一种主观的确证。’——然而，确证在于诉诸某种独立的东西。——‘我肯定可以诉诸一个记忆，再诉诸另一个记忆。例如，我不知道是否正确记住一张火车时刻表的图像。难道这不是一回事吗？’——不是一回事。因为，这个过程必须产生一种实际上正确的记忆。如果时刻表在脑海里的图像不能自己检验它的正确性，它怎么能够证实第一个记忆的正确性呢？（这就好像某人买了好几份同样的报纸，以便向自己确证报上所说的事情属实一样。）在想象中查阅图表并不是在查阅图表，正如对想象中的实验结果的想象并不是实验结果一样。”（《哲学研究》，第 265 节）

② Clement, *Miscellanies* 8. 9. 26. 5, see in A. A. Long and D. N. Sedley (eds.), *The Hellenistic Philosophers*, Vol. I, 33P.

的指称引出了专名的讨论以及不同种类的简单判断的转化关系。再次，斯多亚主义由此论说了为何所有的简单判断必然都包含真假值的判断，从而表述了斯多亚主义逻辑学的形而上学基础。由斯多亚主义对于简单判断的洞见中，我们可以看到它关于专名、把握性印象和知识的讨论，它由此进一步论证了任何存在物必须是个体性物体这个自然哲学的基础。

第五节　复合判断

斯多亚主义还论述了多种复合判断并阐释了它的真值情况。在复合判断的论述上，有突出贡献的思想家是克律西坡，他提出了假言判断、联言判断和选言判断。克律西坡之后，斯多亚主义者又提出了其他的一些复合判断，例如次假言（subconditional）判断和因果判断，等等。本节主要讨论斯多亚主义的假言判断、联言判断和选言判断，并结合这些判断形式对“次判断”和“准判断”做些讨论。

第欧根尼·拉尔修指出，克律西坡的《论辩证法》和巴比伦的第欧根尼的《辩证法手册》已经指出了假言判断，它的联结词是“如果”。“如果”这个联结词宣称第二件事情紧随第一件事情，例如这样的句子：“如果是白天，那么天就是亮的。”[①] 斯多亚主义已经能够清楚地分辨出假言判断中的真值情况：（1）如果

① Diogenes Laertius，7.71－4，（SVF 3 Diogenes 22，part），see in A. A. Long and D. N. Sedley（eds.），*The Hellenistic Philosophers*，Vol. I，35A1－5. 参看第欧根尼·拉尔修著，马永翔等译《名哲言行录》（下卷），第 432 页。

前件真，后件真；（2）如果前件假，后件假。在上述两种情况下，判断都是真的。（3）如果前件真，后件假，那么假言判断是假的。[①] 斯多亚主义的假言判断真值表的制定得益于麦加拉学派的逻辑学。麦加拉学派的两位哲学家狄奥德勒（Diodorus）和斐洛已经对假言判断作了相当充分的讨论。斐洛说："正确的假言判断是这样的：它不能有真的前件却导致假的后件，例如，现在是白天和我正在说话，'如果现在是白天，那么我正在说话'。"[②] 如果前件真，那么后件必为真。斐洛提出了假言判断（如果 A 则 B）的前后件的真值关系存在如下四种可能：

前件真后件真；（真）
前件假后件假；（真）
前件假后件真；（真）
前件真后件假。（假）

前三种情况下的假言判断都是真的，只有最后一种情况才是假的。就是说，假言判断为真，当且仅当并非前件真而后件假。斯多亚主义有关假言判断的讨论，明显吸收了斐洛的观点。"例如，那些人，就是斯多亚主义者……当他们想确立记号的观念时，就说记号在正确的条件命题中是前列性的命题，它揭示了后件。他们说，这个命题是完整的句式，就其自身而言可以被断定。而一个正确的条件命题不可能是这样的，即它有正确的前件却有错误

---

① Diogenes Laertius，7. 81.

② Sextus Empiricus，*Outlines of Pyrrhonism* 2. 110 — 13，see in A. A. Long and D. N. Sedley (eds.)，*The Hellenistic Philosophers*，Vol. I，35B2.

的后件。因为条件命题或者有正确的前件而有正确的后件，例如‘如果是白天，那么天是亮的’；或者错误的前件错误的后件，例如‘如果地球会飞，那么地球有翅膀’，或者错误的前件正确的后件，例如‘如果地球会飞，那么地球存在’。对于这些，他们说唯有正确的前件而错误的后件是不正确的，其他都是正确的。他们用‘前列的’命题指条件命题中的前件是正确的前件并有着正确的结果。因为在这样的条件命题‘如果这个女人有奶汁，那么她已经怀孕’中，‘这个女人有奶汁’似乎指出了‘她已经怀孕’，这就是说它揭示了后件。”[①] 斯多亚主义这里所讲的也就是斐洛对假言判断的真值看法。斯多亚主义所阐释的正是假言命题的四种情况，更多的时候它是重申斐洛的观点：前件真后件真（真）；前件真后件假（假）；前件假后件真（真）；前件假后件假（真）。

然而，斯多亚主义所考察的真值情况下的假言命题也有不同之处，有它自身的贡献。斐洛考察假言判断时依据的是肢判断的前后件本身的真假，他并不关心两个肢判断之间的蕴含关系，这属于“实质蕴含”的命题逻辑。[②] 麦加拉学派的另一位逻辑学家狄奥德勒则相反，他把正确的条件转化为必然的真理以保证科学的和辩证的推论。[③]“狄奥德勒……说它（假言判断）是这样的，既不是有真前件而有假后件，也不是有假前件而有真后件。在他看来，前面提到的那个假言判断（就是斐洛所说的——译者注）

---

① Sextus Empericus, *Outlines of Pyrrhonism*, see in A. A. Long and D. N. Sedley (eds.), *The Hellenistic Philosophers*, Vol. I, 35C.

② 参看陈波《逻辑哲学导论》，中国人民大学出版社 2000 年版，第 96—97 页。

③ A. A. Long and D. N. Sedley (eds.), *The Hellenistic Philosophers*, Vol. I, p. 210.

是错误的，因为现在是白天的时候但是我没有说话，它有真的前件却有假的后件。但是下面的命题是真的：‘如果存在着事物的不可分割的（partless）要素，那么就存在着事物的不可分割的要素。’因为‘不存在着事物的不可分割的要素’永远是假的前件，那么（在他看来）‘存在着事物的不可分割的要素’就是真的后件。”[①]然而，狄奥德勒因为过于强调肢判断的必然性关系，使得假言的性质不复明显。斯多亚主义则一方面认为假言判断必须如狄奥德勒所说的应该包含前件对于后件的揭示关系，然而，它也认为必须维持判断的假言性质，而不是如狄奥德勒的“强”必然性的关系。由此，斯多亚主义增加了对联结关系或者联系词的讨论。斯多亚主义认为假言命题的标准必须是一种处在间接的决定状态下的联系，它所陈述的条件完全是真的，即它的后件的对立面与前件不相容。这是强调前后件之间必须存在必要的联系，这乃是假言判断真值的条件之一。这就把斐洛和狄奥德勒所主张的“如果地球在先，那么阿刻赛亚（Axiothea）也哲学化了”这样的命题排除出假言命题之列了。[②]

在与狄奥德勒和斐洛的假言判断作论辩的基础上，斯多亚主义提出了它关于逻辑学的规范，就是结合（cohesion）的原则。[③]克律西坡表达了他的看法：“一个真假言判断必须是这样的：它的后件与前件相矛盾。例如，‘如果是白天，那么天是亮的’这

① Sextus Empiricus, *Outlines of Pyrrhonism* 2.110－13, see in A. A. Long and D. N. Sedley (eds.), *The Hellenistic Philosophers*, Vol. I, 35B3.

② Keimpe Algra, Jonathan Barnes, Jaap Mansfeld and Malcolm Schofield, *The Cambridge History of Hellenistic Philosophy*, p. 107.

③ A. A. Long and D. N. Sedley (eds.), *The Hellenistic Philosophers*, Vol. I, p. 211.

个命题为真，是因为后件‘并非：它是亮的’的对立面与‘天是亮的’相矛盾。一个假的假言命题是这样的：就是后件的对立面与前件构不成矛盾关系。例如，‘如果是白天，Dion 在走路’为假，是因为‘并非：Dion 正在走路’与‘现在是白天’不相矛盾。”[①] 学者们指出，斯多亚主义在假言命题中强调观念性的（非经验性）不一致性是它成立的条件。斯多亚主义还（18F；42G，H，J）清楚地指出前件和后件的关系，这就是假如后件被排除，那么前件也必须被同时排除。这个公式看起来限制了我们不能从前件和后件本身推论出的任何意见。[②] 斯多亚主义的这个补充性论证是要确立“假言”的意义，即前件和后件关联的真实性，强调两者之间应该存在内在相关性，它指出后件的对立面与前件的不相容性就是要肯定这种关系性。

克律西坡之后的斯多亚主义者还提出了两种假言判断。第一种是准假言论证，它是由克利尼斯提出来的，epei（既然）是这种假言判断的联结词，它的标准形式是“既然 P，Q”。例如，“既然是白天，它就是亮的”。[③] 斯多亚主义认为准假言命题（parasunemmenon/pseudo-conditional）的真值必须满足两个条件：(1) 判断的后件必须是从前件里面推论出来的；(2) 前件必须是真的。[④] 第二种新增加的假言论证是“表示因果关系的判断”（aitiodes)，它的联结词是 disti，其标准形式是“因为 P，

① Diogenes Laertius，7.71－4，see in A. A. Long and D. N. Sedley (eds.)，*The Hellenistic Philosophers*，Vol. I，35A6. 参看第欧根尼·拉尔修著，马永翔等译《名哲言行录》(下卷)，第 432 页。

② A. A. Long and D. N. Sedley (eds.)，*The Hellenistic Philosophers*，Vol. I，p. 212.

③ Diogenes Laertius，7.71.

④ Diogenes Laertius，7.74.

Q”。在真值上，“表示因果关系的判断”除了要满足准假言论证所要满足的两个条件之外，还要增加第三个条件，就是（3）如果P是Q的原因，那么Q就不能是P的原因。而在准假言论证里面，这两个条件无须得到满足，因此如下的判断在准假言命题里面都可能是真的：“既然P，P”；“既然P，Q”和“既然Q，P”。[①]

关于选言判断，斯多亚主义也有它自己的看法。选言判断由两个以上的选言肢联结而成，它的联结词是希腊文 he（或者）。斯多亚主义注意到选言判断的选言肢必须是不相容的，选言肢的排斥关系被称为“选言关系”（diezeugmenon）。它的标准形式是“或者P_1……或者P_2……或者P_3……或者P_n”。明确了这一点后，它关于选言判断的真值函项分析没有出现如在假言命题理论中那样与麦加拉学派的争论。斯多亚主义者这样说：“还存在一种相似的命题，希腊人称为 diezeugmenon axioma，我们称之为‘选言’判断。它的形式是这样的：‘快乐要么是好的，要么是不好的，或者它既是好的又是不好的。’但是所有的选言肢必须是相互对立的，它们之间的矛盾（希腊人称为 antikeimena）也必须是相互反对的。但是，如果所有选言肢没有一者是真的，或者不止一个或者所有选言肢都是真的，或者选言肢相互之间的矛盾不是不相容的，那么它作为选言判断就是假的而应被称为次选言命题（paradiezeugmenon）。下面这个命题就是诸选言肢之间的矛盾不是相互反对关系的例子：‘或者你在跑步，或者你在走路，或者你站在那里。’或者就他们自身说是相互反对的，然而它们的矛盾并不相互冲突。因为‘不在走路’、‘没有站立’和‘没有跑步’并不是相互之间不相容的，所谓不相容就是那些不能同时为真的事物，然而你可

① Keimpe Algra, Jonathan Barnes, Jaap Mansfeld and Malcolm Schofield, *The Cambridge History of Hellenistic Philosophy*, p. 109.

以同时既不是走路，也不是站立，也不是跑步。”[①] 因此，从哲学上讲，选言判断的真值情况也必须满足斯多亚主义的 Ti 的形而上学的要求和认识论关于把握性印象的对象的单独性的条件。

斯多亚主义的形而上学和认识论成为其选言判断真值的哲学基础，由此它提出选言判断必须满足如下三个条件：（1）所有选言肢必须相互冲突；（2）它们之间的矛盾是相互反对的关系；（3）所有选言肢中只有一个为真，其余都为假。[②]（1）和（2）其实都是讲选言肢之间的不相容关系，可以视为同一个条件，满足这个条件和（3），那么选言判断就是真的。[③] 斯多亚主义还在此基础上区分出了两类所谓的准选言判断（paradiezeugmenon），它们从真假的方面来看是对立的，一个命题是另一个命题的否定命题，例如“现在是白天”和“现在不是白天”。[④] 它们在选言判断的形式语言上没有分别，只是在真值上有分别。准选言判断只在一种情况才可能是真的：两个选言肢之间只有一者是真，另一者是假的情况下，而在两个选言肢同真或者同假的情况下，这个准选言判断就是假的。

斯多亚主义还分析了联言判断。“希腊人（指斯多亚主义）称为 sumpeplegmenon 的命题，我们称为联言判断或者联合判

---

① Gellius，16. 8. 12 — 14（contining D），see in A. A. Long and D. N. Sedley（eds.），*The Hellenistic Philosophers*，Vol. I，35E.

② Gellius，*Aulus Gellius Noctes Atticae* XVI. 8. 13.

③ Keimpe Algra，Jonathan Barnes，Jaap Mansfeld and Malcolm Schofield，*The Cambridge History of Hellenistic Philosophy*，p. 110.

④ Diogenes Laertius，7. 71—4，（SVF 3 Diogenes 22，part），see in A. A. Long and D. N. Sedley（eds.），*The Hellenistic Philosophers*，Vol. I，35A1—5. 参看第欧根尼·拉尔修著，马永翔等译《名哲言行录》（下卷），第 432 页。

断。它的形式是这样的：普庇勒乌·斯西比奥（Publius Scipio）是帕洛斯（Paulus）的儿子并且两个人都曾为执政官，他曾在战争中获胜，他是一个监察官，并且在任监察官期间还与路西比乌·摩梅乌斯（Lucius Mummius）同事。在整个联言判断中，如果有一项是错的，即使其他项是正确的，那么整个也是错误的。”[①] 斯多亚主义用希腊字（kai）作为联言判断的联结词。与现代逻辑对联言判断的理解不同，斯多亚主义认为它可以由两个以上的联言肢构成。它认为所有的联言肢必须是正确的，才能够保证联言判断为真值。斯多亚主义还提出了否定式的联言判断“并非：P 和 Q”的真值问题。[②]联言判断的真值情况是：只有当所有联言肢都是真的情况下，这个联言判断才为真。

第六节　三段论论证

讨论了简单判断和复合判断后，我们再来讨论斯多亚主义的三段论论证。第一，斯多亚主义认为三段论论证（sulloygistikoi logoi）是不可证明的论证（anapodeiktos logos），这些论证具有一定的基本形式，它们都是确定无疑的。第二，所有其他的论证都可以根据 themata 还原回到不可证明的论证。[③] themata 有时候被译为“基本规则”，它是一个判断还原为另一个判断，一个

① Gellius，16. 8. 10—11，see in A. A. Long and D. N. Sedley（eds.），*The Hellenistic Philosophers*，Vol. I，35D.

② Keimpe Algra，Jonathan Barnes，Jaap Mansfeld and Malcolm Schofield，*The Cambridge History of Hellenistic Philosophy*，p. 106.

③ Ibid.，p. 127.

论证还原为另一个论证的论证规则。它是逻辑学的元规则，也被称为“定理”。斯多亚主义也称这样的定理为“辩证性的定理”，它是结成论证链条的规则，就是一个复杂的非不可证明的论证可以被分为它的组成部分。这样，就可以用这个定理充分地分析它的所有组成部分，达到显示隐藏的逻辑结构的目的。[①] 由此则可以看到斯多亚主义所谓的论证与辩证法之间的关联。辩证法包含有论证的元规则的意思，它是潜在的深层的逻辑形式。就辩证法作为斯多亚主义的深层逻辑规则而言，它与形式逻辑和数理逻辑都有所不同。形式逻辑和数理逻辑只是这种元逻辑形式的呈现。从这个角度来说，斯多亚主义的那个不可证明的论证或者说 themata 颇类似于维特根斯坦所说的逻辑形式。维特根斯坦认为逻辑形式只能显示而不能言说，与斯多亚主义所谓的不可论证地证明有近似的意思，表明它只能被接受为这样。“命题不能表现逻辑形式，逻辑形式反映于命题中”；“命题不能表现那反映在在语言中的东西”；“我们不能用语言表达那自身表达于语言中的东西”；[②] “命题显示实在的逻辑形式”；“可显示的东西是不可说的。”[③] 维特根斯坦也认为这种逻辑形式是确定无疑的，我们只能依据这种逻辑形式并且用这种逻辑形式来进行语言表达或者说实现命题的转换。

基于这样的理解，斯多亚主义认为每个前提都是作为提问者的问题被问及而且要获得赞同，论证就是标准地被问及而不只是

---

① Keimpe Algra, Jonathan Barnes, Jaap Mansfeld and Malcolm Schofield, *The Cambridge History of Hellenistic Philosophy*, p. 141.

② 维特根斯坦：《逻辑哲学论》4.121，见于涂纪亮主编，陈启伟译《维特根斯坦全集》第一卷，河北教育出版社 2003 年版。

③ 维特根斯坦：《逻辑哲学论》4.1212。

被陈述。它们强调逻辑学的形式性守则，却从来不曾丧失过这种辩证的方面。[①] “由于辩证法是通过提问与回答正确讨论论题的科学，因此他们（斯多亚主义）也把它定义为何谓真、何谓假、何谓非真非假的科学。”[②] 因此，逻辑学是辩证地思考的包含着辩证性的内容。这就是分析过程所包含的定理性的演绎原则，斯多亚主义把逻辑学所研究的判断之间的关系分析为自然法原则，就是人的天然的理性和逻各斯。斯多亚主义认为，辩证法是贤人保证自己在论辩中从不出差错的工具，因为贤人完全地进入到了这种逻辑形式之中并且能够将逻辑形式显明在自己的判断之中。辩证法使人区分真理和谬误，辨明真假和含糊之所在，帮助人们有条理地提问和回答。总之，辩证法是帮助人们很好地讨论、谈话、中肯地提问和肯綮地回答的技艺。[③] 这样，逻辑学就具有了辩证性之思与真理关联之思的内在性。在斯多亚主义看来，这就是判断和谈话的普遍形式的正确应用。

斯多亚主义称这种逻辑的普遍形式为不可证明之论证。之所以是不可证明的论证，因为它不需要证明或者论证。[④] 克律西坡曾提出五种这样的论证，斯多亚主义者后来又增加了两种，它们

---

① A. A. Long and D. N. Sedley (eds.), *The Hellenistic Philosophers*, Vol. I, p. 218.

② Diogenes Laertius, 7.71—4, (SVF 3 Diogenes 22, part), see in A. A. Long and D. N. Sedley (eds.), *The Hellenistic Philosophers*, Vol. I, 35A5. 第欧根尼·拉尔修著，马永翔等译：《名哲言行录》（下卷），第418—419页。

③ Diogenes Laertius, 7.46—8 (SVF 2.310, part), see in A. A. Long and D. N. Sedley (eds.), *The Hellenistic Philosophers*, Vol. I, 35B. 参看第欧根尼·拉尔修著，马永翔等译《名哲言行录》(下卷)，第420—421页。

④ Diogenes Laertius, 7.79.

构成斯多亚主义三段论的基本原理。

克律西坡提出的第一种不可证明的论证如下：它由一个或多个前提（包括一个假言判断与其前件）和结论（这个假言判断的后件）构成。“正如克利尼斯所说，论证是由一个前提或者多个前提，另外的前提和结论构成。例如：‘如果是白天，那么天是亮的。但是是白天。因此天是亮的。’因为‘如果是白天，那么天是亮的’是一个前提；‘但是是白天’是另外一个前提；‘因此天是亮的’是结论。”[①] 塞克斯都·恩披里柯也记载有类似的三段论论证。“论证是前提和结论的复合体。他们（斯多亚主义）所谓的前提就是这样的命题，他们用它建立与其一致的结论。结论则是由前提而来所确立的命题。例如，在‘如果是白天，那么天是亮的。但是是白天。因此天是亮的’中，‘因此天是亮的’是结论，其余的都是前提。”[②] 简单地说，第一个不可证明的论证可以这样表述：

如果是白天，那么天是亮的。	（如果P，则Q）
是白天。	（P）
因此：天是亮的。	（因此Q）

克律西坡所提出的第二种不可证明的论证如下：由一个前提（包括一个假言判断和它的后件的对立面）和结论（这个假言判断的

① Diogenes Laertius，7. 76－81，see in A. A. Long and D. N. Sedley (eds.)，*The Hellenistic Philosophers*，Vol. I，36A1.

② Sextus Empiricus，*Outlines of Pyrrhonism* 2. 135 － 43，see in A. A. Long and D. N. Sedley (eds.)，*The Hellenistic Philosophers*，Vol. I，36B2.

前件的对立面）构成。例如："如果是白天，那么天是亮的。〈但是并非：天是亮的。因此并非：是白天。〉"这个论证包含了后件"天是亮的"对立面"并非：天是亮的"，其得出来的结论也是其前件的对立面："并非：是白天"。[①] 我们可以把它写成如下的格式：

如果是白天，那么天是亮的。（如果 P，则 Q）
并非：天是亮的。（并非：P）
因此并非：是白天。（因此：并非 Q）

克律西坡提出的第三个不可证明的论证如下：它由一个前提（包括一个否定的联言判断和联言肢）和一个结论（另一个联言肢的对立面）构成。例如："并非柏拉图死了和柏拉图活着。但是柏拉图死了。因此并非：柏拉图活着。"[②] 在这个不可证明的论证中，"并非：柏拉图死了和柏拉图活着"是一个联言判断的否定式，"柏拉图死了"是其中的一个联言肢，其结论"并非：柏拉图活着"是另一个联言肢的对立面。我们可以写成如下的格式：

并非：柏拉图死了和柏拉图活着。（并非：P 和 Q）
柏拉图死了。（P）
因此并非：柏拉图活着。（因此并非：Q）

克律西坡提到的第四个不可证明的论证如下：它由一个前提

① Diogenes Laertius，7.76－81，see in A. A. Long and D. N. Sedley (eds.)，*The Hellenistic Philosophers*，Vol. I，36A11－14.

② Ibid..

(包括一个选言判断与一个选言肢）和一个结论（另一个选言肢的对立面）构成。[①] 我们可以写成如下的格式：

或者是白天或者是夜晚。(或者 P 或者 Q)
是白天。　　　　　　　(P)
因此并非：是夜晚。　　(因此并非：Q)

克律西坡所提到的第五个不可证明的论证则如下：它由一个前提（包括一个选言判断与一个选言肢的对立面）和一个结论（另一个选言肢）构成。[②] 我们可以写成如下格式：

或者是白天或者是夜晚。(或者 P 或者 Q)
并非：是白天。　　　　(并非：P)
因此：是夜晚。　　　　(因此：Q)

克律西坡之后，斯多亚主义增加了两个不可证明的论证。第六个论证由一个前提（包括联言判断的否定判断和一个联言肢）和一个结论（联言判断的另一个联言肢的对立面）构成，第七个论证由一个前提（包括联言判断的否定命题和一个联言肢的对立面）和一个结论（另一个联言肢）构成。[③] 我们可以分别写成如下格式：

① Diogenes Laertius, 7.81.

② Ibid..

③ Keimpe Algra, Jonathan Barnes, Jaap Mansfeld and Malcolm Schofield, *The Cambridge History of Hellenistic Philosophy*, p.135.

并非：如果 p 和 q。
现在 p。
因此并非：q。

并非：如果 p 和 q。
现在并非 p。
因此：q。

确立了以上七种不可证明的论证后，斯多亚主义还指出如下四种不正确的论证：分离的论证、多余的论证、不正确形式所得出的论证以及不足的论证。[①] 分离的论证是这样的：它的前提由一个假言判断和一个与它不相关的简单判断构成，其结论则是这个假言判断的后件。例如如下的论证就属于分离的论证：

如果是白天，那么天是亮的。(P，Q)
但是麦子正在市场上卖。 (R)
因此：天是亮的。 (因此：Q)

第二种不正确的三段论论证是多余论证，这是由于论证中间存在着多余的推论而得名。所谓“多余”，是指某种外部的事物被过多地增加到假设里面。它由一个前提（包括一个假言判断和一个前件以及一个无关的简单判断）和结论（假言判断的后件）构成。例如如下的论证就属于多余的论证：

① Sextus Empiricus, *Against the professors* 8.429—34, 440—3, see in A. A. Long and D. N. Sedley (eds.), *The Hellenistic Philosophers*, Vol. I, 36C1.

如果是白天，那么天是亮的。

但是：是白天。但是：德性予人有益。

因此：天是亮的。①

第三种不正确的三段论论证是由于论证形式本身的不正确，它所相关的是克律西坡提到的不可证明的论证的第一种："如果第一，那么第二。但是第一。因此第二。"这里克律西坡使用了三段论的"式"，即把具体的判断写成"第一"和"第二"，与此相关的如下论证形式也是正确的："如果第一，那么第二。但是不是第二。那么不是第一。"这是克律西坡所提到的不可证明的论证的第二种。如下的论证形式却是错误的：

如果第一，那么第二。

但是并非：第一。

因此并非：第二。

斯多亚主义认为，根据这种不正确的论证形式，就会导致这样的具体论证形式："如果是白天，那么天是亮的。但是并非是白天。因此并非天是亮的。"②

第四种不正确的论证是由于缺少了某个环节。例如下面的论证就是如此，"要么富有是坏事，要么富有是坏事。但是并非富有是坏事。因此富有是好事"。在这个选言判断中，"富有既非好

① Sextus Empiricus, *Against the professors* 8.429－34, 440－3, see in A. A. Long and D. N. Sedley (eds.), *The Hellenistic Philosophers*, Vol. I, 36C3.

② Ibid., Vol. I, 36C4.

事也非坏事”的命题缺少，这是一个不正确的论证。正确的论证形式应该是：“要么富有是坏事，要么富有是好事，要么富有是没有差别的。但是富有既不是好事，也不是坏事。因此富有是无差别的。”①

斯多亚主义清楚地意识到并非所有命题三段论都是不可证明的论证，然而它坚持一个信念，就是所有的非不可证明的三段论都可以还原为不可证明的三段论。他们坚持去寻找存在于非不可证明的三段论与不可证明的三段论之间的还原关系，这就是他们所谓的元逻辑或者逻辑定理，他们也称之为辩证性的定理。第欧根尼·拉尔修、塞克斯都和奥利金等都分别记载有斯多亚主义对于非不可证明的论证的还原性分析（D. L. VII. 195；S. E. MVIII. 231；PH 11. 3；Origen，Cel. VII. 15. 166—7）。学者们注意到：斯多亚主义对于这种还原性分析是按照向上的方式来分析的，就是指出向着不可证明的论证来分析，而不是向下的分析，即不是从不可证明的论证来分析。学者们认为这显示斯多亚主义并没有试图去建立一种不可证明的论证的体系的意图。②

我们这里依据西方学者的研究来介绍斯多亚主义在非不可证明的论证和不可证明的论证之间所作的转换关系，即他们所揭示的那种逻辑学定理。③ 本节仅以第一个 themata 为例：

> 从两个（判断）中得出第三个（判断）后，从两个判断

① Sextus Empiricus，*Against the professors* 8. 429—34，440—3，see in A. A. Long and D. N. Sedley（eds.），*The Hellenistic Philosophers*，Vol. I，36C5.

② Keimpe Algra，Jonathan Barnes，Jaap Mansfeld and Malcolm Schofield，*The Cambridge History of Hellenistic Philosophy*，p. 138.

③ Ibid.，pp. 138—139.

> 中的任何一个加上结论的对立面产生另一个判断的对立面。[①]

我们可以把上述论证形式化。用 ctrd 表示“对立的”，$\vdash$表示“因此”；P_1，P_2……表示作为前提的判断；在使用规则中，被分析的三段论位于线的上方，初始的论证（original argument）位于下方。那么上述有关论证所得到的形式化表述是：

$$\frac{P_1, P_2 \vdash P_3}{P_1, \text{ctrd}P_3 \vdash \text{ctrd}P_2} \quad (T_1)$$

根据这个逻辑的 themata，它其实是前面提到的克律西坡关于假言论证的第一、第二个不可证明的论证。假如我们有如下的非不可证明的论证：

p；并非 q；因此并非如果 p；q

这个非不可证明的论证可以还原为第一个不可证明的论证：

如果 p，q；p；因此 q

我们可以这样来使用第一个 themata：从“p”和“如果 p，q”获得“q”（这是一个不可证明的论证），那么从“p”和“并非：q”可以获得“并非：如果 p，q”（这就是非不可证明的论证）。

---

① Apuleius，*De Interpretatione*，209.10—14.

我们可以形式化如下：

$$\frac{\text{如果 } p, q; \ p \vdash q}{p; \text{ 并非：} q \vdash \text{并非：如果 } p, q} \quad (T_1)$$

斯多亚主义由此获得了非不可证明的论证向不可证明的论证的还原，使得复杂的非不可证明之论证都可以溯回到不可证明的论证。以上的论述表明这些非不可证明的论证所蕴含的不可证明的论证的原理。并且，从以上的论证中，我们可以得到如下的简单的非不可证明的论证与不可证明的论证的等值关系，这是四种新的类型的三段论，它可以被分析为如下四种不可证明的论证。括号里面的内容是相应的斯多亚主义的不可证明的论证。

p，并非 q ⊢并非：如果 p；q （第一或者第二）
p，q ⊢并非：或者 p 或者 q （第四）
并非 p，并非 q ⊢并非：或者 p 或者 q（第五）
p，q ⊢既是 p 又是 q （第三）

以上我们分析了斯多亚主义的三段论论证，主要分析了斯多亚主义的七个不可证明的论证，与以此为逻辑学定理所阐释的非不可证明的论证和不可证明的论证的关系。由此我们可以看到斯多亚主义逻辑学的基本内容，就是以辩证思维和逻辑学的统一来将逻辑地真的言说与真理探究的方式统一起来。言说之真并不等于真理之探究。在斯多亚主义看来，这两者是有分别的，然而又有其统一性。相对于柏拉图哲学重视于辩证法乃是理念之思的在的形式，以及相对于亚里士多德主要把逻辑学作为“是”的形式言说的工具，斯多亚主义倒是将两者较严格地结合起来。这使得他们在讨论逻辑学与辩证法的关系时，有着更严格的言说方式。斯多亚主义把不可证明的论证定理之间的交换性以及不可证明的论证和非不可证明的论证的交换性作为辩证性的定理，寻求一种无前提的思考，从而将其与“是”的思考统一在辩证之言说里面，又把这种辩证思考的本体性表达在逻辑言说的真值分辨上面，使得其逻辑学和辩证法真的成为得到一致表达的东西。因此，同时代的或者稍后的其他哲学派别把斯多亚主义称为辩证法家是有道理的。

第七节　谬误推理

斯多亚主义的逻辑哲学的建构得益于与麦加拉学派的论战，也得益于对当时谬误推理或者悖论的回应，斯多亚主义者觉得如果不能够回答这些悖论简直就是对于理智的羞辱，还得益于与学园派的论战。有关与麦加拉学派的论战，前面已经有所涉及。与学园派的论战主要体现在本体论上，本节的谬误推理的论辩会有所涉及。毫无疑问，斯多亚主义的逻辑学与它对于谬误推理的回应有甚为密切的关系。“辩证法家们（指斯多亚主义——作者注）宣称为了把我们从动摇不定的生活中拯救出来，急切地教导我们诡辩术的观念、他们之间的差别和解答。”[①] 谬误推理直接地推动了斯多亚主义逻辑学的发展。对斯多亚主义而言，种种谬误推理已经危及人类对于理智/理性的信心，影响了人类生活确定性

---

① Sextus Empiricus, *Outlines of Pyrrhonism* 2.229－35, see in A. A. Long and D. N. Sedley (eds.), *The Hellenistic Philosophers*, Vol. I, 37A1.

的根基。反击谬误推理不只是逻辑哲学的一部分，也是确立理智生活态度的基础。

斯多亚主义称谬误推理为诡辩术。它认为："诡辩术是一种貌似有理的斯骗性论证，它诱使我们接受假的或者似假的或者不明显的或者无法接受的结论。"[①] 诡辩术有如下四种情况：假的、似假的（false-seeming）、不明显的（non-evident）和无法接受的结论，导致假结论的诡辩术如下："没有人会使你饮一个谓项。但是'饮苦艾酒'是一个谓项。因此没有人使你饮苦艾酒。"[②] 这个诡辩术在前提和结论之间制造出差别，如"饮一个谓项"和"饮苦艾酒"都是就句子表述的结构来说的。在结论中，"饮苦艾酒"不是前提中的"谓项"。在前提中述谓的不是饮料，而是"饮苦艾酒"这个谓项，在结论中它却成了"苦艾酒"。[③]

斯多亚主义也揭示了似假的推理的谬误所在。他们举出如下的例子："'过去不可能是现在不可能是是可能的'这个命题不是荒谬的。但是'医生作为医生谋杀者'过去不可能是现在不可能是可能的。因此'医生作为医生谋杀者'不是荒谬的。"[④] 这个诡辩引导人们毫不在意地去赞同它，事实上却推出一个真命题："'医生作为医生谋杀者'不是荒谬的。"这是因为没有命题是荒谬的，"医生作为医生谋杀者"是一个命题，它是不荒谬的。[⑤]

不明显结论的诡辩术的例子有，"并非两者：我问过你前一

---

① Sextus Empiricus, *Outlines of Pyrrhonism* 2.229 — 35, see in A. A. Long and D. N. Sedley (eds.), *The Hellenistic Philosophers*, Vol. I, 37A2.

② Ibid., Vol. I, 37A3.

③ Ibid., Vol. I, 37A7.

④ Ibid., Vol. I, 37A4.

⑤ Ibid., Vol. I, 37A8.

个问题和星辰的数目是偶数。但是我问过你前一个问题。因此星辰的数目是偶数”。[①] 斯多亚主义认为这种诡辩术是一个“变化”论证。当前面的命题没有被问及时，这个否定的合取是真的，因为“我问过你前一个问题”是假的，因此这个假命题所合取的是真的。这个否定的联言肢如果没有同时被作为小前提，那么这个结论就不可能被推演出来。[②] 斯多亚主义还列举出第四种诡辩术的例子，指出他们犯的是语法错误。“‘你所看到的，它存在着。但是你看到你的神志’死亡了。‘因此你的神志死亡’存在。”[③] 斯多亚主义讽刺说，这类诡辩术只不过是语言的荒谬用法造成的。[④]

斯多亚主义提到多种诡辩论证。他们提到的诡辩类型有遮蔽者式、有角式、无人式、刈草人式、连锁诡辩式，等等。此外还有说谎论证和否定论证，等等。[⑤] 所载的残篇提到遮蔽式论证和连锁诡辩式论证较多，我们这里主要对此做些阐释。

先讨论连锁诡辩式论证。连锁诡辩式论证具有广泛的应用性，它衍生出一系列相似的论证。下面这些都属于连锁诡辩式论证。“根据那种类比的要求，在这个世界上肯定不存在诸如此类的事物：大量的谷物、大量和饱足，也不存在一座山和强烈的

---

① Sextus Empiricus, *Outlines of Pyrrhonism* 2.229－35, see in A. A. Long and D. N. Sedley (eds.), *The Hellenistic Philosophers*, Vol. I, 37A5.

② Ibid., Vol. I, 37A9.

③ Ibid., Vol. I, 37A6.

④ Ibid., Vol. I, 37A10.

⑤ Diogenes Laertius, 7.44; 7.82, see in A. A. Long and D. N. Sedley (eds.), *The Hellenistic Philosophers*, Vol. I, 37C&D. 参看第欧根尼·拉尔修著，马永翔等译《名哲言行录》(下卷)，第419、436页。

爱，不存在一行、猛烈的风、城市或者任何其他有着大尺度和大范围名称的事物，例如波浪、海洋、羊群和牛群、国家和人群。因着这种类比所导致的疑惑和混乱还导致事实的矛盾：例如从生活的一个阶段进入到另一个阶段；时间的变化和季节的变化，等等。就一个孩子而言，他从童年时代进入青春期的时间变得不确定和令人疑惑；就其青年时期进入成年时期、其鼎盛期进入老年时期也都变得不确定和令人疑惑。就一年季节的变化来说也是如此，当冬天冰雪融化而迎来春天，春天又迎来夏天，夏天又迎来秋天，这些时间都变得不能够确定。"① 连锁诡辩式论证不仅存在于任何领域，而且使得原先我们认为确定无疑的东西变得无法确定。这种类型的诡辩式论证通过否定量的扩展对于事物存在性质改变的意义，从而否定存在任何时间和空间上的真正变化。因此，斯多亚主义认为连锁诡辩式论证值得重视。

连锁诡辩式论证的总的特征是采取逐渐论证（little-by-little argument）的方式。逐渐论证是这样的："你对两粒谷子有什么看法？我的目的是连续地问你，如果你不承认两粒谷子是一堆，那么我就问你三粒。然后我就继续往上加不断地提问到四粒、五粒、六粒、七粒和八粒，你会说没有任何一者可以说是一堆。那么九粒、十粒和十一粒也都不是一堆。"② 这样数量上不断持续增加，然而没有增加的界限使它可以被称为是一堆，也就不存在"堆"的概念。"堆"只是心灵想象出来的概念，"你在说到这些数的任何一个时，它都不可能构成一堆"。③ 斯多亚主义注意到

---

① Galen, *On medical experience* 16.1—17.3, see in A. A. Long and D. N. Sedley (eds.), *The Hellenistic Philosophers*, Vol. I, 37E1.

② Ibid., Vol. I, 37E3.

③ Ibid..

连锁诡辩式论证所涉及的增加和减少都属于静止的方式，属于静止论证，因为无论增加和减少都不可能达到一个连锁诡辩论证的标准。这也就意味着不存在任何的运动。这个论证可以推演为爱利亚学派的芝诺的否定运动的论证：假如我是一个有着娴熟驭马技术的骑手，在我抵达悬崖之前我向前的每一步都不构成“更多”的话，那么我就永远不能够掉下悬崖。① 要反对这个论证，在讨论富和穷、少和多、大和小、长和短之前就须确定标准，以避免这种连锁式的诡辩论证。② 例如我们先确定“一堆”是多少谷粒，或者春天的节期是哪一个时段，等等，那么我们就可以清楚地知道多少粒可以算是一堆或者什么时候可以算是春天。

然而在涉及逻辑学的具体推演时，却要复杂得多，斯多亚主义提出来的解决方案也微妙得多。克律西坡并没有明确多少为“一堆”的标准，何时算是“春天”的标准。这部分是因为我们很难清楚地说出多少粒麦子算是一堆的观念，这些观念本来就是很模糊的。例如小孩子可能认为十粒就是一堆，一个富翁可能认为整个谷仓装满算是一堆。克律西坡的论证表现出微妙的哲学直观。这里需在逻辑学上作进一步的分析。③

以这个麦子的诡辩连锁式论证为例。这个论证开始时非常简单，就是一粒麦子。我们可以将它设定为 a_1。显然它不是一堆，我们可以用肯定的形式来表示这种并非一堆的状态。我们得到如下的形式：

---

① Cicero, *Academica* 2.92－6, see in A. A. Long and D. N. Sedley (eds.), *The Hellenistic Philosophers*, Vol. I, 37H3.

② Ibid., Vol. I, 37H2.

③ Keimpe Algra, Jonathan Barnes, Jaap Mansfeld and Malcolm Schofield, *The Cambridge History of Hellenistic Philosophy*, pp. 170－176.

(1) F (a_1)

这个判断在假设中是真的，因为一粒麦子确实不能算是一堆。现在要考虑第二粒麦子增加进来，并且按照一粒粒往上加的方式不断上升以致越来越多，我们就可以得到一种连续性的个体的概念。我们可以表述如下：

(＊) $\langle a_1, a_2, a_3, \cdots, a_n \rangle$

这样的连续过程可以不是无限的，只要难于否定所达到的某个 n 已经是“堆”。当我们以为它已经达到某种类似于“堆”的概念时，这就已经是并非 F 的状态，因此我们可以写为：

(†) $\neg$ F (a_n)

从假设上来说，这个陈述也是真的。因为当达到一个足够大的数 n 时，我们确实已经无法否定 a_n 是一堆，例如我们已经数到三千粒麦子我们已经可以认为它是一堆。即使你还是无法肯定，那么我们可以增加 n 达到你所认定的数目。只要这个世界上存在着堆的概念，最终就有堆的实存。

为了解决这个悖论，我们还需要第二个假设，即一般而言我们会说 a_j $(j=1, 2, \cdots, n)$ 是 F，然后 a_{j+1} 也是 F。也就是说我们总是设定如果 a_j 不是一堆，那么我们也就当然地认定 a_{j+1} 也不是一堆。换句话说，我们断定就 F 而言，我们所达到的每个要素所构成的部分的连续增加（＊）是无法分辨的。我们可以称之为“不能够分辨的论题”，可以形式化表达如下：

$$(IT)\ \forall a_j\ [F(a_j) \rightarrow F(a_{j+1})]$$

这样用（1）和（IT）的合适的数的实例，我们就可以达到（†）的否定方面。我们可以把上述的论证作如下的阐释：

(SR)	(1)	$F(a_1)$	根据假设
	(2)	$F(a_1) \rightarrow F(a_2)$	根据（IT）
	(3)	$F(a_2)$	根据 modus ponens
	(4)	$F(a_2) \rightarrow F(a_3)$	根据（IT）
	(5)	$F(a_3)$	
	·	·	
	·	·	
	·	·	
	(p)	$F(a_{n-1})$	根据 modus ponens
	(p+1)	$F(a_{n-1}) \rightarrow F(a_n)$	根据（IT）
	(p+2)	$F(a_n)$	

由于（p＋2）是（†）的否定方面，我们就可以得到一个矛盾，就否定了连锁否定论证。同样的逻辑推论也可以使用在反驳递减论证即所谓的不存在秃顶等等的谬误论证中。

斯多亚主义还用很多篇幅讨论了遮蔽论证。有两则残篇都与此直接相关，一则残篇以克律西坡为对话的主角。“克律西坡：接下来你将听到非常令人迷惑的遮蔽式论证。告诉我，你认识你自己的父亲吗？听众：当然。克律西坡：那好，如果我把某个蒙面的人带到你的面前，并问‘你认识这个人吗?’你会怎么说呢?听众：显然，我会说我不认识他。克律西坡：但是事实上这个人就是你自己的父亲。因此如果你不知道这个人，那很清楚你并不知道你自己的父亲。”[①] 另一则残篇也记载了类似的论证方式：“一个貌似有理的（令人信服的）命题是一个引人赞同的命题。例如：‘如果某人生下了某事物，那么她就是该事物的母亲。’这是错误的，因为母鸡不是她的鸡蛋的母亲。”[②] 据说克律西坡用两卷书讨论了遮蔽论证。克律西坡认为它的错误在于每个语词就其本身而言是含糊其辞的或者包含歧义的。[③] 所谓歧义的语言是指一个语词适当地、合理地、根据固定用法指称两种或者更多种不同的事物，在同一时间内可以在几种不同的意义上使用它。[④] 斯多亚主义列举了八种歧义语言，以表明这种隐藏式论证的错误所在。第一种歧义为联结和分离的形式所共有。例如 flute-girl（吹笛的女孩）[auletris pesousa：“一个吹笛女孩正在下落”] 和分离的形式（aule tris pesousa：“一间三层楼正在下落”)。第二种歧义指一个简单表述的模棱两可，例如 manly 既可以指斗篷 (man's)，也可以指勇敢（brave)。第三则是一个复杂表达的模棱两可，例如“人存在”。这个“人”可以指一个实体，也可以

① Lucian, *Philosophers for sale* 22 (SVF 2.287, part), see in A. A. Long and D. N. Sedley (eds.), *The Hellenistic Philosophers*, Vol. I, 37L.

② Diogenes Laertius, 7.75, see in A. A. Long and D. N. Sedley (eds.), *The Hellenistic Philosophers*, Vol. I, 37M.

③ Gellius, 11.12.1－3 (SVF 2.152; Diodorus fr.7 Giannantoni, part), see in A. A. Long and D. N. Sedley (eds.), *The Hellenistic Philosophers*, Vol. I, 37N.

④ 第欧根尼·拉尔修著，马永翔等译：《名哲言行录》(下卷)，第427页；Diogenes Laertius, 7.62, see in A. A. Long and D. N. Sedley (eds.), *The Hellenistic Philosophers*, Vol. I, 37P.

指一个"格"(名词)。第四种情况是忽略了某个语词,这里忽略了"你是谁的(父亲)或者(导师)",等等。第四种情况是冗词,例如 he forbade him not sale(他禁止他不卖),这里增加的 not 使整个句子变得歧义,是指他禁止卖呢还是不卖?第六种情况是没有澄清非意指的要素,例如在 kai nu ken e parelassen(荷马:《伊利亚得》23.382)e 这个字母可能指一个句子的开始[...(h) epar elasse: and he would have driven a *liver*...],也可以是一个句子的结束(...kene...and he would have driven past *empty*)或者甚至可以是析取的部分(and he would *either* have driven past, or...)第七种是没有澄清句子所指的要素。第六种没有澄清什么指什么,例如下面的句式就是如此:Dion 〈is also〉 Theon。这里不清楚的是指两者都存在(Dion is, also Theon)呢还是 Dion is Theon,反之亦然。[①] 总之,克律西坡清楚遮蔽论证的错误在于它借助于文本的含糊性所起的替代作用。例如在"蒙面人"的论证中,把"某个蒙面的人"替代为"你的父亲",从而得出荒谬的结论:"你不认识自己的父亲"。

第八节 模态逻辑

斯多亚主义的模态逻辑是其逻辑哲学的重要组成部分。模态逻辑指的是逻辑学研究含模态词的命题的逻辑特性及其推理关系的学科,模态词包括必然、不必然、可能和不可能四种。模态命题逻辑是在命题或谓词演算的基础上用模态词必然和可能或谓词

---

① Galen, On linguistic sophisims 4 (SVF2.153, part), see in A. A. Long and D. N. Sedley (eds.), *The Hellenistic Philosophers*, Vol. I, 37Q.

演算的语言作必要的扩张并引入与必然和偶然相关的公理和变形规则而构成的。[①] 亚里士多德已经对模态逻辑有讨论，在《解释篇》中他已经提出了四个模态词：可能、不可能、偶然（不必然）和必然。他还提出了自己对模态命题的看法："以一个陈述从句为主项，以模态词为谓项，模态词表述整个从句，而不是修饰句子中的某个词项。"[②] 亚里士多德的模态逻辑包含有与麦加拉学派论辩的成分。在麦加拉学派中，斐洛和狄奥德勒专门讨论过模态逻辑，两者的争论主要集中在对"可能"概念的理解上，陈康先生指出，两者的争论"关键乃在彼此所有的可能概念不同。第一，麦加拉学派所谓可能乃指一切条件的全备；亚里士多德所谓的可能乃指主要条件的具有，能力的具有。第二，麦加拉学派所谓的可能仅限于现在，不涉及将来；亚里士多德的却兼及现在和将来"。[③] 斯多亚主义对于模态逻辑的看法，包含着对这两大学派的综合，然而，它在不同的层面上推动了与麦加拉学派的争论，并在这种争论的基础上综合了麦加拉学派的合理看法，发展了模态逻辑。斯多亚主义对于模态逻辑的贡献应该归功于克律西坡。

我们可以围绕"大师论证"（Master Argument）展开斯多亚主义和麦加拉学派在模态逻辑上的争论。大师论证是麦加拉学派的狄奥德勒发现的，因为提出这个论证的狄奥德勒认为，这些命题因为包含了必然和可能的模态词，其特征是任何两个命题都

---

① 陈波：《逻辑哲学导论》，第152—153页。

② 参看姚介厚所撰的"亚里士多德的逻辑和哲学"，见于汪子嵩、范明生、陈村富、姚介厚《希腊哲学史》第三卷（上），第305页。

③ 陈康，"麦加拉学派所谓的可能和亚里士多德所谓的可能"，见于汪子嵩、王太庆编《陈康论希腊哲学》，商务印书馆1991年版，第400页。

会与第三个命题相矛盾，找不到解决的办法，故称之为大师论证。大师论证的总命题形式是这样的：命题1，任何过去命题即任何关于过去的命题都是必然的；命题2，任何不可能的事物都不可能推出可能的事物；命题3，一件现在不是真的且将来也决不会是真的事件却是可能的。[①] 以"张三现在不会将来也决不会进行统治"为例。从假命题（1）"张三现在正统治"得出假命题（2）"张三可能（would）统治"是一个事实。但是命题（3）"张三过去统治是假的"这个关于过去的命题却是真的。根据命题1，（3）是必然的，于是与（3）矛盾的（2）就成了不可能。因此，根据命题2，（1）［（2）是从中推演出来的］也是不可能的。根据这个例子，狄奥德勒排除了命题3。他得出的有关"可能"的定义是这样的：它现在是或者将来是真的。[②]

与这个大师论证相仿，狄奥德勒还提出了另一个类似的论证，被称为"刈草论证"。这个论证是这样的：如果你刈草，就不会出现这样的情况：也许你将刈草和也许你将不刈草，但是无论如何你将刈草。如果你将不刈草，可能的情况不会是：也许你将刈草和也许你将不刈草，而是无论如何你将不刈草。但是必然的是要么你刈草要么你不刈草。因此要排除"也许"，如果还会发生有既刈草又不不刈草的空间，那么两者之中必有其一可能发生。但是"也许"把偶然性引了进来，因此要排除偶然性。[③]

---

① 爱比克泰德著，吴欲波、郝富强译：《哲学谈话录》，中国社会科学出版社2004年版，2.19。

② A. A. Long and D. N. Sedley (eds.), *The Hellenistic Philosophers*, Vol. I, p. 234.

③ Ammonius, *On Aristotle's De interpretation* 131, 24－32, see in A. A. Long and D. N. Sedley (eds.), *The Hellenistic Philosophers*, Vol. I, 38I.

“大师论证”和“刈草论证”的共同之处是都基于狄奥德勒对于“可能”的定义。狄奥德勒把“可能”定义为“现在是或者将是”，把“不可能”定义为“假的命题，将来也不会是真的”，把“必然”定义为“真的，将来也不是假的”，把“非必然的”定义为“或者现在是，或者将来是真的。”① 这是把必然性与可能性完全分离开来，把许多可能性放在实际发生之外。例如：如果我接受贿赂，我有不接受贿赂的可能，它发生在某个这样的将来即不会有我接受贿赂的事情。由此学者们认为狄奥德勒的结论是：“无论什么都是必然的。”不过，也有学者认为狄奥德勒的立场可能这样表达更准确一些：“任何不会发生的都是不可能的。”② 麦加拉学派的斐洛对模态的看法与狄奥德勒有相同之外，他认为“命题为真或为假”出于内在的可能性，这从他的措辞“自我的本性”和“本身”可以明白地看出来。然而他与狄奥德勒也有不同，他认为任何模态的概念必须满足四个条件，否则就不能算是“模态”。这四个条件是：（1）任何必然命题都是真的和任何真的命题都是可能的；任何不可能的命题都是假的和任何假的命题都是不必然的。换句话说，不可能是假的命题必然是真的。（2）可能性和不可能性、必然性和不必然性的解释都是矛盾的。（3）必然性和可能性在下面的意义上是相互界定的：如果一个命题的对立面是不可能的，那么它就是必然的。（4）任何命题或者是必然的、或者是不可能的、或者是既可能又非必然的，即

---

① Boethius, *On Aristotle's De interpretation*. 234, 22－6 (Diodorus fr. 28 Giannantoni, part), see in A. A. Long and D. N. Sedley (eds.), *The Hellenistic Philosophers*, Vol. I, 38C.

② A. A. Long and D. N. Sedley (eds.), *The Hellenistic Philosophers*, Vol. I, p. 234.

视条件而定的。总之，通过这四个限定条件，斐洛的模态逻辑所得出的结论是：任何命题要么是不可能假的，要么是不可能真的，要么同时是两者。[①] 学者们认为克律西坡的模态逻辑介于斐洛和狄奥德勒的中间，是这两个体系的结合。[②]

斯多亚主义关于模态逻辑的看法是从与麦加拉学派的论战中发展出来的，尤其是从与狄奥德勒的论辩中发展出来的。克律西坡意识到麦加拉学派的模态逻辑尤其是狄奥德勒的模态逻辑有着过强的决定论倾向，一切可能性似乎都成了必然性。他严格区分了四种模态概念即可能性、不可能性、必然性和不必然性，以保证其他的模态词不依附于必然性。在这方面克律西坡接近于斐洛的看法，他通过区分两种断言以明确断言的条件性：一些断言既是假的又是可能的；另一些断言既是真的又是不必然的。例如克律西坡认为，那将不会发生的事情是可能的。[③] 在狄奥德勒看来，将来不会发生的事物是必然的，不是可能的，这样他就得出了逻辑的真值判断，克律西坡却挑战这个看法。例如：刻普西洛（Cypselus）统治科林斯（Corinth）并非是必然的，即使阿波罗（Apollo）的神谕如此预言。[④] 这是克律西坡的看法，然而，按照狄奥德勒的看法，则是“任何命题现在不是真的将来也不是真的，那么它就是不可能的”。这样我们就看到了克律西坡和狄奥德勒的区别。克律西坡认为，尽管阿波罗神预言说刻普西洛不会对科林

---

① 参看 Keimpe Algra，Jonathan Barnes，Jaap Mansfeld and Malcolm Schofield（eds.），*The Cambridge History of Hellenistic Philosophy*，pp. 86—87.

② Ibid.，p. 120.

③ 对比一下 Diodorus 的看法：现在是或者将是是可能的。

④ Cicero，*On fate* 12—15，see in A. A. Long and D. N. Sedley（eds.），*The Hellenistic Philosophers*，Vol. I，38E3.

斯实行统治，这在刻普西洛就成为“必然”的不可能性，然而，克律西坡却认为它是非必然的，是可能的。因此，克律西坡和狄奥德勒对模态逻辑的理解是不同的。狄奥德勒说，由于我只对我如下的行为即我所实施的那些事情负责任，我不能因为没有毁坏这珍珠而负责任，因为我没有选择毁坏它，毁坏珍珠的活动根本不可能发生。然而克律西坡的看法是，那不会发生的事情仍然是可能的。如果这串珍珠破碎这种事情永远不会发生，它仍然是可能的。关于刻普西洛统治科林斯的例子也是如此。狄奥德勒可能会同意克律西坡的看法：刻普西洛统治科林斯不是必然的，因为它可能会错。然而克律西坡更强调命题的可能性，他甚至认为“刻普西洛公元前640年没有统治”这样一件关于过去的模态命题也是可能的，狄奥德勒则认为关于过去的命题是必然的，因为在他看来这不会也永远不可能是真的。[①] 克律西坡和狄奥德勒在模态逻辑上显出实质的区别。

在有关“可能性”的问题上，克律西坡与麦加拉学派的斐洛也有分别。斐洛是从内在的适切性来讲的，这个讲法要较狄奥德勒的决定论少些刚性，然而，如果仅就内在可能性作讨论，并不足以体现模态判断的特性。因此，在“什么样的事情是可能”的问题上，斐洛与狄奥德勒看法类似。他认为只要那事物与其对象的唯独内在性相一致，那么即使有某种外在必然因素阻止它实施，它也是可能的。例如斐洛认为原子式地分散的谷壳被燃烧是可能的，沉入海底也是可能的，即使外部的环境必然会阻止它实施。[②]

---

① A. A. Long and D. N. Sedley (eds.), *The Hellenistic Philosophers*, Vol. I, p. 235.

② Alexander, *On Aristotle's De interpretatione* 234, 22－6 (Diodorus fr. 28 Giannantoni, part), see in A. A. Long and D. N. Sedley (eds.), *The Hellenistic Philosophers*, Vol. I, 38B2.

这个"外部环境"是说例如谷壳过轻而不能够沉入大海，或者被风吹走，等等。然而，就模态逻辑而言，"可能"这样的模态词所体现的是事物的或然性的联系，它包含着随机性和偶然性，并不是如斐洛所说的那种内在可能性所谓的如此确定无疑。斯多亚主义对"可能"这样的模态词的理解是朝着后一个方面发展的。斯多亚主义对可能性有它自己的理解："有些命题是可能的，有些是不可能的，有些是必然的，有些不是必然的。可能的是指那些具有真实性而不被外在因素阻止成为真的，例如'狄奥克莱（Diocles）活着'。"[①] 在斯多亚主义的"可能"的定义中，增加了许多"外在因素"的条件，它强调这些外在条件包括场合作为因素和前提的真实性，不认为这些前提是可以任意消除或者假设为不重要的。例如毁坏珠宝这个事情的宣称的可信性例子。斯多亚主义指出"我的信用宣称"的可信性需要满足如下的必要条件。（1）这个珠宝是易碎的；（2）我毁坏珠宝的可能性没有受到环境的阻隔，假如我在千里之外或者我被关在高墙里面那就不可能。斯多亚主义认为在有可能毁坏珠宝的可能性上，需要进一步确定这些外在环境是否有可能发生阻止作用，以确定我的道德品性是否应该负责。斯多亚主义认为在这种文本里面，不那样做的可能性不包括人格的品质：如果这被理解为是指反对他自身的道德品性的话，那么没有人会那样做。[②] 与斐洛对于可能性的定义"外部条件"及"内在可能性"相比，斯多亚主义更强调"具有真实性"的内在可能性（A）与"不被外在因素阻止"（B）两者之间的合取关系，而不是如斐洛那样偏重于A，仿佛A和B之间在逻辑上属于析取

---

① Diogenes Laertius，7.75，see in A. A. Long and D. N. Sedley（eds.），*The Hellenistic Philosophers*，Vol. I，38D.

② A. A. Long and D. N. Sedley（eds.），*The Hellenistic Philosophers*，Vol. I，p. 235.

的关系。

尽管斯多亚主义也把这些外在部分作为非真实条件，它仍然认为它们具有严格的意义。虽然克律西坡也像大多数的古典哲学家那样更倾向于必然性的、决定论的宇宙论和自然间的事实联结关系，虽然出于逻辑真假二值的信心和对将来事态的命题的信心，他更相信将来事态已经完全因果地被决定了。然而，克律西坡增加这些外在因素以确定进一步动向，即避免排除反事实的可能性只在于在逻辑上避免未来事件的绝对必然性。这正是斯多亚主义的必然性与麦加拉学派的必然性的区别所在。狄奥德勒所发展出来的是近似于严格蕴含的模态逻辑，克律西坡所发展的则是近似于模态逻辑的实质蕴含。严格蕴含强调命题之间的必然性关系，而实质蕴含所反映的是命题之间的真假关系。在斯多亚主义看来，用实质蕴含抗拒麦加拉学派的严格蕴含，可以为人的自由意志和意志自由留出某些可能的空间，尽管这个空间在它们的哲学中本身就已经不显得强大。为了捍卫这个非常脆弱的目标，克律西坡觉得需要抵制大师论证。爱比克泰德记载了克律西坡对于大师论证的态度。如下三个命题之间存在着必然的矛盾关系，即接受任何两个命题都会导致不能接受第三个命题。(1) 每一件过去真实发生的事件都是必然的；(2) 一件不可能的事件不会从一件可能的事件推导出来；(3) 一件现在不是真的将来也不是真的事件却是可能的。对于这三个命题，一个人可以依靠别的一对命题的可能组合，“主张以下命题，即 (3) 有些现在不是真的、将来也决不会是真的事件是可能的，以及 (2) 一件不可能的事件不会从一件可能的事件中推导出来；然而他却决不会赞同第三个命题即 (1) 每件过去的事件必然是真的”。[①] 一个人没有办法主

① 爱比克泰德著，吴欲波、郝富强译：《哲学谈话录》，中国社会科学出版社 2004 年版，2.19。

张所有这三个命题，因为它们彼此之间存在矛盾。至于爱比克泰德本人，他说：如果有人问“你本人主张这三个命题中的哪一对呢?”“我会回答说我不知道；至今我只听到了以下的说法：狄奥德勒过去常常主张的是一对命题，潘陶得斯（Panthoides）和他那一派——我相信还有克里安特——主张的是另一对命题，而克律西坡和他的那一群人主张的则是第三对命题。”[①] 克律西坡认为命题1是错误的，他选择命题2和3的联合。似乎没有残篇记载克律西坡为何反对命题1，然而反对命题1的意义却是明显的，因为如果每一件过去真实发生的事件不是必然的，那么这种存在于麦加拉学派所主张的严格蕴含的强必然性关系也就获得松动，人的存在的自由空间就得到一定的显示，人对于未来的可能性的选择就有了相一致的道德责任。

然而狄奥德勒及其追随者肯定第一对命题，否定第三对命题。西塞罗在《论命运》中记载了狄奥德勒的追随者对于克律西坡的反驳，捍卫狄奥德勒的观点。这里试译西塞罗的论述如下：

> (4) 如果你支持这些神圣的表述，那么你也将认可这些关于未来的错误地说及的事情，因为在这个层次上它们不会发生，因此如果说斯西比奥将占领迦太基（Carthage），并且如果关于未来的这个说法是真的，并且如果事情就将是这样，那么你必须说它是必然的。而那正是狄奥德勒的反斯多亚主义的观点。(5) 因为“如果你生于天狼星升起之时，那么你将不会死于大海”是真实条件句，和这里面的前件“你生于天狼星升起之时”是必然的——因为过去发生的真理都是必

① 爱比克泰德著，吴欲波、郝富强译：《哲学谈话录》，中国社会科学出版社2004年版，2.19。

然的，而克律西坡反对他的老师克里安特的观点，因为过去的事实是不变的，它不能从真改变为假——如果如我所说，前件是必然的，那么后件也将是必然的。克律西坡显然不认为这个规则是普遍确实的。但是事实仍然是如果存在着法比乌斯（Fabius）不死于大海的自然因，那么法比乌斯不会死于大海。(6) 就此而言，克律西坡失去了他的自信。他希望卡西尔登（Chaldaean）和别的预言家能够被欺骗过去，他们也会使用这样的联结词而不把他们的法则放在如下的形式之下："如果有人生于天狼星升起之时，他将死于大海"；而是采取下面的形式"并非两者：有人生于天狼星升起之时，而他将死于大海。"多么滑稽的自我纵容！为了避免狄奥德勒的立场，他教导卡西尔登他们如何表达他们的法则！[①]

西塞罗所记载的狄奥德勒的代表者把克律西坡作为批评对象。他肯定"每件过去的事件必然是真的"（命题 1），否定克律西坡所支持的"一件现在不是真的将来也不是真的事件却是可能的"（命题 3）。换言之，他支持从必然性的角度来理解可能性，而不是非必然性的角度理解可能性。狄奥德勒对于命题 1 的永真性作了严格蕴含的阐释，A ⥽ B（A 蕴含 B）所断定的是 B 已逻辑地暗含于 A 之中，B 是 A 的逻辑后承，A 真 B 假在逻辑上不可能，或者说从 A 推出 B 是逻辑必然的。因此 A ⥽ B（A 蕴含 B）就永远为真，而与 A、B 本身的真假无关。[②] 狄奥德勒对于"有人生于天狼星升起之时，而他将死于大海"所作的正是体现

---

① Cicero, *On fate* 12 — 15, see in A. A. Long and D. N. Sedley (eds.), *The Hellenistic Philosophers*, Vol. I, 38E4—6.

② 陈波：《逻辑哲学导论》，第 100 页。

出严格蕴含的模态逻辑，他把这作为“自然因”来看待，即持“强内在可能性”的看法。据西塞罗的记载，斯多亚主义的第二位领袖克里安特也是持相同于狄奥德勒的看法的，然而克律西坡不予苟同，他不认为命题1有着普遍的确实性。他指出及物动词的性质例如必然性事实上是会从条件句的一个命题转向另一个命题，更应该看到它们之间所存在的逻辑依赖关系。也就是说应以否定式的合取来看命题1，指出这样的话命题1所肯定的就不再是两个联合命题的直接的逻辑关联。克律西坡使用了“并非两者：有人生于天狼星升起之时，而他将死于大海”。克律西坡认为，诸如“如果你生于天狼星升起之时，那么你将不会死于大海”把命题1限定为只是关于过去和未来的真的经验联系而不是逻辑联系，指出否定性的联合更能够明确表达它们的关系。因此，关于过去的真的必然性就不是其后件的必然性。[①]

由此，克律西坡更强调两个命题之间的真实的蕴含关系，或者说克律西坡更强调某种形式的实质蕴含，然而，它又不同于斐洛的实质蕴含。斐洛的实质蕴含仅仅注意到命题前后件的真假关系，而不考虑命题前后件其他方面的联系。[②] 克律西坡却是强调命题前后件的真实关系，强调这种关系对于命题真实关系的重要性。因此，克律西坡所持的既不是斐洛的实质蕴含，也不是狄奥德勒的严格蕴含，他的模态逻辑所采取的是第三种态度。

斯多亚主义与麦加拉学派在模态逻辑上的这种界分与他们哲学上的区分有密切关系。麦加拉学派的哲学本体论持更接近于巴门尼德哲学的立场，是从一个不动的存在的角度来看世界的真实

① A. A. Long and D. N. Sedley (eds.), *The Hellenistic Philosophers*, Vol. I, p. 236.

② 陈波：《逻辑哲学导论》，第97页。

性和必然性，把变化和流变看为“假”。该学派的创始人欧几里得主张最高的善是“一”，强调善的连续一致，指出它是完全同一的必然，完全否定意见世界。[①] 早期斯多亚主义在本体论和德性论上都不是这样看的，他们看到的是一个自我扩张的世界，强调宇宙运动的“自我主导性”，看到合乎自然的必要性，认为个体的人是自然全体的部分，个体的自然是人性所在，不主张将灵魂的情感部分和理性部分对立起来，而是主张冲动、欲望等情感的发生本身是自然的，不应贬低或否定，要在正确理性的指导下，通过使人的合乎自然，实现情感与理智的适合的交融，从冲动、欲望向德性过渡，实现自然的人性。[②] 这就是说斯多亚主义更肯定人性的真实性，以及各种事实之间、事件之间联系的真实性。表现在逻辑上，它也更注重考察命题间关系的真实性，从而对事物的自然关系作更合乎其自身的断言。克律西坡与斐洛、狄奥德勒在模态逻辑上表现出的分歧正好表现出他们哲学旨趣的这种差别。

① 姚介厚：《古希腊罗马哲学》（下），江苏人民出版社 2005 年版，第 536—537 页。

② 同上书，第 951—952 页。

附录一

斯多亚主义哲学家年表[①]

早期斯多亚主义

基提翁的芝诺（Zeno of Citium）公元前335年至公元前263年

公元前313年抵达雅典。安提司泰尼（Antisthenes）、克拉底（Crates）、塞诺克拉底（Xenocrates）、玻勒谟（Polemo）和其他人的学生。约在公元前300年创立斯多亚学派。

基提翁的佩赛乌（Persaeus of Citium）约公元前306年至约公元前243年

芝诺的养子和学生。

查奥斯的阿里斯通（Aristo of Chios）公元前3世纪

芝诺的学生。在“淡漠/不动心”这个主题上持非正统的观点，否定优先/非优先的区别。

---

① 根据Keith Seddon, Epictetus' Handbook and the Tablet of Cebes: Guides to Stoic Living, pp. 211－212, London and New York: Routledge, 2005.

迦太基的赫里路斯（Herillus of Carthage）公元前3世纪

芝诺的学生。与阿里斯通一样，认为不可能在淡漠/不动心之间作价值的区分。

阿索斯的克里安特（Cleanthes of Assos）公元前331年至公元前232年

从公元前263年开始，成为斯多亚学派的第二任领袖。芝诺的学生。写过《芝诺颂诗》。

波里斯塞尼斯的斯弗伊鲁（Sphaerus of Borysthenes）公元前3世纪

芝诺和克里安特的学生。

梭里的克律西坡（Chrysippus of Soli）约公元前280年至约公元前207年

约公元前260年抵达雅典。从公元前232年开始成为斯多亚学派的第三任领袖。克里安特的学生。

塔索斯的芝诺（Zenos of Tarsus）公元前3至公元前2世纪

克律西坡的学生。从公元前207年开始，成为斯多亚学派的第四任领袖。

巴比伦的第欧根尼（Diogenes of Babylon）约公元前240年至约公元前152年

斯多亚学派的第五任领袖。克律西坡和塔索斯的芝诺的学生。

塔索斯的安提珀特（Antipater of Tarsus）公元前2世纪至约公元前129年

从约公元前152年成为斯多亚学派的第六任领袖，巴比伦的第欧根尼的学生。

塞略古的阿波罗多洛（Apollodorus of Seleucia）公元前2世纪

巴比伦的第欧根尼的学生和同事。还与塔索斯的安提珀特（Antipater of Tartus）和潘奈提乌（Panaetius）同事过。

中期斯多亚主义

罗德的潘奈提乌（Panaetius of Rhodes）约公元前185年至约公元前109年

从公元前129年开始成为斯多亚学派的第六任领袖。巴比伦的第欧根尼和塔索斯的安提珀特的学生。公元前140年代去往罗马。

阿帕梅的波西多纽（Posidonius of Apamea）约公元前135年至约公元前51年

潘奈提乌的学生。在罗德开办学校。约公元前78年西塞罗曾前去拜访。

罗德的赫卡托（Hecato of Rhodes）鼎盛期公元前1世纪早期

潘奈提乌的学生和波西多纽的同事。

推罗的安提珀特（Antipater of Tyre）公元前1世纪至公元前44年前不久

受教于潘奈提乌的学生。

晚期斯多亚主义

塞涅卡（Seneca）约公元前4年至公元65年

律师、作家、尼禄（Nero）的老师。元老院元老和官员。他留存的著作涉猎广泛。

摩索尼乌·鲁福（Musonius Rufus）公元1世纪

罗马的教师。爱比克泰德（Epictetus）的老师。斯托比乌斯（Stobaeus）的著作中保存有他的大量残篇。

推罗的尤弗拉蒂（Euphrates of Tyre）死于约公元120年

可能曾是摩索尼乌·鲁福的学生，知道爱比克泰德。

爱比克泰德（Epictetus）约公元55年至公元135年

摩索尼乌·鲁福的学生。先是在罗马当教师，约在公元89年去往希腊的尼科波利斯（Nicopolis）。是阿里安（Arrian）的老师。

希洛克勒（Hierocles）鼎盛年约公元100年

写有《伦理学诸要素》（Elements of Ethics），第一部分幸存下来，其他残篇保存在斯托比乌斯的著作中。

马可·奥勒留（Marcus Aurelius）公元121年至公元180年

从公元161年开始成为罗马帝国的皇帝，《沉思录》的作者。

克利蒙特（Cleomedes）鼎盛期约公元2世纪晚期

斯多亚学派天文学著作的作者。

附 录 二

斯多亚主义原始文献

1. 早期斯多亚主义

Arnim，H. Von，*Stoicorum Veterum Fragmenta*，4 Vols. [IV Vol. by M. Adler]，Leipzig，1903—1924.

Festa，N.，*I Frammenti degli Stoici Antichi*，2 Vols.，Bari，1932—1935.

Gercke，A.，*Chrisillea. Jahrb. fur Klass. Phil. Suppl.* 14，Leipzig，1885.

Pearson，A. C.，*Fragments of Zeno and Cleanthes*，London，1891.

Wachsmuth，C.，*Commentationes I，II de Zenone Cittiensi et Cleanthes Assi*，Gorttingen，1874—1875.

A. A. Long and D. N. Sedly（eds.），*The Hellenistic Philosophers*，2 Vols.，Cambridge University Press，1987.

Hellenistic Philosophy and Introductory Readings，Translated，with Introduction and Notes by Brad Inwood and L. P. Gerson，Hackett Publishing Company，1988.

2. 潘奈提乌 (Panaetius)

Straaten, M. Van, *Panaetii Rhodii Fragmenta*, Leiden, 1963.

Fowler, H. N., *Panaetii et Hecatonis Librorum Fragmenta*, Bonn, 1885.

3. 波西多纽 (Posidonius)

Edelstein, L., and Kidd, I. G., *Posidonius* Vol. I, The Fragments, Cambridge, 1972.

Bake, J., *Posidonii Rhodii Reliquiae Doctrinae*. Collegit Atque Illustravit Janus Bake Accedit Wyttenbachii Annotatio, Lugduni Batavorum, 1810.

4. 塞涅卡 (Seneca)

Epistulae Morales, 3 Vols. Translated by R. M. Gummere, Loeb Classical Library, Cambridge Mass, 1953.

Moralia 3 Vols. Translated by Basore, Loeb Classical Library, Cambridge Mass, 1958.

Naturales Questiones, 2 Vols., Translated by T. Corcoran, Loeb Classical Library, Cambridge Mass, 1971.

Naturales Questiones, 2 Vols., Translated by P. Oltamare, Les Belles Lettres, Paris, 1930.

《强者的温柔》，包利民等译，中国社会科学出版社 2005 年版。

《幸福而短促的人生：塞涅卡道德书简》，赵又春、张建军译，上海三联书店 1989 年版。

5. 爱比克泰德 (Epictetus)

The Discourses as Reported by Arrian, *The Manual and Fragments*, 2Vols., Translated by W. A. Oldfather, Loeb Classical Library, Cambridge Mass, 1956.

Adolf Friedrich Bonhoffer, *The Ethics of the Stoic Epictetus: An English Translation*, Peter Lang, 1996.

《哲学谈话录》，吴欲波等译，中国社会科学出版社 2004 年版。

6. 马可·奥勒留（Marcus Aurelius）

Penses, Translated by A. I. Trannoy, Pref. by A. Puech, Les Belles Lettres, Paris, 1964.

The Communings with Himself, Translated by C. R. Haines, Loeb Classical Library, Cambridge Mass, 1953.

Meditations of the Emperor Marcus Antoninus, Ed. by A. S. L. Farquharson with translation and commentary, 2 Vols., Oxford, 1944.

Meditations, Translated by M. Staniforth, Penguin, Gr. Britain, 1970.

Marcus Aurelius Antotinus to Himself, An English Translation with Introductory Study on Stoicism and the last of the Stoics, by C. H. Rendall, London, 1898.

Marcus Aurelius and His Times: The Transition from Paganism to Christianity, with an Introduction by Irwin Edman, Walter J. Black, Inc., 1945.

《沉思录》，何怀宏译，中国社会科学出版社 1989 年版。

7. 伽伦（Galen）

On Antecedent Causes, Edited with An Introduction, Translation and Commentary by R. J. Hankinson, Cambridge University Press, 1998.

8. 西塞罗 (Cicero)

On Natura Deorum, Translated by H. Rackham, Loeb Classical Library, Cambridge Mass, 1967.

On Natura Deorum, Ed. by J. B, Mayor, 3 Vols. Cambridge, 1881—1885.

De Divinatione, Translated by W. A. Falconer, Loeb Classical Library, Cambridge Mass, 1923.

De Divinatione, Ed. by A. S. Pease With Introduction and Commentary 2 Vols., Illonois, 1920—1923.

Nature of the Gods, Divinatione etc., translated by C. D. Yonge, London, 1907.

De Finibus Bonorum Et Malorum, Harvard University Press, 1914.

On Moral Ends, Ed. by Julia Annas, Translated by Raphel Woolf, Cambridge University Press, 2001.

《论神性》，石敏敏译，香港汉语基督教文化研究所 2001 年版。

《论至善和至恶》，石敏敏译，中国社会科学出版社 2005 年版。

9. 塞克斯都·恩披里柯 (Sextus Empiricus)

Outlines of Pyrrhonism, Adversus Mathematicos, 5 Vols. Translated by R. C. Bury, Loeb Classical Library, Cambridge Mass, 1957—1961.

《悬搁判断与心灵宁静》，包利民等译，中国社会科学出版社 2004 年版。

10. 第欧根尼·拉尔修（Diogenes Laertius）

Vitae Phiosophorum，2 Vols.，Ed. By H. S. Long，Bibliotheca Oxoniensis，1964.

《名哲言行录》（上下卷），马永翔等译，吉林人民出版社 2003 年版。

附录三

斯多亚主义研究文献

Algra, Keimpe, & Barnes, Jonathan, & Mansfeld, Jaap, & Schifield, Malcolm (eds.), *The Cambridge History of Hellenistic Philosophy*, Cambridge University Press, 1999.

Armstrong, A. H., *An Introduction to Ancient Philosophy*, University Paperbacks, 1965.

Armstrong, A. H., *The Cambridge History of Later Greek and Early Medieval Philosophy*, Cambridge University Press, 1980.

Atherton, Catherine, *The Stoics on Ambiguity*, Cambridge University Press, 1993.

Becker, Lawrence C., *A New Stoicism*, Princeton University Press, 1998.

Boersema, Jan J., *The Torah and The Stoics, On Humankind and Nature: A Contribution to the Debate on Substainability and Quality*, Brill, 2001.

Boys-Stones, G. R., *Post-Hellenistic Philosophy: A Study of its Development from Stoics to Origen*, Oxford University Press, 2001.

Branes, Jonathan, *Logic and The Imperial Stoa*, Brill, 1997.

Brunschwig, Jacques, *Papers in Hellenistic Philosophy*, Translated by Janet Lloyd, Cambridge University Press, 1994.

Bobzien, Susanne, *Determinism and Freedom in Stoic Philosophy*, Clarendon Press, 2001.

Campbell, Keith, *A Stoic Philosophy of Life*, University Press of America, Inc., 1986.

Colish, Marcia L., *The Stoic Tradition from Antiquity to The Early Middle Ages: Vol. I Stoicism in Classical Latin Literature*, E. J. Brill, 1985.

Colish, Marcia L., *The Stoic Tradition from Antiquity to The Early Middle Ages: Vol. II Stoicism in Latin Thought through the Sixth Century*, E. J. Brill, 1985.

Costa, C. D. N., *Seneca*, Routledge & Kegan Paul, 1974.

Dillon, John M. and Long (eds.), A. A., *The Questions of Eclecticism: Studies in Later Greek Philosophy*, University of California Press, 1988.

Dragona-Monachou, Myrto, *The Stoic Arguments for The Existence and The Providence of the Gods*, Athens, 1976.

Enberg-Pederson, Troels, *The Stoic Theory of Oikeiosis: Moral Development and Social Interaction in Early Stoic Philosophy*, Aarhus University Press, 1990.

Gould, Josiah B., *The Philosophy of Chrisippus*, State University of New York Press, 1970.

Graeser, Andreas, *Plotinus and the Stoics: A Preliminary*

Study, Leiden, 1972.

Hahm, David E., *The Origins of Stoic Cosmology*, Ohios State University Press, 1977.

Henderson, John, *Morals and Villas in Seneca's Letters: Place to Dwell*, Cambridge University Press, 2004.

Hicks, R. D., *Stoic and Epicurean*, Russell & Russell, Inc., 1962.

Ierodiakonou, Katerina, *Topics in Stoic Philosophy*, Clarendon Press, 1999.

Inwood, Brad (ed.), *The Cambridge Companion to the Stoics*, Cambridge University Press, 2003.

Inwood, Brad, *Ethics and Human Action in Early Stoicism*, Clarendon Press, 1985.

Kristeller, Paul Oskar, *Greek Philosophers of the Hellenistic Age*, Columbia University Press, 1993.

Long, A. A., *Stoic Studies*, Cambridge University Press, 1996.

Long, A. A. (ed.), *Problems in Stoicism*, The Athlone Press, 1996.

Long, A. A., *A Stoic and Socratic Guide to Life*, Clarendon Press, 2002.

Motto, Anna Lydia & Clark, John R., *Senecan Tragedy*, Adolf M. Hakkert-Publisher, 1988.

Morford, Mark, *The Roman Philosophers: From the Time of Cato the Censor to the Death of Marcus Aurelius*, Routledge, 2002.

Osler, Margraet J., *Atoms, Pneuma, and Tranquility: Epicurean and Stoic Themes in European Thought*, Cambridge

University Press, 1991.

Reydams-Schils, Gretchen, *Demiurge and Providence: Stoic and Platonist Readings of Plato's Timaeus*, Brepols Publishers, 1999.

Rist, J. M., *Stoic Philosophy*, Cambridge University Press, 1980.

Rutheford, R. B., *The Meditation of Marcus Aurelius*, Clarendon Press, 1989.

Sandback, F. H., *The Stoics*, Gerald Duckworth & Co. Ltd. 1994.

Schiesaro, Alessandro, *The Passions in Play: Thyestes and the Dynamics of Senecan Drama*, Cambridge University Press, 2003.

Sharples, R. W., Stoics, *Epicureans and Stoics: An Introduction to Hellenistic Philosophy*, Routledge, 1996.

Sedley, David (ed.), *Oxford Studies in Ancient Philosophy*, Vol. XXIV (Summer 2003), Oxford University Press, 2003.

Sherman, Robert R., *Democracy, Stoicism and Education: A History in the History of Freedom and Reason*, University of Florida Press, 1973.

Strange, Steven K. and Zupko, Jack (eds.), *Stoicism: Traditions and Transformations*, Cambridge University Press, 2004.

Striker, Gisela, *Essays on Hellenistic Epistemology and Ethics*, Cambridge University Press, 1996.

Wright, M. R., *Cosmology and Antiquity*, Routledge, 1996.

Wright, M. R., *Cicero: On Stoic Good and Evil*, Airs & Philips Ltd., 1991.

Xenakis, Iason, *Epictetus: Philosopher-Therapist*, Martinus

Nighoff, 1960.

Zeller, E., *History of Eclecticism in Greek Philosophy*, Trans. by S. F. Alleyne, Longmans and Com., 1873.

包利民:《生命与逻各斯》,东方出版社 1996 年版。

范明生:《晚期希腊哲学和基督教神学》,上海人民出版社 1993 年版。

汪子嵩、范明生、陈村富、姚介厚:《希腊哲学史》(1—3 卷),人民出版社 1988—2003 年版。

吴欲波:《自由的守望:爱比克泰德研究》,浙江大学博士学位论文,2005 年 6 月。

姚介厚:《古希腊罗马哲学》(上下卷),江苏人民出版社 2005 年版。

杨适:《希腊哲学探本》,商务印书馆 1994 年版。

杨适:《爱比克泰德》,(台湾)东大图书公司 2000 年版。

赵敦华:《基督教哲学 1500 年》,人民出版社 1994 年版。

章雪富: 《斐洛思想导论》第一卷,中国社会科学出版社,2006 年。

章雪富:"斯多亚主义的宇宙论",《自然辩证法研究》2006 年第 4 期。

章雪富:"斯多亚主义论 TI 的形而上学",《哲学门》2006 年秋季刊。

人名地名索引*

阿德摩图斯（Admetus）230，231
阿伽门农（Agamemnon）237，238
阿尔比努斯（Albinus）41
阿尔赛斯提斯（Alcestis）230，231
亚历山大（Alexander）198，272
阿那克萨戈拉（Anaxagoras）62，71，85，95
安提戈纳（Antigonus）12
安提库（Antiochus）24，41，43
安提珀特（Antipater）17，18，22，25，221，250，271，272，337
安提司泰尼（Antistenes）3，5，6，64，335
阿帕梅（Apamea）19，337
阿波罗（Apollo）327
阿波罗弗尼（Apollophanes）14
阿波罗多洛（Apollodorus）37，92，221，281，337
阿尔凯西劳（Arcesilaus）14，15

* 索引页码只与中文对应，括号内外文只作对照，不与页码对应。——编辑注

阿里斯通（Aristo）2，13，199，202，256，335，336
亚里士多德（Aristotle）3，10，11，17，19—21，24，26，30，38，41，43—45，55，56，58—61，63，64，66，68，70，71，75，77，79，80，82，84—86，89，92—96，107，110—112，122—125，129—133，135—137，139—141，144，145—148，150—152，154，156，158—161，166—172，174—177，191，197，198，203，204，217，246，254，256，258—261，266，269，270，272，274—275，278，324
阿里斯提波（Aristtippus）3
阿里斯提翁（Aristion）24
阿里乌（Arius）26，28，42
阿里安（Arrian）36，338
阿斯库隆（Ascalon）43
阿索斯（Assos）12，23，336
雅提奈德路斯（Athenodorus）26，28
雅提奈乌（Athenaeus）25
雅提尼翁（Athenion）24
雅典娜（Athena）76
雅典（Athens）1，4—6，8，12，15，22—25，36，56，70，74，77，173，174，186，335，336
奥古斯都（Augustus）26，28
亚洛斯（Aulus）33
奥勒留（Aurelius）27—29，36，37，338，341
阿刻赛亚（Axiothea）300
巴尔布斯（Balbus）135
巴比伦（Babylon）17，18，21，250，297，336，337

巴索（Basso）55

波爱修（Boethus）18，21，221

布拉赫（Brahe）55

卡耐亚德（Carneades）18，228

迦太基（Carthage）331，336

加图（Cato）8，20，33，45，279

西梭里努（Censorinus）2

塞勒米科（Ceramicus）4

卡西尔登（Chaldaean）332

克律西坡（Chrysippus）2，6，14—16，23，29，34，37，65，77，96，97，103，104，107，127，130，132，135，139，153，154，173—175，195，196，199，200，201，203，209，221，247，250，254，256，257，262，263，264，271，272，275，276，285，297，300，301，306—309，311，313，319，321—324，327，328，330—334，336

克里西斯（Chryseis）237

屈梭斯模（Chrysostom）27

西塞罗（Cicero）20，22，25，41，45，135，251，252，261，262，275，331—333，337，342

西利卡（Cilicia）23

基提翁（Citium）4，8，23，25，255，335

克里安特（Cleanthes）12，14—17，23，94，106，107，331，333，336

科林斯（Corinth）327，328

科萨（Cos）107

克拉底（Crates）4，8，22，335

克拉底鲁（Cratylus）133
塞克洛普（Cyclopes）214
犬儒主义（Cynicism）1，3－6，8，9，11，14，17，31，33－35，38
刻普西洛（Cypselus）327，328
塞蒲路斯（Cyprus）23
提德摩（Didymus）26，28，42
达德努斯（Dardanus）25
德谟克利特（Democritus）44，55，56，60，62，93，96，100，122
狄刻普斯（Dexippus）192
狄奥（Dio）27，34
狄奥克莱（Diocles）329
狄奥德勒（Diodorus）2，7，9，298－300，324－328，330－334
第欧根尼（Diogenes）2，3，5，7，9，12，15，17，18，21，22，25，40，64，153，154，155，189，250，255，257，286，290，297，312，336，337，343
狄奥尼修（Dionysius）13
德鲁苏（Drusus）26
爱利亚（Elea）61，62，319
伊莱克特拉（Electra）217
恩培多克勒（Empedocles）62，80，85，95，99，100，105，142
恩披里柯（Empiricus）176，225，226，228，230，290，307，342
以弗所（Ephesus）40
爱比克泰德（Epictetus）2，27，28，32－37，158，268，

330，338，340，348，350
伊壁卡摩（Epicharmus）186，187
埃拉托斯弗尼（Eratosthenes）14
欧几里得（Eucleides）3，333，334
优得谟斯（Eudemus）77
欧德罗穆（Eudromus）37
尤弗拉蒂（Euphrates）33
尤勒斯图斯（Eurysthus）229
法比乌斯（Fabius）332
伽伦（Galen）41，43，103，104，106，272，338
伽利乌（Gellius）33
戈纳塔斯（Gonatas）12
哈德良（Hardrian）36
赫淮斯托斯（Hephaestus）76
赫勒刻里亚（Heraclea）13
赫拉克勒斯（Heracles）229，230
赫拉克利特（Heraclitus）60，64，71，75，77－80，95，98，100，105，190
赫里路斯（Herillus）13，336
开普勒（Kepler）55
勒居德（Lacydes）15
拉尔修（Laertius）2，40，154，257，297，312，343
拉里萨（Larissa）24
拉纳卡（Larnaca）23
利维（Livia）26
路西比乌（Lucius）304
路库洛斯（Lucullus）230，235，238

卢克来修（Lucretius）44，89，90，119
马其顿（Macedon）12
玛西谟（Maximus）2
麦加拉（Megara）3，173，174
麦加拉学派（Megarics）1，6－7，9，10，17，44，254，256，298，299，302，315，324，326－328，330，331，333
麦里梭（Mellisus）62，63
玛勒多洛（Metrodorus）275
米斯利达梯（Mithridatic）23，24
米奈萨库斯（Mnesarchus）25
摩梅乌斯（Mummius）304
摩索尼乌（Musonius）27，32，338
尼科波利斯（Nicopolis）28，338
俄瑞斯忒斯（Orestes）217，224
潘奈提乌（Panaetius）18，19，21－25，41，46，337，340
潘陶得斯（Panthoides）331
帕勒玛努（Paramonus）24
巴门尼德（Parmenides）44，55，62，95，145，146，148，259，333
帕斯多（Pastor）31
佩拉（Pella）12
漫步学派（Peripatetics）21，24，60，93，198，245，246
斐洛(Philo）7，24，41，196，298－300，324，326－329，333，334，348
斐洛德摩（Philodemus）2
庇勒厄斯（Peiraeus）4

佩赛乌（Persaeus）12，335
斐洛玛塞（Philomathes）275
菲隆尼德（Philonides）12
斐洛帕特（Philopator）228
腓尼基人（Phoenician）4，9
庇塞诺克（Pisianax）12
皮索（Piso）33
柏拉图（Plato）1，3，5，7，8，11，16－21，37，38，41，43，44，55，56，58，60，61，63，64，66，68，71，74，75，77，79，82，84，86，87，89，91－95，109，112－120，122－124，134－138，141，145－159，161，163，170，171，173，174，176，178，181，183，184，186，190－192，198，202，203，205，207－210，213－217，224，225，230，239－241，244，249，258，267，268，314
柏勒托（Plautus）33
普罗塔克（Plutarch）41，42，193，194，213，214，261
玻勒谟（Polemo）8－10，335
波利奥（Pollio）33
波利比乌（Polybius）21
波菲利（Porphyry）77
波提卡（Portico）12
波西多纽（Posidonius）19－24，32，41，46，65，337，340
帕托谟（Potamo）40，43
帕勒格拉斯（Praxagoras）107
帕洛萨（Prusa）34

托名卢奇安（Pseudo-Lucain）2，22
托勒密（Ptolemy）41
普庇勒乌（Publius）304
毕泰戈拉（Pythagoras）19，21，55，67，77，80，86，95
罗德（Rhodes）18，22—25，77
洛贝莱斯（Rubellius）33
鲁福（Rufus）27—28，32—34
拉斯蒂克斯（Rusticus）36
斯西比奥（Scipio）22，304，331
塞巴斯蒂安（Sebastian）55
塞涅卡（Seneca）8，26—32，41—42，46—47，153，158，166，273—274，278—279，338，340
塞克斯都（Sextus）49，176，225，228—230，286，290，307，312，342
塞冬（Sidon）18，21，24
辛普里丘（Simpicius）173—174，176，178
辛诺普（Sinope）3，4
苏格拉底（Socrates）2，4—8，11，19，32，61，62，70，73，74，155，169，174，182，189，191，193，202，214，236，249，280，286，287，290—292
梭里（Soli）2，14，23，336，350
斯彪西波（Speusippus）8
斯弗伊鲁（Sphaerus）227—228，336
斯提尔波（Stilpo）7，8，10
塔索斯（Tarsus）17—18，22，24—26，336—337
土耳其（Terkey）23
泰勒斯（Thales）61，142

泰阿泰德（Theatetus）16，19，21，154，178，207
底比斯（Thebes）12
塞奥波洛（Theoporus）275
泰苏斯（Theseus）186
第提俄斯（Tityos）214
特拉德（Troad）23
第谷（Tycho）55
维莱里乌（Valerius）2
维斯帕芗（Vaspasian）33
维提莱乌（Vitellius）33
塞诺克拉底（Xenocrates）8，335
色诺芬（Xenophon）4，5
芝诺（Zeno）2，4－18，20，22－26，29，34，37，44，65，77，93，106－107，130，135，139，152－155，198，201，222，227，242－243，247，255－256，260，268，319，335－336

主题索引

必然性　64，68，78，138，274，300，326，327，330—333

帕纽玛　22，64，69，85—86，106—109

本原　60—62，66—67，71，78，89，96，98—101，110，111，133

被动原理　66，68，89，99，108，109，181，183

处所　57，89，90，91，92，112—119，121—123，126，127，133，143，157，167—168，178，213

次假言判断　297

大年　72，73，78

简单判断　284，286，291，293，296—297，304，310

空间　58，69，90—92，94，112—118，120—121，123，125—126，133，143，147，161，167—170，318，325，330，331

决定论　80—82，327—328，330

假言判断　297—301，307，310

莱克顿　89，157，169，197，262—264，277，278，280—282

理念　8，38，62—63，65—66，88，95—96，112—113，115，127，135，137，146—147，154—156，167，

171—173，184—185，191，244，314
联言判断 297，303—304，308，309
连续统一体 123—129，133，143
逻各斯 64，75，108，127，135，138，144，181，207，217，220，236，268—269，273，278，306，348
命运 31，64—65，74，331
生机论 3，5，56—58，64，67—69，71—72，81，88，100，109，133，144
生殖的理性 64
神 20，35，57—59，62，64—71，76，78，80—86，89，98，102，106，115，127，128，134—144，158，260
神意 22，35，64，65，68，80，81，141—143，195，239，251，252
实体 21，38，44，55—58，61，66，67，70，84，86—88，90，92，98—99，105，110，111，112，119，122，125，127，130，135，136，143，150，158，160—174，179—184，187—197，203，206，213，215，216，220，222，224，225，255，257，264，265，278，293，322
世界灵魂 64
形式 6，16，21，34，55，60，63，66，67，82，95，102，104，106，108，110，112，120，121，123，127，128，137，139，141，145，146，151，154—156，164，167—173，176，181—184，192，199，210，212，214，224，244，256，266，277，278，291，294，302—304，310，314，319，322，333
物体 10，17，55，57—59，64，66，69，72，76，82，

85—96，99，104，105，108，109，112，113，115—128，130，133，134，137，138，143，147，148，151，155—157，162，163，167—171，174，179，181，183，185—188，191，192，194，195，197，198，201，204，209—213，222，224，260，265，279，283，295，296

混合 68，69，86，103，107—109，123—127，270

无形体 60—64，67，82，89，90，92—94，96，121，143，145，147—149，157，162，163，167，174，179，183，184，186，197，201，204，282，290，296

限界 57，72，89，95

形体主义 56—58，60，61，64，72，93，95，96

虚空 57，58，89—92，112，113，116—122，127，133，143，157，211，249

选言判断 297，302，303，309，311

以太 68，99，106，140，195

因果判断 297

宇宙大火 21，32，35，72，80，82—88，96，97，120，122，130，195

宇宙生机论 57，58，100，109

有形体 57—60，62，63，66，67，85—87，93—95，112，118，123，143，147，148，162，167，179，184，186，197，198，201，204，265，279，295

元素 57，68，69，79，88，89，96—103，107—109，112，120，121，128，133，171，268

整体论 56，133

种子 62，65，71，82，84—86，106，108，141

质料　62，63，65－67，69，70，82－86，95，96，99，100，102，104－107，112，114－116，118，120，123，128，136，137，157，170，189－185，188，189，192，210，257，267

主动原理　66，68，89，99，102，103，105－109，181，185

后　记

我对自己近期“转身”作希腊化和古代晚期的纯哲学研究有些意外。然而细想起来也属正常，因为要深入探求基督教兴起及其在西方思想中的扎根，具体地历史地了解希腊思想的诸形态而不是泛泛地有所论及是必要前提。若论及这个时期的哲学，研究斯多亚主义、柏拉图学说的传播史（中期、新柏拉图主义和晚期）以及亚里士多德哲学在希腊化和古代晚期的诠释演变当属首要。我想我就从斯多亚主义入手，在系统撰写基督教兴起的历史之前，在专题探讨早期基督教神学传统的同时，对希腊化和古代晚期的希腊罗马哲学做些必要研究。

与我以往的著作相同，本书保持了历史和文本研究的特点，着重于古典思想本身的客观呈现。本书的写作得到 Horst Seidl 教授、姚介厚教授和吴飞博士的指教，在此表示感谢。

感谢姚介厚教授慷慨答应为本书作序。姚介厚教授是我非常尊敬的前辈学者，在希腊哲学研究上用力用心数十年，并向我无私地贡献希腊研究的心得及对斯多亚主义的看法，这些都是我不能忘怀的。

章雪富

2007.3.9